OBSERVATION REPORT
ON THE THIRD
SECTOR OF CHINA

中国第三部门
观察报告

中国人民大学中国公益创新研究院
公域合力管理咨询有限责任公司

康晓光　冯利 著

社会科学文献出版社
SOCIAL SCIENCES ACADEMIC PRESS (CHINA)

中国扶贫基金会资助

前　言

何谓"慈善"？慈善的本质是什么？慈善的生命力源自哪里？慈善发挥了什么功能？扮演了什么角色？

谁在做慈善？他们是怎么做的？他们动用了哪些资源？来自哪里？怎么来的？谁又从中受益？

中国慈善有什么突出特征？什么力量塑造了中国慈善及其特色？制约中国慈善发展的瓶颈是什么？如何克服？中国慈善将会走向何方？我们应该为慈善的未来做些什么？

这些是困扰了我 30 年的问题，也是本书要回答的问题。

经常被人问到，能不能推荐一本书，看了之后能够对"当今中国慈善"有一个全面、清晰的了解。面对这样的问题，我只能遗憾地回答"没有"。这样的尴尬已经持续 20 多年了。写作本书的目的是为当代中国慈善提供一幅概略的但重点突出的全景图，一个囊括主要影响因素及其主要作用机制的解释框架，而且全景图和解释框架能够反映它的本质特征并揭示造成这一切的根本原因。能否得偿所愿还不知道，至少算是抛砖引玉吧！

透视慈善的方法论

慈善根植于人性之中，更确切地说是根植于人性之善。善是人之为人的本质规定，行善是使人成其为人的必要条件和必由之路。

仅有崇高的信念是不够的，内化于心的价值观还要外化于行，转化为实实在在的行动，产生实实在在的效果。这就是我们中国人常说的"知行合一"。

真实的慈善发生于真实的社会之中。慈善要面对确定的具体的人，他们处于具体的情境之中，需要得到具体的帮助以改善处境。这就需要有人做事，做事的人需要各种必需的资源，包括人、财、物以及做事的方法，一群人在一起做事还需要合适的组织形式。生产财物，创造方法，采取行动，需要更多的人的协作，需要技术、生产、科教、传播等体系的支持。持续的、大规模的慈善还需要文化的熏陶、涵养与鼓励。在庞大、复杂、瞬息万变的现代社会中，还需要"硬的"法律将慈善的秩序和规范清晰准确地表达出来，固定下来，以便人们有规可循，有法可依。而社会化、司法、行政都需要配套的组织机构来实施。所以，现代的慈善必然牵扯到现代国家的方方面面，现代的、完整的、制度化的慈善一定是与民族国家融为一体的慈善，我们将其称为"民族国家慈善"。在全球化时代，慈善早已冲破国界，各个国家的慈善紧密相连。一个国家的慈善必然会受到来自国外的影响，而且这种影响越来越大、越来越深。所以，慈善不像一般人想象的那么简单，搞明白慈善是怎么回事不是一件轻松的事。

系统论提供了一套观察和分析复杂对象的普适的方法论，这套方法论同样适用于慈善，所以，本书采用系统论作为基础性的方法论。首先，将慈善视为一个"系统"。所谓"慈善系统"，是指由各种慈善要素组成、要素之间的互动形成了某种稳定的结构、具有某些确定的社会功能的系统，而且该系统与外部环境处于紧密的互动之中。其次，将慈善置于民族国家和人类历史之中来考察。放眼世界，慈善无所不在，所有国家的慈善共享着相同的本质，各个国家的慈善又存在着显著的差异，共性深藏于普遍的、永恒的人性之中，而差异来自各国的历史、文化、技术、经济、社会、政治条件。正是一个国家的历史、文化、技术、经济、社会、政治，这些慈善之外的力量，塑造了该国的慈善。所以，要理解中国今日慈善的现状，需要广阔的视野，既要超越慈善的范围，又要超越当下的局限。这意味着，不能就慈善论慈善，而要放宽视野，将慈善置于国家之中进行考察；不能就当下论当下，而要以历史的眼光看待慈善，将慈善置于人类文明历史之中进行考察。以"系统观"看待慈善，"跳出慈善看慈善""跳出当下看当下"，据此观察与分析特定历史时期、特定地域的慈善，这就是本书的方法论。

慈善是超阶级的，救助与受助往往发生在不同阶级之间，古今中外概莫能外。绝大多数的捐赠者、志愿者、组织者都自觉地"以天下为己任"，一视同仁地对所有需要帮助的人施以援手。但是，慈善又是有阶级性的，不同阶级有不同的慈善模式，有的相辅相成，有的相互竞争，有的甚至会形成此消彼长的"零和关系"。认识到慈善的超阶级性，能够增加我们对人类世界的信心；而洞悉慈善的阶级性，能够使我们穿透表象的迷雾看清背后的本质。所以，在本书中，"阶级分析"作为一种方法论，得到了贯穿始终的运用。

研究民族国家慈善的理论工具

存在一个包揽无余、逻辑自洽、一以贯之的以民族国家慈善为对象的理论吗？十几年前我就开始思考这一问题，在撰写本书的过程中又在反反复复地思考，到目前为止，我的答案是还不存在这样的理论。但是，研究离不开理论啊！所以，这是一个问题！在这里，交代一下我是怎么处理这一问题的。

中国慈善的内容极为丰富，任何一种理论都不能处理所有内容，客观上存在借用多种理论的必要，所以，本书用到了许多理论，有的用其"主干"，如系统论、历史唯物主义、文化动力学、行政吸纳社会、超慈善、新公共管理理论等，有的用其"枝节"甚至仅仅是"叶片"，如全球化理论、后工业社会理论、虚拟社会理论、涂尔干的"有机团结"理论、布尔迪厄的"惯习"理论等（见表1）。但是，这种做法是有风险的，因为成熟的理论一定是成体系的，将不同的理论用于研究同一个对象，很难保证逻辑自洽。那么，怎么样才能做到既博采众长，又规避理论冲突呢？我们的做法是设计一个统摄全局的"研究框架"，即"民族国家慈善的描述—解释框架"，根据研究的需要、对象的属性、理论的功能，选用理论的主干、枝节、叶片，并将它们安放到研究框架的不同位置上。在研究框架中，它们分处不同的层次，分居不同的位置，而且能够发挥什么样的作用，能够影响多大的范围，都被研究框架限定了。这样一来，最理想的状况是所选用的理论的主干、枝节、叶片，各在其位，各司其职，彼此呼应，相辅相成。退而求其次，它们各安其分，避免因越界而相互干扰，因接触而产生冲突。

表1　本书使用到的理论

	全局作用	局部作用
用其主干	系统论 历史唯物主义	超慈善、文化动力学、行政吸纳社会 非营利理论、新公共管理理论

续表

	全局作用	局部作用
用其枝叶		全球化理论、现代化理论、后工业社会理论、后现代理论、虚拟社会理论 马斯洛的需求等级理论、英格尔哈特的后物质主义理论 布尔迪厄的"惯习"理论、亚当·斯密的"专业化与分工"理论、涂尔干的"有机团结"理论、新制度主义的"路径依赖"理论、经济学的"公共物品"理论

本项研究用到的绝大多数理论都是在具体专题中或具体环节上发挥局部性作用，只有系统论和历史唯物主义发挥着全局性、基础性的作用。系统论提供了一种观察世界的通用的、普适的框架，它为本项研究提供了基础性的方法论。历史唯物主义为本项研究提供了基础性的理论。"民族国家慈善的描述—解释框架"就是依据历史唯物主义基本原理构建的。这意味着本书有一个统一的支撑整个大厦的"原点"——系统论和历史唯物主义基本原理。在撰写本书的过程中，我有意识地尝试着，从这一"原点"出发，建立一以贯之、逻辑自洽的关于中国慈善的总体性的研究框架。

鉴于国内的学术氛围，在此有必要做一说明。本书引用的历史唯物主义基本原理，仅限于如下文字所传达的内容，不涉及其他内容，具体地说，就是马克思自己的经典表述——"人们在自己生活的社会生产中发生一定的、必然的、不以他们的意志为转移的关系，即同他们的物质生产力的一定发展阶段相适合的生产关系。这些生产关系的总和构成社会的经济结构，即有法律的和政治的上层建筑竖立其上并有一定的社会意识形式与之相适应的现实基础。物质生活的生产方式制约着整个社会生活、政治生活和精神生活的过程。不是人们的意识决定人们的存在，相反，是人们的社会存在决定人们的意识。社会的物质生产力发展到一定阶段，便同它们一直在其中运动的现存生产关系或财产关系（这只是生产关系的法律用语）发生矛盾。于是这些关系便由生产力的发展形式变成生产力的桎梏。那时社会革命的时代就到来了。随着经济基础的变更，全部庞大的上层建筑也或慢或快地发生变革。"①

中国慈善的内容丰富而又复杂，涉及诸多学科，想写一本"说得过去的概览"，没有长期的积累，没有逐个对主要专题的研究，"毕其功于一役"

---

① 《马克思恩格斯选集》第二卷，人民出版社，2012，第2~3页。

是不可能的。本书引用了我自己以往的研究成果。实际上，如果没有过去25 年的研究积累，我也不敢写这样一本书。以往的研究几乎涉及了有关慈善的最重要的课题，包括"慈善文化"，研究成果为文化动力学、中体西用新论、古典儒家慈善文化概述；"国家与社会关系"，研究成果为行政吸纳社会理论；"慈善与商业关系"，研究成果集中于《义利之辩》一文；中国慈善总体形态，研究成果为超慈善理论。但是，自认为最有价值的探索还是创建"体用范式"以及相关的"行动性研究"。当然，连续十年编写《中国第三部门观察报告》为我们积累了关于中国慈善的全面、系统、翔实、生动的第一手资料。本书是以过去 25 年的研究为基础的研究成果，我希望它不是过去成果的简单"汇集"，而是有质的升华，并且具有"承前启后，继往开来"的功效。

本书的谋篇布局

本书分为上、中、下三篇。上篇的任务是建立慈善的描述与解释框架。首先要界定"慈善"。仅仅搞清楚"慈善是什么"还不够，欲使读者了解"中国慈善"的概貌，了解它的来龙去脉，就要建立一种描述中国慈善的方法，还要建立一种解释方法，也就是"民族国家慈善的描述—解释框架"。这一研究框架可以为关心与从事中国慈善事业的人，提供一个全面、简洁、有力的"透视框架"，让我们在面对纷繁复杂的慈善现象时，不至于手足无措。上篇提出了针对民族国家慈善的、通用的描述与解释框架，中篇和下篇运用该框架对当代中国慈善进行了全面系统的描述与解释。

中篇解析塑造中国慈善的力量的真实状态。具体做法是逐一描述和分析"历史""文化""技术、经济、社会结构""政治制度、法律与政策、政府态度与行为""国际格局"，描述和分析它们的真实的存在状况、所发挥的实际作用，以及发挥作用的具体机制。

下篇呈现中国慈善概貌，按照慈善文化、活动领域、受益对象、行动主体、实施方式、资源及其动员、系统结构、空间格局的顺序来描述慈善系统，并分别刻画每部分的构成内容、时代特征与变化趋势。

立足今日，展望未来，本书关于中国慈善的基本判断是：中国慈善的总体状况可喜亦堪忧；制约中国慈善发展的瓶颈是"制度"与"行业文化"；思考中国慈善未来发展的基本范式应该是"体用范式"；"向善"是中国和人类世界发展的"大趋势"，人间正道是向善。

仅仅对中国慈善现状感兴趣的读者，可以跳过前言、上篇和中篇，直接阅读下篇和结语。不但要"知其然"还要"知其所以然"的读者，就要从前言读起，上篇、中篇、下篇、结语依次阅读，一个都不能错过。在我的设计中，五个章节围绕一个主题，环环相扣，层层递进，各有所司，缺一不可，合起来才能说明中国慈善的现状及其来龙去脉。

本书与《中国第三部门观察报告》的关系

《中国第三部门观察报告》（以下简称《观察报告》）出到第十本了。"十"是个具有启发功能的数字，"十年"会使我们不由自主地停下来，反思、总结、回顾与展望。

与整个中国一样，中国慈善也处于迅速的发展之中，年年都在变，几年一个样，十年必定焕然一新。近十年来中国慈善领域出现了诸多前所未有的新现象，呈现出新的重要的演变趋势。2008年汶川地震激发了巨额社会捐赠和大量志愿行动，展现了慈善精神和慈善组织的积极作用和无限潜力。十几年间，慈善需求的规模越来越大而且种类越来越多，国民收入水平进一步提高，移动互联网迅猛发展，中产阶层发展壮大，加之政府对慈善组织的社会服务功能的重视与扶持，慈善获得了突飞猛进的发展，量变的积累触发了真正的质变，"超慈善"华丽登场。

第十本《观察报告》要对改革开放以来尤其是最近十几年中国慈善的状况做一个反思性、总结性的观察。所以，第十本《观察报告》与以往有所不同。但是，毕竟还是《观察报告》系列中的一员，因此必然有一贯之处。一贯之处是"观察中国第三部门"。本书的"慈善"指"广义的慈善"，涵盖了一般意义下的"慈善"和"公益"的内涵与外延，因此，"慈善部门"也就是第三部门。即使狭义地理解慈善，由于今日中国第三部门几乎完全不具备狭义慈善之外的功能，将其视为慈善部门也是完全合理的。不同之处在于更加系统、全面，至少我希望读者看了之后能够对"当今中国慈善"有一个全面、清晰的了解。相应地，第十本《观察报告》的编排结构与此前九本完全不同。此前，《观察报告》由主报告、分报告、典型案例、大事记组成，各部分尽管相互呼应，但是各自独立成篇。第十本，也就是《中国慈善》，上、中、下三篇围绕一个主题，沿着一个主线，依次展开，环环相扣。所以，第十本已经是一部货真价实的"学术专著"了，而不再是"编著"。

明天会更好吗？

原计划 2019 年寒假完成本书的最后一稿。动笔之际，恰值新冠肺炎疫情暴发，困在家中，足不出户，顺利完成了预定计划。在写作过程中，常常情不自禁地忆起过去 30 年的研究经历，许多人和事又一次复活了，生动而又亲切，犹在眼前。尽管中国慈善发展未能尽如人意，尽管在本书中也对此多有指责抨击，但是，总体来看，过去 40 多年，慈善事业逢山开路，遇水搭桥，筚路蓝缕，开创了一个全新的时代。过去 40 多年，慈善事业方兴未艾，方向是正确的，虽然问题重重，但也是改革中出现的问题，而且要通过改革去解决。所以，虽然一路困难重重，但始终信心满满。那是一段洋溢着理想主义激情的、激动人心的时光。本人有幸作为参与者、见证者，而今又来记录这段历史，心中充满了感动、温馨与自豪，还有几分苦涩与惆怅。

新冠肺炎疫情期间，重读了几本讲述德国历史的著作，重读了韦伯的《政治作为志业》《韦伯政治学论文集》，又读了《马克斯·韦伯与德国政治》。德国跌宕曲折苦难深重的现代历史，韦伯的人生际遇及其对现代社会的深邃思考，令人心生感慨，辗转反侧，夜不能寐。从长远来看，我们有充分的信心相信，未来一定会比今天更美好，这是我们继续前行的力量源泉。

致谢

始终萦怀于心，但总是最后写下的文字是"致谢"！

感谢我的学生李毅、张哲、王爱华、陈曦、刘黄娟、李子林、李亚兰和公域合力管理咨询有限公司研究员坎朱明，他们参与了案例调研和数据收集，并为案例撰写和数据处理做出了贡献。

感谢接受访谈的各家机构，感谢你们在调研期间和资料提供方面给予我们的慷慨支持。

感谢何道峰、王行最、刘文奎、陈红涛、王鹏、王莉莉对《观察报告》十年如一日的大力支持。

感谢社会科学文献出版社王绯女士对《观察报告》出版给予的长期支持，感谢黄金平先生高质量的编辑工作，感谢刘明先生为本书设计了精美的封面。

　　特别要感谢十年来一直关注和支持《观察报告》的公益界同人、专家学者、关心公益事业的公众和媒体以及相关政府部门官员，正是你们的认可和鼓励，使我们看到了《观察报告》的价值和意义，激励我们无怨无悔地一路走到今天。

　　最后，也是最重要的，再一次感谢中国扶贫基金会连续十年来为《观察报告》提供的资助。

康晓光

2020 年 4 月 5 日

2020 中国第三部门 观察报告 OBSERVATION REPORT ON THE THIRD SECTOR OF CHINA

2020 中国第三部门 观察报告 OBSERVATION REPORT ON THE THIRD SECTOR OF CHINA

要透视"民族国家慈善",首先要说清楚什么是"慈善"。而要呈现民族国家慈善的全貌,还要有一个"描述框架"。如果还要交代清楚它的来龙去脉,还要有一个能够对民族国家慈善的现状提出因果说明的"解释框架"。

本篇的任务就是界定慈善概念,建立民族国家慈善的描述与解释框架。我们将遵循慈善的"系统观",建立慈善的描述框架;运用"跳出慈善看慈善""跳出当下看当下"的方法论,建立慈善的解释框架。

本篇建立的是"普适的理论",也就是说,"慈善""慈善系统""民族国家慈善"概念以及"民族国家慈善的描述与解释框架"适用于所有国家。

一 何谓"慈善"

何谓"慈善"？这个问题看似简单，其实并不简单。不简单是由概念混乱造成的；概念混乱源于传统与现代的纠葛，或者说，源于"古今纠葛"；如果再加入"中西纠葛"，"古今中西"搅在一起，混乱则进一步加剧。本篇建立的是"普适理论"，这里讨论的"慈善"是适用于所有国家的概念，不考虑各国的差异，当然也不考虑中西之间的差异。所以，我们只需处理"古今纠葛"。"古"为一般的农业社会，"今"为一般的工业社会。"前现代慈善"为诞生于农业社会的慈善，"现代慈善"为诞生于工业社会的慈善。"现代慈善"是理性化、工业化、城市化的产物，这是所有文明进入"现代"之后必须接受的东西，当然不存在中西之别。

（一）慈善的本质

慈善是"民族的"，不同民族的慈善是不同的。慈善又是"历史的"，同一民族的不同时期的慈善也是不同的。这是普遍存在的客观事实。慈善的民族性和历史性增加了准确理解慈善的难度。但是，各个民族、各个时期的慈善也存在"共性"，正是这种共性构成了"慈善的本质"。

尽管不同社会、同一社会的不同时期对"慈善"的理解存在差异，但依然有共同之处，即"利他"和"民间"。古今中外，概莫能外。一般说来，利他行为的"要件"有四：其一，以造福他人为目的；其二，自己不求回报；其三，自己要蒙受一定的损失；其四，出于自愿。

用利他行为的四个"要件"衡量商业行为，其一，市场的参与者，其行动的主观目的是利己，而不是"造福他人"；其二，一切付出都是为了获取回报，而且要最大限度地获取"净收益"；其三，在交易中要有所付出；其四，交易活动出于自愿。可见商业行为不能满足利他行为的前两个要件，因此不属于利他行为，亦不属于慈善。

政府的许多作为，例如救灾、扶贫济困、保护生态环境、扶持文化艺术等，与慈善的活动领域是完全重合的，但是，无论政府行为能否满足利他行为的要件，我们都不会将其视为"慈善"，仅仅因为它们是"政府的作为"。慈善属于"民间行为"，或者说，慈善具有"民间性"，这是一种毫无疑义的"共识"。

人类行动的动机，最基本、最深刻的根源，只能到人性之中去探求。慈善的根源深植于人性之中。人性中有恶的一面，也有善的一面，慈善根植于人性之善。反过来，慈善又启发、培育、弘扬人性之善，使之发扬光大。人性之善与人类慈善事业，相互促进，相辅相成。所以说，慈善是引领人类向善的事业！这一陈述，并不意味着所有引领人类向善的事业均属于慈善范畴，它只是强调慈善具有引领人类向善的功效。简而言之，慈善就是出于人性之善、不以利己为目的、由民间自愿实施的、增进人类福祉的事业。

（二）古今之辩

慈善的古今之变

慈善不是从来就有的，也不是一成不变的，它在某个时期、在一定的条件下出现，并随着时间的推移而不断变化，所以不同时代的慈善之间存在显著的差异。

"前现代慈善"是诞生于农业文明中的慈善。前现代慈善一般由地方精英主导，确定救济对象与需要解决的问题、提出解决问题的方案、筹集资源、组织实施、问责等等，均由地方头面人物主持。绝大多数的慈善活动是临时性的，局限于本乡本土，而且规模不大。从头到尾由同一个人或一群人操办，没有明显的、稳定的专业分工，参与者不是以慈善为职业的人，而是"业余的""兼职的"不拿报酬的"义工"，也不存在现代社会中常见的正式的、专门的"慈善组织"。助人者与受助者直接面对面，无需中介环节。传统道德构成慈善价值观，风俗、约定俗成的惯例、明文规定的乡规民约构成了慈善的行为规范。慈善属于社会自治领域，政府几乎不干预，也没有专门的法律调整。但是，问责是高效的，在熟人社会里，高度透明，没有秘密，一切丑行都会受到千夫所指。在慈善领域，家庭、家族、村社、宗教组织，发挥"主力军"作用，政府的作用不大，往往在发生重大的天灾人祸的时候才会采取行动。

"现代慈善"是科技革命、工业化、城市化的产物，其基本特征为"专业化""组织化""中介化"和"职业化"。社会分化出一类专业机构（慈善组织），其职能是发现问题、提出解决方案、筹集资源、实施救助。"前现代慈善"中的"慈善家"的职能被分割了，"现代慈善"中的"慈善家"仅仅出钱、出物、出力，而不再参与发现问题、制定解决方案、筹集资源、组织实施等环节的工作；发现问题、确定需求、创建解决方案、动员资源、组织实施等职能由"慈善组织"承担。慈善组织是将助人者和受助者连接起来的"中介"，不仅发挥"传递"功能，也发挥"组织"（动词）功能。慈善组织采取的组织形式是科层制——有得到政府管理机关认可的法人身份、正式的章程、规范的组织结构、专职的工作人员。此类"正式慈善组织"主宰了现代慈善，至少被认为是现代慈善的"主力军"。绝大多数的慈善组织的专职工作人员，不是业余的、兼职的、不计报酬的"义工"或"志愿者"，而是以此为职业并靠这份工作养家糊口的"从业者"。现代慈善也不再是临时性的、地方性的、小规模的集体行动，而是常规性的、持续性的、大范围的、大规模的集体行动。政府深度介入慈善领域，法律发挥着不可或缺的调节作用。

概念的变化

近年来围绕"慈善"与"公益"的概念之争时断时续。中英文翻译又加剧了这一纷争。主流的说法是"慈善"对应"charity"，"公益"对应"philanthropy"。在《大英百科全书》中，对 charity 的解释为"作为一个基督教的概念，charity 是爱的最高形式，象征着上帝和人的互爱，通过对同胞无私的爱而表现出来"[1]；philanthropy 指为达成有益于社会的目的而进行的自愿的、有组织的行为。[2] 当前比较流行的说法是，charity 更侧重对作为个体的他人的爱，是对社会弱势群体的救济和帮助；而 philanthropy 则侧重提高整个人类福祉，是对整个社会的关爱。Charity 更多地与前现代慈善相关

---

[1] *Encyclopedia Britannica*，https://www.britannica.com/topic/charity - Christian - concept.

[2] *Encyclopedia Britannica*，https://www.britannica.com/topic/philanthropy.

联，主要指对自然人的救助或援助；philanthropy 则被用来指称现代慈善，表现为对全人类的爱和增加人类福利的努力。Philanthropy 强调组织化的慈善；注重慈善活动的长期效果，不仅着眼于帮助困难群体解决眼前的问题；强调要找出产生社会问题的根源，从源头上解决问题；强调"普遍性"，为"博爱"赋予了现代的含义。由 charity 向 philanthropy 的转变，也标志着传统慈善向现代慈善的转型。现代的慈善概念中，慈善已不仅仅局限于乐善好施、扶危济困等对困难群体、弱势群体的帮助，而延伸到科学、教育、艺术、医疗、体育、环保、人权、社会服务、国际事务等诸多领域。上述说法的背后隐含着一个预设，即 charity 与 philanthropy 指称的是处于不同发展阶段的同一事物，charity 或"慈善"为"传统的"或"传统的公益"，philanthropy 或"公益"为"现代的"或"现代的慈善"。

"法律上的慈善"与"生活中的慈善"

所谓"法律上的慈善"指政府承认的、法律予以调整的"慈善"，而"生活中的慈善"指现实生活中实际发生的"慈善"。

在现代社会中，政府广泛而深入地介入慈善，也深刻地改变了慈善。例如，为了鼓励慈善捐赠，政府制定并执行税收优惠政策。为了防止有人将遗产继承、私人赠予伪装成慈善捐赠以逃避纳税，政府和法律将"受益者为不确定的多数"视为"慈善捐赠"的必要条件。这样一来，帮助亲属、邻里、朋友、同事，这些随时随地都在发生的利他行为，就被排除在政府和法律承认的"慈善"之外了。甚至帮助一个远在天边的陷于困境之中的陌生人，也被排除在政府和法律承认的"慈善"之外。现代慈善的"中介化"又加剧了这一问题。只有被政府承认的慈善组织，才能开具免税发票；只有给这样的慈善组织捐款，才能得到免税发票；只有得到免税发票，才能获得政府承诺的税收减免。也就是说，只有给政府认定的慈善组织捐款，才有可能被政府和法律承认。个人对个人的直接捐赠不能获得税收减免，不属于"法律上的慈善"。在这种意义下，可以说，前现代慈善的主要形式几乎都不被现代政府和法律所承认。总的来说，现代政府和法律对前现代慈善的态度是任其自生自灭，不承认，不反对，不鼓励，不纳入法律调节范围，也不给予经济鼓励（税收优惠）。尽管受到现代官方管理体制的有意无意的压制与排斥，在现代社会里，前现代慈善依然存在，而且对个人福祉和社会和谐做出了积极的、巨大的、不可替代的贡献。

（三） 本书的慈善定义

慈善是"历史的"，有起源，有发展，有继承，也有变化，但是慈善始终是慈善，使慈善成其为慈善的东西从未改变。"路径依赖"无处不在，无时不在，今天的慈善就是由过去的慈善演化而来。所以，不必执着于"慈善"与"公益"或"charity"与"philanthropy"的差异，它们指称的都是同一个对象，差异仅仅是所指称的对象处于不同的发展阶段。我们的策略是，从慈善的本质出发界定慈善概念，用这样的概念统一指称所有时代的慈善，而慈善的时代差异则用加定语的方式来解决，如"前现代慈善""现代慈善"。

所谓"法律上的慈善"只是"生活中的慈善"的一部分，还有一部分"生活中的慈善"不被政府和法律所承认。但是，在人们的心中，那些不被政府和法律承认的慈善，依然是实打实的慈善，而且在现实中从未消失，也并未减少。实际上，政府和法律承认还是不承认并不重要，重要的是它们是否符合利他性和民间性的要求，不可因为一时一地的法律规定，而无视那些货真价实的慈善的广泛存在及其巨大价值。所以，那些不属于"法律上的慈善"但属于"生活中的慈善"的慈善，不应被无视，而应该被纳入"慈善"概念的外延之中。

有鉴于此，本书认为，无论是传统的"慈善"，还是现代的"公益"，无论是"法律上的慈善"，还是"生活中的慈善"，只要符合"慈善的本质"——利他性和民间性——就都是"慈善"。这样的"慈善"，既包括前现代的慈善，又包括现代的公益，既包括政府承认的慈善组织所从事的慈善，又包括广泛发生于亲朋、邻里、同事、陌生人之间的人际救助现象。概念不是一成不变的，而是处于不断发展之中的，正如它所指称的对象一样。拓展"慈善"概念的内涵和外延，将"公益"的内涵和外延纳入其中，形成涵盖原来意义上的"慈善"和"公益"的内涵和外延的新慈善概念，不但可以更好地概括过去与现在的慈善实践，还可以消解"慈善"与"公益"并用带来的混乱。新慈善概念是"保守的"，它尊重慈善的历史与历史的传承；又是"开放的"，具有更强大的"包容性"，不局限于特定时代，同时涵盖前现代慈善、现代慈善以及方兴未艾的后现代慈善。

最后再回答一个问题。为什么用"慈善"而不用"公益"来统一称谓呢？实际上，用哪一个都一样，之所以选"慈善"，仅仅是因为在中国语汇中"慈善"的历史比"公益"更为久远。所以，在本书中，"慈善"和"公益"被视为两个无差别的概念，可以互换使用。

二 民族国家慈善的描述—解释框架

为了有效地描述与解释一个国家的慈善，我们需要建立一个针对民族国家慈善的具有描述与解释功能的框架。

本书将"慈善"视为一个"系统"，"民族国家慈善"也不例外，只不过它是一个开放的、复杂的、巨型的系统。所谓"慈善系统"是由各种慈善要素组成、要素之间的互动形成了某种稳定的结构、具有某些确定的社会功能的系统，而且与外部环境处于紧密的互动之中。所以，要从慈善行动、系统结构、空间格局等维度去"描述"民族国家慈善。而要"理解"或"解释"民族国家慈善，还必须"跳出慈善看慈善""跳出当下看慈善"，将其置于历史之中来考察，置于民族国家之内来考察，置于全球格局之中来考察。所以，要从历史、文化、技术、经济、社会、政治、国际格局等维度去"理解"或"解释"民族国家慈善。

实际上，本书建立的民族国家慈善描述与解释框架，适用于各种"相对完整的人类社会单位"，可以是一个传统乡村、一个现代城市、一个民族国家，也可以是全球社会。

（一）描述框架

系统论提供了一种普适的观察人类世界的方法论。我们也选用系统论提供的观察框架去观察慈善。那么，当我们用系统论方法去观察民族国家慈善时，我们能看到什么呢？

首先，从局部着眼，我们看到的是由人组成的各类"行动主体"、非人格化的"资源"、引导和约束主体思想与行为的"规范"，它们构成了慈善系统的"素材"。"行动主体"扮演了各种角色，如组织者、受益者、捐赠者、支持者，其形态可以是个人、群体，也可以是各种各样的组织。"资源"可以是有形的，也可以是无形的，如资金、物质、专业知识、人脉、政府关系。它们是慈善行动的"工具"和"材料"。"规范"包括可以统称为"慈善文化"的价值观、风俗习惯、行业文化，也包括政府制定的法律和政策。规范决定了行动主体应该"做什么"以及"怎么做"。其次，将目光投向充满活力的运动着的对象，我们会看到数量庞大、种类繁多的"慈善行动"。正是慈善行动把行动主体、资源、规范整合起来，提供各种各样的公共物品，解决形形色色的社会问题，实现慈善的社会功能。有了慈善行动，慈善系统才能活起来，素材才能发挥应有的作用，慈善系统才能找到自身存在的价值。再次，放宽我们的视野，去观察行动主体、资源、规范、慈善行动之间的互动，我们能看到丰富而又复杂的"结构"。结构数量众多而且种类丰富，结构与结构之间的互动又生成了更高一级的结构，最终形成了一个包括全部慈善的总体结构。由于慈善行动总是发生于具体的时空之中，素材、行动、结构在空间上的分布又是不均匀的，而且各个区域之间还存在各种交流，所以，我们还能看到"空间格局"。最后，如果我们跳出系统之外，居高俯瞰，将慈善、国家、世界尽收眼底，我们会看到慈善与本国的其他系统、与国界之外的世界处于持续的相互作用之中。回顾我们的观察，可以发现，慈善系统是以慈善行动为中心的。慈善行动承载了慈善的社会功能，而且唯有慈善行动能够承载慈善的社会功能，所以，慈善系统必须以慈善行动为中心，其他成分都要围绕慈善行动来运转，并因为有益于慈善行动而获得存在的意义。一言以蔽之，素材、结构、空间格局、内外关系的价值就在于保障慈善行动的"适宜性"和"有效性"。

综上所述，当我们用系统论方法观察民族国家慈善时，我们看到的是素材、慈善行动、系统结构、空间格局、内外关系。这意味着，如果我们要描述民族国家慈善，也就是要描述它的素材、慈善行动、系统结构、空间格局、内外关系。由此可知，素材、慈善行动、系统结构、空间格局、内外关系，构成了民族国家慈善的一级描述指标。

独自存在的素材不能实现慈善的社会功能，只有被纳入慈善行动之中，才能实现自身的价值，获得存在的意义。所以，为了合理地简化描述框架，我们"以慈善行动统摄素材"，用慈善行动的细化描述指标描述素材。事实上，在真实世界里，素材也是由慈善行动整合起来的，因此这种做法是符合实际的。这样一来，素材被移出一级指标清单。需要强调说明的是，慈善离不开素材，遗漏素材的描述框架是不完整的，将素材移出一级指标清单，并非无视素材，而是以另一种方式反映它的存在，即用慈善行动的细化描述指标描述素材。我们还可以在简化之路上再向前迈一步。考虑到空间格局、内外关系都可以用空间分布来反映，所以，将二者合并，统称"空间格局"。这样一来，又进一步简化了一级指标。总结一下，经过两次简化，民族国家慈善的一级描述指标压缩为：慈善行动、系统结构、空间格局（见表 2 - 1）。

表 2 - 1　用系统论方法观察慈善系统的结果

观察到的对象		对象的内涵与外延	描述指标
素材	行动主体	由人组成的慈善行动的参与者	慈善行动
	资源	非人格化的有形和无形的工具和材料	
	规范	引导和约束行动主体思想和行为的文化和法律	
慈善行动		承载慈善社会功能的基本单元	
系统结构		由各类素材、慈善行动相互作用形成的多种类多层级的结构	系统结构
空间格局		慈善系统内部素材、慈善行动的空间分布与跨区流动	空间格局
内外关系		开放系统与环境的互动	

1. 慈善行动

如何描述慈善系统的慈善行动呢？

慈善具有特定的社会功能。慈善行动是慈善的社会功能的基本载体。那么慈善系统的社会功能与它内部的慈善行动的社会功能是什么关系呢？由于存在"1 + 1 > 2"的"系统效应"，一般说来，慈善系统内的所有慈善行动的社会功能的总和不等于慈善系统的社会功能，不仅量上不相等，而且还存在质的差异，即存在所谓"不可还原性"。如果慈善系统内的所有慈善行动的社会功能的总和就是该系统的社会功能，即满足"加和性"，那么，我们就可以大致合理地用单一慈善行动的描述指标去描述慈善系统的所有慈善行动的集合。我们将在满足"加和性"这一假设下，建立"慈善系统的慈善行动"的描述指标。实际上，就我们的研究对象而言，不可能严格地满足"加和性"，因此我们的预设严格地说是不合理的，但是，社会科学研究就是这样，很少有理想的解决方案，只能退而求其次，能有一个大致说得过去的方案就不错了。

建立"慈善系统的慈善行动"描述指标的具体步骤为：首先，建立慈善行动通用模型；其次，建立慈善行动通用模型的描述指标；最后，运用慈善行动通用模型的描述指标，描述"慈善系统的慈善行动"。需要强调指出的是，描述"慈善系统的慈善行动"，不是以慈善行动为对象，分门别类地描述慈善行动，而是用慈善行动描述指标，逐一地对"慈善系统的所有慈善行动的集合"进行描述。

先来看看一项一般的慈善行动是如何进行的。首先要有"做慈善"的人或组织。他们/它们属于"行动主体"之中的组织者。组织者拥有自己的"慈善文化"。组织者的慈善文化告诉他/它"哪些人的哪些需求应该得到满足"，或者说，组织者根据自己的慈善文化确定慈善行动的"活动领域"和"受益对象"。慈善行动总要指向特定主体（受益对象）的特定需求（活动领域），因此，活动领域的界定与受益对象的界定总是同步进行的。活动领域和受益对象确定之后，组织者就要设计解决问题的方案。做慈善不仅需要组织，不仅需要解决问题的方案，还需要硬碰硬地投入资源，所以，组织者还要获取所需资源。资源不会自动来到组织者手中，需要加以动员，因此，他/它必须研发有效的资源动员方式并付诸实施。万事俱备，接下来组织者就要按照预定的实施方式，运用筹集到的资源，开展行动，以满足目标对象的需要或解决他们的问题。这就是"慈善行动通用模型"。

综上所述，一项一般的慈善行动涉及的对象与过程包括：行动主体、慈善文化、活动领域、受益对象、问题解决方案、资源及其动员、付诸实施。所以，所谓"描述慈善行动"，也就是描述与它相关的行动主体、慈善文化、活动领域、受益对象、问题解决方案、资源及其动员、付诸实施。这就意味着，行动主体、慈善文化、活动领域、受益对象、问题解决方案、资源及其动员、付诸实施，构成了慈善行动的描述指标。上述指标可以分为内涵与实施两大类，"内涵"回答"满足哪些人的哪些需求"的问题，涉及慈善文化、活动领域、受益对象。"实施"回答"谁来做""怎么做""拿什么做"的问题，涉及行动主体、问题解决方案、资源及其动员、付诸实施。为了叙述的方便，将"问题解决方案"和"付诸实施"合并为"实施方式"，并按照先"内涵"后"实施"次序，重新排列上述各项，得到慈

善行动的描述指标：慈善文化、活动领域、受益对象、行动主体、实施方式、资源及其动员（见表2-2）。

表2-2　描述慈善行动的指标

一级指标	过渡指标	二级指标	指标的功能/回答的问题
慈善行动	内涵	慈善文化	奉行什么样的价值规范？
		活动领域	做了什么？
		受益对象	谁受益？
	实施	行动主体	谁在做？
		实施方式	怎么做？
		资源及其动员	动用了哪些资源？怎么得到的？

在慈善行动描述指标中，前面提及的"以慈善行动统摄素材"的具体实现方式为：素材中的行动主体对应慈善行动的行动主体指标；素材中的资源包含在慈善行动的资源及其动员指标之内；素材的规范中的文化部分对应慈善行动的慈善文化指标。而活动领域、受益对象、实施方式、资源及其动员则属于慈善行动自己创造的超越素材的新成分。

本书对慈善行动的描述、描述指标的设置方式，服从于对慈善系统进行宏观考察的需要。这种描述是静态的，是将慈善行动"分开来看"的，呈现出来的是慈善行动的"构造解剖图"，而不是动态的、"串起来看"的、沿着时间轴线展开的"运行机制图"。

2. 系统结构

结构至关重要，结构使系统成其为"系统"。"结构决定功能"，这是系统论的基本原理。没有结构，慈善充其量就是一个诸多主体、资源、规范、行动的"堆积"。正是结构使各种素材各就其位、各司其职，使慈善成为秩序井然、运行有序的"系统"。

如果专注于观察慈善系统的结构，我们会看到什么呢？

从最基本的构成单元开始，"自下而上"地观察，最先看到的是各类主体、各种资源、形形色色的规范。在这个层面上，我们看到的是那些"互不相干"的主体、资源、规范，但是看不到"结构"。再"往上看"，我们就会看到"结构"了。首先是"初级结构"，即经由主体、资源、规范、慈善行动的互动形成的结构。再往上看，会看到"高级结构"，即由初级结构之间的互动形成的结构。最终，我们会看到"宏观结构"，即包括整个慈善系统的结构。由此可见，如果我们要描述慈善系统的结构，就要有能够描述多层级结构的指标，它们是初级结构、高级结构、宏观结构。

换一个视角来观察，我们会发现，结构不仅是分层的，还是分类的。观察民族国家慈善，我们会看到为数众多的、大小不一、属性各异的结构。那么，我们应该把有限的注意力分配给哪些结构呢？本书选择的是与塑造结构的基本力量直接相关的、带有全局性影响的结构。其一为"自在的结构"。它是由技术、经济、社会等非人格化的力量塑造的结构。在《国富论》中，亚当·斯密生动地阐述了现代社会的基本组织原理，即分工与专业化。专业化提高效率，专业化需要分工，分工导致交换与合作，现代社会由此自发地整合在一起。① 涂尔干同样发现，现代工业社会存在发达的社会分工，每个人都要就职于某个专业部门，执行专门的职能，每种专门职能都是社会正常运转不可或缺的，所以，社会成员不能相互取代，只能相互依赖，由此形成"有机团结"。② 慈善领域也是如此，在这只"看不见的手"的指挥下，每个主体只需对非人格化的外部信号做出反应，主体之间不需要有意识的合谋，就会自动形成基于需求—供给关系的合作网络。其二为"自为的结构"。它是民间力量有意识的努力的成果，需要民间主体有意识地沟通，采取协同一致的集体行动。自在的结构与自为的结构的不同之处在于，前者是"无心无为"的结果，后者是"有心有为"的结果；两者的相同之处在于，它们都是基于自愿，没有强制，也不需要强制。其三为"外来的结构"。最常见的、也是最重要的"外来的结构"就是政府有意识的努力的结果。它是运用政府的权力、组织体系、资金、物质等资源，以强权为后盾，建立起来的。带有强制性或非自愿性是外来的结构有别于前两类结构的最显著的也是本质的特征。由此可见，如果我们要描述慈善系统的结构，就要有能够描述多种类结构的指标，它们是"看不见的手"塑造的自在的结构、民间力量有意识建构的自为的结构、政府有意识塑造的外来的结构。

另一个有价值的观察视角，是从权力视角看慈善系统的结构，也就是

---

① 〔英〕亚当·斯密：《国富论》，郭大力、王亚南译，商务印书馆，2015。
② 〔法〕埃米尔·涂尔干：《社会分工论》，渠敬东译，三联书店，2017。

观察权力在各主体之间的分配状况。通俗地说，"权力"描述了人与人之间的"支配关系"，在这种人际关系中，有权者支配无权者。这一陈述中的"人"可以置换为"个体""群体"和"组织"。在慈善系统中，拥有权力意味着能够有力地影响社会的关注、资源的流向、受益者的苦乐生死以及行动者的成败兴衰。尽管古今中外的慈善都宣称致力于消除不平等，但是，慈善系统自身也存在着广泛的不平等，尤其是权力分配非常不平等。行动主体的权力来自它所拥有的"权力资源"。所谓"权力资源"就是一旦拥有即可增加权力的东西，包括声望、专业权威、行业地位、财富、政府权力、媒体、技术等等。权力分配的不平等源于权力资源的不平等分配。正是权力资源在慈善系统内部和外部的不平等分布，带来了慈善系统内部的权力分配的不平等。

综上所述，描述慈善系统的结构的指标包括三类。层级指标：初级结构、高级结构、宏观结构；类别指标：自在结构、自为结构、外来结构；权力分配指标。

3. 空间格局

从空间分布上考察一个国家的慈善，可以发现，各个区域的慈善发展状态千差万别，有的区域发展得更好，有的区域发展得较差。慈善空间分布的观察者还会发现，慈善行动和慈善资源的输入/输出的空间分布也是不平衡的，有的区域输出较多而输入较少，有的输入较多而输出较少。不必为此感到奇怪，下文的"解释框架"将说明，慈善发展状态受到慈善的历史以及慈善之外的文化、技术、经济、社会、政治条件的强烈影响。一国之内，不同区域的技术、经济、社会条件会有差异，相关政策也会有差异，甚至慈善的历史、慈善文化也有差异，正是这些（自变量）差异造成了不同区域之间慈善发展状态（因变量）的差异。同样，也是自变量的空间分布差异造成了慈善跨区域交流的不平衡。如果观察者拓宽视野，将目光投向全球，他会看到本国与他国之间的慈善交流。实际上，全球化的逻辑加上慈善的本性决定了慈善的跨国互动是不可避免的。

综上所述，考察一个现代民族国家的慈善空间格局，既要考察慈善发展状态的区域差异（区域格局），又要考察不同区域之间的慈善互动（跨区慈善），还要考察本国与他国之间的慈善互动（跨国慈善）。

表 2 - 3　民族国家慈善描述指标汇总

一级指标	二级指标	三级指标
慈善行动	慈善文化	详见下篇八
	活动领域	详见下篇九
	受益对象	详见下篇十
	行动主体	详见下篇十一
	实施方式	详见下篇十二
	资源及其动员	详见下篇十三
系统结构	层级	详见上篇二
	类别	详见上篇二
	权力分配	详见上篇二
空间格局	国内区域分布格局	详见下篇十五
	国内跨区交流格局	详见下篇十五
	国内与国外互动格局	详见中篇七

（二）解释框架

本书从慈善的基本属性——利他性和民间性——出发，建立民族国家慈善的解释框架。慈善的利他性决定了，慈善要解决与人有关的问题，即消除人的苦难，增进人的福祉，让人类世界更加美好。这也是它的社会功能。所以，慈善的本质与功能决定了，慈善必然是"用之于世"的。也就是说，从慈善的"输出"来看，慈善必然"用之于世"。慈善不能凭空兑现自己的承诺，需要有人做，还要使用各种各样的资源，而人和资源都在人类世界之中，所以，慈善必然"取之于世"，必然依赖现实世界。也就是说，从慈善的"输入"来看，慈善必然"取之于世"。慈善既然"取之于世""用之于世"，那么慈善必然是"入世"的。慈善不能孤悬于真空之中，慈善"在世间"。在现代情境下，"慈善具有民间性"这句话意味着慈善在"市民社会"之中。然而，市民社会本身并不是自足的，还需要有政府，两者相互成全，组成一个自足的存在。市民社会 + 政府 = 民族国家。这样一来，对于慈善来说，民族国家的一切都是不可或缺的了，都是"必要的"。而且，民族国家不但是"必要的"，还是"充分的"。也就是说，对于慈善尤其是"民族国家慈善"来说，在民族国家之下的"环境"是不充分的、不完整的；在民族国家之上的"环境"是非必要的、有冗余的。用系统论的术语来说，在现代情境下，慈善"最完整"的"环境"就是民族国家。实际上，环境不仅支持慈善的存在，环境也在塑造慈善。民族国家是慈善的"母体"，就像母亲"孕育"了她的胎儿一样，民族国家"塑造"了它的慈善。换一个学术化的说法，如果慈善是"因变量"的话，那么，它置身其中的民族国家就是"自变量"。

由于在慈善描述指标与浑然一体的民族国家之间建立因果联系几乎是不可能的，所以，需要进一步分解民族国家这个"大自变量"。马克思的历史唯物主义为我们提供了一个可资借鉴的民族国家分析框架。历史、技术、生产方式、经济制度、社会阶级结构、政治与法律制度、文化或社会意识，是马克思从民族国家中提取出来的关键成分，并且揭示了存在于它们之间的因果链条。不过在借鉴马克思的分析框架之前，有必要做些调整。其一，利他性和民间性是慈善的本质属性。慈善的利他性决定了文化之于慈善的重要性，所以要给予文化变量足够的重视。其二，慈善的民间性强调，慈善的活动领域在国家之外，按黑格尔的说法，国家之外的领域包括一般意义下的经济领域和社会领域，即"市民社会"①，所以，应将技术、生产方式、经济制度、社会阶级结构归并为一个自变量。其三，无论是哪种政体，政府都拥有或大或小的自由裁量权，所以，政府的态度与行为应纳入政治变量之中。经过以上调整，再借鉴马克思的分析框架，可以将民族国家这个"大自变量"细分为四个自变量：（1）历史；（2）文化；（3）技术、经济、社会结构；（4）政治制度、法律与政策、政府态度与行为。

在全球化时代，每个国家都会受到外部世界的强烈影响，外部世界或是直接影响慈善，或是通过影响民族国家间接影响慈善，因此，必须把"国际格局"纳入慈善的"环境"之中，或者说，必须将"国际格局"视为影响慈善的自变量。这样一来，自变量清单扩展为：（1）历史；（2）文化；（3）技术、经济、社会结构；（4）政治制度、法律与政策、政府态度与行为；（5）国际格局。

1. 历史

慈善不是从来就有的，也不是一成不变的，而是随着时间的推移不断

---

① 〔德〕黑格尔：《法哲学原理》，范扬、张企泰译，商务印书馆，1996。

变化的。慈善有演变，也有继承，"路径依赖"无处不在，今天的慈善是在过去的慈善的基础上演化而来的。"慈善的历史"或"历史上的慈善"影响着今天的慈善和未来的慈善。

昨天如何影响今天？

最直白、最真实、最有力的解释就是"今天源于昨天"。"万丈高楼"不可能"平地起"，只有盖好了一楼，才能盖二楼，盖好了二楼，才能盖三楼，以此类推，以至无穷。人类文明也是如此！文明是世世代代的人类努力的成果累积而成的，就像谚语说的那样"罗马不是一天建成的"。"一张白纸好画最新最美的图画"，那是典型的痴心妄想。

政治学和经济学给出了自己的"补充说明"。一般情况下，延续现状的短期收益大于成本，而变革的短期成本大于收益，所以，不肯为长远利益牺牲眼前利益的人类会倾向于维持现状、得过且过。另外，变革的收益与成本在社会群体之间的分配是不均匀的，有的群体付出较少而受益较多，有的群体付出较多而受益较少，前者会拥护变革，而后者会抵制变革。现状的既得利益者就是在变革中失去较多而收获较少的人群，他们会坚决反对变革，维护现状。这是政治学和经济学阐释的传统延续机制。

社会学用"社会化"解释历史的传承。社会或群体的深层的思维与行为方式、人际交往规范、结构性的秩序模式，通过社会化以隐秘的方式世代传承。布尔迪厄的"惯习"理论深刻地阐释了历史经由社会化而得以传承的机制。所谓"惯习"是一种倾向的系统，这种倾向系统来自通过个人的社会化而实现的社会结构的内化，同时也通过指导人们的实践再生产着社会结构。社会结构性因素，通过人们的社会化经验，内化为个人相应的倾向，正是这些倾向引导群体成员进行实践。"（现实的）情境所提供的机会或限制与延续的倾向之间的相遇产生了行动，这种延续的倾向反映着被个人带入情境之中的过去的经验、传统以及习性（惯习）的社会化。"① "布尔迪厄认为，习性（惯习）是非常抵制变化的，因为原初的社会化比之于后来的社会化经验更具有型构内在倾向的力量。"② 亨廷顿指出，"原初的社会化"是由家庭、社区、宗教组织等社会化主体实施的。这些社会化主

---

① 〔美〕戴维·斯沃茨：《文化与权力：布尔迪厄的社会学》，陶东风译，上海译文出版社，2006，第325~326页。
② 〔美〕戴维·斯沃茨：《文化与权力：布尔迪厄的社会学》，陶东风译，上海译文出版社，2006，第125页。

体的组织形式及运行机制非常成熟，也非常保守，千百年来很少改变，而且现实的经济和政治势力很难对它们实施的社会化施加有效的干预。而那些原初性的、基础性的文化要素正是通过它们世代传承下来的。因此，民族文化的核心部分往往非常稳定，具有抵御经济和政治冲击的能力。①

2. 文化

人的行为受到思想的影响。价值观、动机、目的、行为之间存在一定程度的可观测的、可检验的、稳定的联系。利己行为背后的价值观、动机、目的与人类的本能高度一致。这种本能是生命进化的历史赋予人类的，在人类社会出现之前它就产生了。但是，利他行为则不然，利他意味着为了他人的幸福自觉地放弃某种自我利益，显然，这与人类的自利本能有一定的出入。所以，人类的利他行为，不能依靠生物学本能的支撑，而需要"高尚的"价值观的支撑，甚至离开后者根本就不可能发生，至少不会大面积地、持续地发生。简而言之，慈善行为更多地与个人的价值观、道德观和社会的舆论联系在一起，更多地受到个人思想和社会文化的影响。事实上，只有获得占据主流地位的价值观的有力支持，才有可能存在大规模的、持续的慈善行为。所以，文化，尤其是慈善文化，是塑造慈善的基础性力量。

慈善文化要回答一系列有关慈善的基本问题：人为什么会利他？人为什么应该利他？哪些人的哪些需求应该通过慈善予以满足？谁应该承担满足慈善需求的责任？慈善行动应该遵循哪些准则？通过回答这些问题，慈善文化激励各类主体参与慈善，设定慈善的"活动领域""受益对象"，并作为规范影响慈善的"实施方式"。

不存在封闭的自给自足的慈善文化，慈善文化根植于大文化之中，所以，慈善文化深受大文化的影响。大文化制约慈善文化，大文化的价值规范制约慈善文化的价值规范，慈善文化的价值规范是大文化的价值规范在慈善领域中的具体表达。不同的大文化孕育出不同的慈善文化。大文化不同，相应的慈善文化也不同。大文化之间的关系决定了慈善文化之间的关系。

我们用"文化格局"指示文化的多源性及其融合状态。在全球化时代，

---

① 〔美〕塞缪尔·亨廷顿：《文明的冲突与世界秩序的重建》，周琪等译，新华出版社，1999。

由单一文化构成的民族国家文化格局已经不存在了，任何一个民族国家的文化格局都是本土文化与外来文化碰撞、交融的结果。同样，大文化格局决定了慈善文化格局，民族国家的文化格局决定了它的慈善文化格局。

3. 技术、经济与社会结构

技术、经济与社会结构如何影响慈善呢？

直接观察，答案一目了然，一言以蔽之，技术、经济与社会结构影响慈善的需求与供给。技术、经济、社会结构是"孕育"或者说"造成"慈善所要解决的问题的主要力量，也就是说，制造慈善需求。另外，解决问题、满足需求也靠它们，或者说，它们提供慈善供给。慈善系统中的人、资源、规范，这些慈善行动所必需的素材，几乎全部来自经济—社会系统。可以说，有什么样的技术、经济、社会结构，就有什么样的人、资源、规范以及行动方案，就有什么样的慈善行动，而且它们又会影响到系统结构和空间格局的诸多方面。

技术、经济、社会结构制造需求、提供供给，这种说法太过笼统，我们需要了解更多、更深的东西。

技术的影响至深至广，划时代的技术革命会造成经济与社会的革命性变化，进而带来政治的革命性变化，文化也会随之一新。慈善也不例外，前现代慈善和现代慈善的巨大差异就来自技术、经济与社会结构的差别。单纯的技术变革也能够改变慈善。近年来互联网带来的慈善革命，证实了在生产方式、经济制度、社会结构稳定的条件下，单纯的技术革命就足以造成慈善系统的重大改变。技术是通过生产方式和经济制度发挥作用的，所以，即使技术未发生重大变化，单纯的生产方式和经济制度的变化也能够带来同样的效果。改革开放前三十年与后十年的慈善系统之间的巨大差异，充分说明了经济制度对慈善的巨大影响。

在慈善革命中，能动的力量是"人"，准确地说是"阶级"，而主导阶级则发挥着主导性的作用。这是因为，一个国家中的主导阶级是掌握了财富和权力的集团，拥有将自己的意志强加于社会和国家的能力。他们有能力使符合自己利益的慈善模式占据主导地位，将不中意的慈善模式排挤到边缘地带。所以，一个国家中占统治地位的阶级所青睐的慈善模式就是这个国家中占统治地位的慈善模式。一般说来，如果现有慈善模式符合主导阶级的要求，他们就会维持现状；如果不满意，就要进行调整，如果有现成的替代品，就会实行拿来主义；否则就要改革或创新。

在民族国家内部，国民的分化是不可避免的，有生产方式造成的分化，有文化和信仰造成的分化，有历史背景造成的分化。每个阶级、阶层、群体都有自己中意的慈善模式，都要按照自己中意的方式做慈善，还希望其他人也像自己一样。这样一来，人群的分化带来了慈善模式的多元化，也带来了慈善模式之间的竞争与冲突。例如，在今日中国，有政府设计的慈善模式，有中产阶层喜欢的慈善模式，有本土传统慈善模式，还有佛教慈善、道教慈善、基督教慈善、伊斯兰教慈善。它们之间有共同点也有差异，共识奠定了合作的基础，差异造成了分歧与纷争。它们的地位有高低之分，势力有强弱之别，总的来看，慈善模式的地位和势力与其支持者的地位和势力是相称的。

在经济制度、阶级结构、政治制度基本稳定的条件下，经济社会发展本身也会给慈善带来重大改变。这其中马斯洛阐述的理论发挥了关键作用。马斯洛指出，人的需求分为生理需求、安全需求、爱和归属感、尊重、自我实现；在多种需要未获满足前，首先满足迫切需要；某一层次的需要相对满足了，追求更高层次的需要就成为驱使行为的动力。① 由此可知，人类社会整体向善的动因，一是人性使然，二是社会发展使然。经济发达、教育发达、社会保障发达、生活质量提升，人们的低级需求得到满足，高级需求涌现，社会归属感增强，社会责任感提升，人性中固有的爱人之心、利他之心亦随之扩充。人类发展的过程就是需求层次不断提升的过程，就是利他精神逐步丰盈的过程，也就是慈善事业持续发展的过程。例如，产业结构通过影响就业结构塑造社会结构。对现代慈善影响巨大的中产阶级，其影响力就取决于第三次产业所占的比重。经济发展，产业结构升级，第三次产业比重上升，中产阶级壮大并成为社会中坚力量，进而成为慈善的"主力军"，这又进一步改变了慈善的需求与供给。与工业社会相比，后工业社会更加富裕，根据马斯洛理论，低层次的生存性需求基本得到满足，高层次的发展性需求的重要性上升；中产阶级更加强大，他们更关注高级需求，也更有能力将自己的意愿付诸行动，这又导致慈善系统的供给结构的改变。与低级需求相比，高级需求更加多样、变化更快，也更难以预见，相应地，慈善行动亦更加多样、更加灵活、日新月异、难以预测。

---

① 〔美〕亚伯拉罕·马斯洛：《动机与人格》，许金声等译，中国人民大学出版社，2013。

4. 政治制度、法律与政策、政府态度与行为

一国的政治制度、法律与政策、政府态度与行为会影响该国的慈善。政治制度、法律与政策、政府态度与行为不是互不相干的，也不是平行并列的，其中政治制度最具决定性，它制约法律与政策以及政府态度与行为。例如，社会主义国家的慈善与资本主义国家的慈善存在本质差异，这种差异完全可以归因于政治制度的差异。但是，政治制度也不能决定一切，政治制度基本相同的国家，法律与政策也会有显著差异。例如，同样实行宪政民主制度，英美与欧洲大陆的调整慈善的法律就存在显著差异。即使政治制度、法律与政策都相同，政府的态度与行为也会有不同。例如，中国的各个地区，有相同的制度、大同小异的政策，但是政府管理者的态度和行为差异显著。北京、上海、深圳的技术、经济、社会结构、政治制度、法律与政策差不多，慈善的历史和文化也差不多，但是，官员处事风格不同，慈善状况也不同。由此可见，政府的态度和行为也是影响慈善的自变量。

尽管慈善属于民间，但深受政治的影响。在现代社会，任何领域的绝对自治都是不可能的，谁都不能逃脱"看得见的手"的干预。现代国家的发展历史就是政府介入慈善的范围越来越广、程度越来越深的过程。政府借助法律、政策、行动，体现自己的意志，维护自己的利益，履行自己对社会的责任。政府拥有立法权、行政权、司法权，能够确立慈善秩序，制定慈善规则。政府拥有收税的权力，掌握了大量的财富，能够以补贴、购买服务的方式为慈善组织提供资金，还可通过减免税收的方式予以鼓励。除了立法和财政，政府手中还有大量的有形和无形的工具，能够对慈善主体施加广泛而深入的影响。而且上述一切都以"暴力"为后盾，都是可以"强制"执行的。按照韦伯的说法，现代国家的政府是唯一的垄断合法使用暴力的权力的人类组织，[①] 或者说，政府拥有其他组织所没有的强制能力。政府不但"从外部"对慈善施加影响，还一直名正言顺地大规模"侵占"慈善领域，替代民间慈善的功能。随着现代政府的成长，一些过去由慈善解决的问题被政府接管了，成为行政职能的必要组成部分；以往作为人道主义诉求的慈善内容，变成了由法律规定的、由政府负责兑现的公民权利。

在此要再次重申，政治制度、法律与政策、政府态度与行为，不是互

---

① 〔德〕马克斯·韦伯：《经济与社会》，阎克文译，上海人民出版社，2010。

不相干的，也不是平行并列的，其中政治制度最具决定性，它制约法律与政策以及政府态度与行为。一个国家的政治制度对该国的公民权利状况具有直接的重大的影响，而公民权利，包括公民与政治权利、经济社会与文化权利，是现代慈善的法律支柱，所以，政治制度对现代慈善具有直接的重大的影响。没有财产权，没有结社权，没有自由地思想和传播思想的权利，现代慈善根本无法存在。没有经济社会与文化权利，现代慈善的合法性也会受到严重损害。另外，政治制度，在很大程度上，决定了政府与慈善的关系，决定了法律和政策的属性，决定了慈善系统的结构与功能，也决定了慈善组织的现实境遇。

在此需要向读者做一特别交代。调整慈善的法律与政策理应属于"慈善系统"，而不是慈善系统的"环境"，换句话说，它们应该在"慈善系统之内"，而不在"慈善系统之外"。本书为了行文的"方便"和"统一"，上篇没有将调整慈善的法律与政策归入"因变量"，而是归入"自变量"；相应的，中篇（讨论自变量）专门论述了调整慈善的法律与政策，而下篇（讨论因变量）则未予涉及。

5. 国际格局

在全球化时代，国际环境对一国的内部状态具有直接的、重大的、有时甚至是决定性的影响。

20世纪80年代末，社会主义退潮，资本主义市场全球扩张的最大障碍被扫除。30多年来，资本主义市场狂飙突进，开疆拓土，几乎覆盖了地球之上的每一块土地、水域和天空，各国经济联系愈加紧密，全球产业链迅猛发展，全球经济一体化势不可挡。以资本主义市场为基础性的纽带，"地球村"已然成为现实，而不再是思想家和艺术家的想象。跨国文化交流也在拓展和深化，任何国家的文化都不再仅仅由本土文化要素构成，也包含大量的外来文化要素，传统与现代、本土与外来相互碰撞、相互融合、难解难分。国与国之间的政治互动更加频繁，内涵也更加丰富，合作与冲突都在持续强化。总而言之，全球化时代，各国处于密集互动之中，相互影响无处不在，无时不在，而且越来越强烈。就其本质而言，已经持续五百年而且于今尤烈的全球化，是资本主义市场以及资本主义文明的全球化。其他文明，在饱受资本主义全球化摧残，经历了艰难求存，站稳脚跟之后，也开始谋求自己的全球化。

慈善，自然不能置身事外，或主动或被动卷入全球化之中。慈善无国界，不仅是"口号"，也是现实。在各国慈善行动者的共同努力下，"全球慈善"逐渐浮出水面。政治和商业力量也积极介入全球慈善的建设与运行。政府把慈善当作"民间外交"的手段，作为影响他国的国际政治工具。商业一方面助力慈善，一方面操纵慈善。跨国公司、国际 NGO、全球媒体，将这些渗透与操纵传到每一个角落、每一个领域。实际上，时下的全球化也是资本及其意识形态（新自由主义）影响慈善的全球化。

一个国家的慈善在全球慈善格局中的地位与该国在全球经济政治格局中的地位密切相关。全球慈善格局是不均衡的，西方发达国家处于支配地位，其他国家处于被支配、被影响、被资助的地位。在世界上，正如弱国无外交，弱国也无慈善。在慈善领域，跨国影响的主要机制有三：其一，示范作用。俗话说"榜样的力量是无穷的"，后来者会虚心地、真诚地、自觉地、主动地向先行者学习。在此过程中，先行者输出价值观、知识、技能、组织和行动模式。这种输出无须强制，不用花钱，有时学生还会送来大笔学费，而且学习热情高涨，因而效果极佳。其二，利益引诱。强势国家利用有形资源方面的优势，通过选择性地支持，例如，听话的给好处，不听话的不给，诱导弱势国家的行动主体接受其价值观、行为方式、组织模式，甚至按照其指示行动。其三，强制服从。对不合意的国家、行动者、慈善行动，施加政治制裁、经济制裁，直至军事干预。

（三）　补充说明

本书讨论的是一个国家的慈善。除了国际格局，其他自变量——历史，文化，技术、经济、社会结构，政治制度、法律与政策、政府态度与行为——同属于一个国家。它们不是彼此独立的，而是相互作用、相互牵制、协同变化的。在论述"解释框架"的部分，没有强调自变量之间的关系，那是因为本书的研究对象是"民族国家慈善"，所以关注的是自变量如何影响慈善，而不是自变量之间的相互关系。下面的"补充说明"可以弥补这一"缺失"。

在信奉功能主义的解释者看来，在一个稳定的民族国家中，这些变量之间的关系是和谐的，它们彼此相互适应，每一个变量的状态都能满足其他变量的要求，或者说，每一个变量所发挥的作用都能满足系统的某种需求，而这种需求是系统稳定运行所不可或缺的。而关注因果关系的解释者，还会强调一系列的因果机制将这些变量联系在一起。当然，他们不是那么"机械"，不会过分强调因果关系的"单向性"，也承认双向的因果关系、结构性因果关系，还有反馈机制，例如，历史唯物主义强调存在决定意识，但也承认意识对存在具有反作用。

历史唯物主义提出了一个民族国家的整全理论。我们的解释框架涉及的自变量都被囊括其中。在此，简要介绍一下马克思的有关论述，应该能给我们带来有益的启发。

马克思建立了"经济结构—上层建筑—社会意识"分析模式，阐明了技术、生产关系、经济运行机制、社会阶级结构、政治制度、文化或意识形态之间的因果关系，即技术（生产力）→生产关系→经济运行机制→社会阶级结构→政治制度→文化或意识形态，简而言之，"经济基础决定上层建筑"，而在经济结构、上层建筑、社会意识之间搭建因果链条的则是"阶级斗争"。在《〈政治经济学批判〉序言》中，马克思指出："人们在自己生活的社会生产中发生一定的、必然的、不以他们的意志为转移的关系，即同他们的物质生产力的一定发展阶段相适合的生产关系。这些生产关系的总和构成社会的经济结构，即有法律的和政治的上层建筑竖立其上并有一定的社会意识形式与之相适应的现实基础。物质生活的生产方式制约着整个社会生活、政治生活和精神生活的过程。不是人们的意识决定人们的存在，相反，是人们的社会存在决定人们的意识。"① 在《德意志意识形态》中，马克思进一步指出："统治阶级的思想在每一时代都是占统治地位的思想。这就是说，一个阶级是社会上占统治地位的物质力量，同时也是社会上占统治地位的精神力量。支配着物质生产资料的阶级，同时也支配着精神生产资料，因此，那些没有精神生产资料的人的思想，一般地是隶属于这个阶级的……构成统治阶级的各个个人……作为思维着的人，作为思想的生产者进行统治，他们调节着自己时代的思想的生产和分配；而这就意味着他们的思想是一个时代的占统治地位的思想。"②

马克思不仅阐述了稳态下的因果作用机制，还进一步指出了变迁中的

---

① 《马克思恩格斯选集》第二卷，人民出版社，2012，第 2 页。
② 《马克思恩格斯选集》第一卷，人民出版社，2012，第 178 页。

因果作用机制："社会的物质生产力发展到一定阶段，便同它们一直在其中运动的现存生产关系或财产关系（这只是生产关系的法律用语）发生矛盾。于是这些关系便由生产力的发展形式变成生产力的桎梏。那时社会革命的时代就到来了。随着经济基础的变更，全部庞大的上层建筑也或慢或快地发生变革。"[①] 历史唯物主义认为，人是变革的能动力量，阶级斗争推动历史进程，"至今一切社会的历史都是阶级斗争的历史"[②]。当经济基础发生变化的时候，阶级结构随之变化，新兴阶级出现了。逐渐壮大的新兴阶级为了扩大和维护本阶级利益，与原有的统治阶级展开斗争，一方面要打破旧的制度和观念，另一方面要建立新的制度和观念。当符合新兴阶级及其盟友的利益要求的制度和观念建立起来，并且取得了稳固的优势地位之后，转型就结束了。简而言之，技术进步改变经济基础，进而创造新的阶级结构，而新兴阶级创造符合其利益的新的制度和观念。在此过程中，阶级是直接的行动者，而阶级斗争是推动转型的直接动力。

关于历史唯物主义原理，众说纷纭，莫衷一是，本书不予置评。这里只是申明，历史、文化、技术、经济、社会结构、政治制度、法律与政府行为，不是各自独立、互不相干的，而是相互作用、协同变化的。那么，它们是怎么相互作用、协同变化的呢？从长期来看，技术、生产方式、经济结构决定了社会阶级结构，也就是说，决定了新兴主导阶级；新兴主导阶级发动阶级斗争，一方面创造自己的文化或意识形态，并在市民社会中争夺文化领导权；另一方面发动政治斗争，用符合自身利益的政治和法律制度取代旧的政治和法律制度；一旦新兴主导阶级获得了文化领导权和政治统治权，它就成为货真价实的统治阶级了。[③] 可见，使技术、经济制度、社会结构、政治制度、法律体系、政府行为相互作用、相互牵制，乃至达到整体上基本和谐的，是统治阶级追逐利益的斗争。正是这种斗争驱使它们不断变化，直至达到这样一种状态——它们各自的状态以及它们的相互关系都要符合统治阶级的利益。大体说来，统治阶级的利益是民族国家运转的"轴心"，民族国家的方方面面都要围着这个轴心运转。

上述逻辑同样适用于"慈善"。统治阶级也要掌控慈善。如果现有的慈

---

① 《马克思恩格斯选集》第二卷，人民出版社，2012，第2~3页。
② 《马克思恩格斯选集》第一卷，人民出版社，2012，第400页。
③ 〔意〕安东尼奥·葛兰西：《狱中札记》，曹雷雨等译，中国社会科学出版社，2000。

善模式符合他们的要求，就坚决维护；如果现有的慈善模式不符合要求，就把它改造成中意的样子；或是另起炉灶创造一个自己满意的新慈善。无论统治阶级怎么做，目的只有一个，而且是不变的，那就是使慈善符合自己的利益。

　　本书就是最近 40 年在中国上演的一场史诗级慈善革命的现场记录。

　　中篇的任务是全面展示那些塑造中国慈善的力量。首先简明扼要地说明慈善自变量的状态及其来龙去脉；其次说明这些自变量如何影响中国慈善，包括影响的机制和影响的结果。具体做法是逐一描述和分析每一个"自变量"的真实的存在状况、对慈善的实际影响，以及发挥影响的具体机制。表现在行文上便是每个自变量自成一章，分别为"三、历史""四、文化""五、技术、经济、社会结构""六、政治制度、法律与政策、政府态度与行为""七、国际格局"。尽管对每一个自变量的描述和分析都是"独立进行"的，而且每个自变量都"自成一章"，但它们绝对不是"独立的""彼此无关的"，恰恰相反，它们处于复杂而紧密的联系之中，一系列因果关系把它们组织成为一个"系统"，而这个"系统"就是作为一个民族国家的此时此地的中国。

　　描述与解释中国慈善，涉及一大堆自变量、一大堆因变量，再加上错综复杂的相互作用关系，很容易使人眼花缭乱，无所适从，难以建立系统连贯的认识，只留下一堆支离破碎的印象。所以，尽管本篇关注的重点是各个自变量及其对中国慈善的影响，开篇之际，还是要简明扼要地说明一下中国的整体变迁、各个自变量的来龙去脉、自变量之间的相互作用关系，以及它们影响慈善的机制与结果。希望这样的安排有助于读者形成统一、连贯、系统的认识，避免迷失于纷乱的头绪之中。

　　自变量塑造因变量，自变量也是被塑造的，两个过程几乎是同时发生的，同步进行的，统一于一个更宏大的历史进程之中。这就是"改革开放"。

　　"改革开放"有特定的外部条件和内部初始条件。1976年，国内局势发生重大变化；与此同时，"冷战"，也就是两大制度的和平竞赛也初见分晓。在国内外条件会聚的情况下，中国启动了改革开放，也决定了改革开放的核心策略：对外开放，即向外部世界开放；对内改革，即借鉴市场经济。如此，市场经济取代了计划经济，民营经济迅速发展。伴随着经济的持续高速发展，商业力量日益壮大，实力和影响力与日俱增。与此同时，中产阶层也日益壮大起来。（文化变量）个人生活、经济基础、社会结构、意识形态、对外政策的变化，产生了深刻的政治后果。（政治变量）可见，支配中国整体转型的核心过程就是经济领域的市场化，经济基础的变化导致了个人生活、文化意识、社会结构、政治制度的变化，后者是对前者做出的适应性调整。而推动上述变革的社会精英，拥有关于经济模式、社会形态、政治制度的"共识"。这正是改革开放时代中国慈善发展面临的大环境。在《邓小平时代》一书中，康晓光全面系统地阐释了上述过程，此处不再详述。①

那么，改革开放是如何作用于慈善的自变量的呢？

随着向外部世界的开放、市场经济制度的确立、商业力量和中产阶层的崛起，西方现代慈善模式进入中国。意识形态发生变化，对本土传统的束缚减轻，有着数千年历史的本土慈善模式逐渐复活，并为各个社会阶层广泛接受。中华传统慈善模式、西方现代慈善模式、前三十年的社会主义慈善模式，构成了改革开放时代的中国慈善的"历史遗产"。

同样，来自外部的西方文化，来自本土历史的传统文化，以及社会主义文化，相互碰撞、融合，形成了全新的文化格局。不同文化的力量对比关系反映了它们背后的支持者的力量对比。

随着经济基础的改变，社会结构的改变，西方现代慈善模式成为主导性慈善模式。与此同时，传统慈善复活，得到互联网技术革命的加持，焕发出新的生命力。经济发展，产业结构升级，中产阶层壮大，整体收入水平大幅提高，催生了后现代慈善。于是，超慈善出现，前现代、现代、后现代三种慈善叠加的格局初步形成。

政府力量对于西方现代慈善模式也是选择性接受和吸取，即以"行政吸纳社会"回应"市民社会"的挑战，对于服务功能加以接受，对于倡导与集体行动功能则加以限制和拒绝。"行政吸纳社会"既是"市民社会"的替代模式，也是政府力量创造的一种慈善模式。

对于政府力量来说，国际环境具有两面性，既有有利的一面，如科技与经济合作；也有不利的一面，如意识形态、政治制度、发展道路的冲突。慈善天生就具有参与公共生活包括政治生活的功能，又被各国当作国际竞争的工具使用，所以，国际竞争进一步加重了慈善承受的国内压力。

简单地说，1976年的国际环境和国内初始条件导致了改革开放，改革开放改造了中国，也就是改造了慈善的自变量，进而改造了中国慈善，或者说，塑造了今日的中国慈善。

---

① 康晓光：《邓小平时代》，新加坡：世界科技出版公司，2014。

三　历史

　　要讨论历史对当代的影响，首先要说明历史与当代的边界。本书的研究对象为"中国慈善"，不是有史以来的中国慈善，而是特定空间范围和时间区间之内的中国慈善，其空间范围为当下的"中国大陆"、时间区间为1976年至今，即改革开放以来中国大陆的慈善。所以，对于本书来说，"历史"就是那些在1976年之前已经存在的、对改革开放时代中国大陆慈善具有重大影响的慈善传统。

　　从古至今，有三种可以辨识的慈善传统在中国大地上行云施雨。清代之前，中华慈善传统是中国土地上唯一的慈善模式。晚清之际，资本主义慈善传统开始进入中国，并获得稳步发展。1949年，随着新中国的成立，社会主义慈善传统在中国开花结果，并凭借强大的意识形态和政权力量的支持，扫除了本土慈善传统和外来的西方慈善传统。但是，1976年之后，西方慈善传统重新进入中国；与此同时，中华慈善传统逐渐复兴，而且呈现出后来居上之势；社会主义慈善传统影响力下降。由此看来，符合"在1976年之前已经存在的、对改革开放时代中国大陆慈善具有重大影响的慈善传统"条件的，就是中华慈善传统、西方慈善传统和社会主义慈善传统，所以，它们构成了作为当代中国慈善的"初始条件"的历史变量。

　　我们将运用韦伯创立的"理想类型方法"[①] 描述这三种慈善传统。关于韦伯的理想类型方法，周晓虹有简明扼要的评述：（1）理想类型属于研究者的主观建构，它既源于现实社会，又不等同于现实社会。现实中的社会现象只能与之近似，不会与其完全一致。（2）理想类型尽管是一种主观建

---

① 〔德〕马克斯·韦伯：《经济与社会》，阎克文译，上海人民出版社，2010。

构，但并不是凭空虚构的，它以理论结构的形式体现着某个时代社会文化现象的内在逻辑和规则。韦伯指出，"这种理想的类型化的概念将有助于发展我们在研究中的推论技巧：它不是'假设'，但能够为假设的建构提供指导；它不是现实的一种描述，但却欲图为这种描述提供一种明确的表达手段。"（3）理想类型在一定程度上是抽象的，但它并没有概括也不欲图概括现实事物的所有特征，它只是为了研究的目的侧重概括了事物的一组或某种特征。（4）理想类型就价值而言是中立的。韦伯指出，"我们所谓的理想类型……和价值判断没有任何关系，除了纯逻辑上的完善外，它与任何形式的完美毫不相干。"①

（一）中华慈善传统

中华慈善传统形成于农业文明之中。农业文明的主要经济部门是农业。传统农业的主要生产资料是土地（尤其是耕地），而且土地的人口承载量很低，人口被束缚在土地上，主要聚落形态是小规模的村社。个人的活动空间非常狭小，不但地理空间非常狭小，社会空间也非常狭小，而且流动性很低，构成所谓"熟人社会"。社会的主要组织形式是大家庭、家族、宗族。借助大家庭和传统乡村社区为个体提供各种保障。

中华传统慈善属于前现代慈善②，具备上文所述的前现代慈善的一般特征。例如，以个体、家族、村社、宗教机构为行动主体，由地方精英主导；项目运作上，主要由施助者与受助者直接对接，临时性、地方性、小规模特征明显；以非正式组织为主，缺乏专业分工，参与者的业余性、兼职性突出；稳定、清晰、单一的传统道德、习俗、惯例规范着慈善行为；政府对慈善介入较少，也没有专门性的法律对其进行调整。

中华文化以儒家文化为主体，儒家慈善观构成中华传统慈善观的主体。儒家讲"天人合一"。天人合一的"一"就是"仁"，在天为"道"，在人为"仁"。"仁"强调人与人之间的感通，对他人的快乐与痛苦的感同身受，以及由此而来的对他人的关切与帮助，此所谓"仁者爱人"。"行仁之方"

---

① 周晓虹：《理想类型与经典社会学的分析范式》，《江海学刊》2002年第2期，第95页。
② 本书将工商时代的慈善称为"现代慈善"，将在此之前的慈善称为"前现代慈善"。

为"忠恕之道",即"己欲立而立人,己欲达而达人","己所不欲,勿施于人"。① 仁道之实践,儒家主张推己及人,由近及远,"老吾老以及人之老,幼吾幼以及人之幼",直至"四海之内皆兄弟""天下一家"。可见,"仁爱"不同于"博爱","仁爱"涵盖"博爱","四海之内皆兄弟"就是"博爱"。《大学》主张,要成为"君子",仅有修身是不够的,还要齐家治国平天下。也就是说,仅仅把自己的小日子过好还不够,还要造福他人和社会,这才是一个完整的人。

在古典儒家的语境中,与"利己""利他"密切相关的范畴是"公/私""义/利","公私之辩""义利之辩"阐明了儒家处理"利他""利己"关系的基本规范。"公/私""义/利""公私之辩""义利之辩"也是仁及行仁之方(忠恕之道)在这一特定情景下的具体化。儒家认为,"义"为"应当",凡表现或发挥人之所以为人者的行为即为应当,反之即为"不义""不应当"。"利"为能维持或改善人之生活者,亦即能满足人之生活所需者。利有"公利"与"私利"之分。凡能满足大众生活所需的即为公利,凡仅能满足一己之需的即为私利。② 儒家推崇公利,认为谋公利即为义,要求圣贤君子必须谋公利。儒家并不一概反对私利。它尊重合理的私利,所反对的是见利忘义、为利害义。就公利与私利的关系而言,儒家主张公利优先于私利,私利不得侵犯公利。孔子主张"见利思义"(《论语·宪问》),"饭疏食饮水,曲肱而枕之,乐亦在其中矣。不义而富且贵,于我如浮云"(《论语·述而》),"富与贵,是人之所欲也。不以其道得之,不处也。贫与贱,是人之所恶也。不以其道得之,不去也"(《论语·里仁》)。儒家是脚踏实地的经世致用者,深知"义与利者,人之所两有也,虽尧舜不能去民之欲利,然而能使其欲利不克其好义也"(《荀子·大略》)。《礼记·儒行》要求儒者"见利不亏其义","见死不更其守","苟利国家,不求富贵"。简言之,儒家文化尊重私利,推崇公利,主张以义制利,反对为利害义。在"公/私""义/利"的话语体系中,慈善就是遵循仁道,为公利而牺牲私利的行为。

实际上,在古代汉语中,很少用"慈善"这个词指称具有利他属性的人类行为。最初"慈"和"善"是独立出现的,各有不同的含义。许慎

---

① 康晓光:《古典儒家慈善文化体系概说》,《社会保障评论》2018年第4期,第99~110页。
② 张岱年:《中国哲学大纲》,中国社会科学出版社,1982,第386页。

《说文解字》的解释是："慈，爱也"；"善，吉也"。"慈""善"连用的最早的文字记载出于《魏书·崔光传》："光宽和慈善"。显然此"慈善"与我们所理解的"慈善"几乎毫无瓜葛。在词语演变过程中，"慈"和"善"的语意逐渐靠近，都表示"仁慈，善良，富有同情心，做善事"的意思。《现代汉语词典》对慈善一词的解释为"对人关怀，富有同情心"。

中国传统慈善中，官方与民间、公域与私域的界限并不明显，家庭、宗族、村社、国、天下均是个人"行仁"的不同阶段和范围。韩德林指出，古代中国慈善事业是一件"准公共事务"，其特殊之处在于：其一是家庭内外界限的模糊，其二是国家福利与民间慈善界限的模糊。① 另一方面，"施善"行为内含着"教化"目的，梁其姿对明清时期慈善组织的研究发现，明末清初的慈善组织及其活动，本质是具有文化优势的地方社会精英试图重新整饬社会道德秩序的努力，② 而此种诉求又影响着慈善活动领域与受助对象的选择。

在古代中国，慈善的实践主要表现为亲人、邻里、朋友之间的人际救助，也有对遭遇天灾人祸的外乡人的救助。但是，人际救助主要发生于宗族和村庄内部。在城镇，既有一般的人际救助，也有专门的慈善会社，宗教组织也发挥慈善功能。但总的来看，慈善的主导模式是人际救助，由专门的慈善组织实施的慈善行为并非主流。

中国传统慈善的实施方式丰富多彩，包括个体慈善行为、家族互助救济、宗教团体赈济、善会善堂的慈善行为等。个体慈善行为是指地方士绅的修桥铺路、扶危济困等慈善行为，它是传统慈善中最为广泛的现象。家族互助救济的典型表现如"义庄""义田""义仓"等救济制度与设施的设置，它们用于对贫困的家族成员进行救济。宗教团体慈善的典型代表如隋唐时期佛寺悲田院，其通过布施粮食衣物以及建立养病坊等行为，对弱势群体进行救助。明末清初出现的善会、善堂等慈善会社，则是由地方绅衿商人集资、管理的长期性、专门性慈善机构，其功能不单单是救助贫困、病危人群，也针对幼婴、寡妇等进行救济，以及倡导惜纸、放生等慈善行为。此外，即使由政府主导的慈善活动，无论是诸如宋代的居养院、安济

① 〔美〕韩德林：《行善的艺术：晚明中国的慈善事业》，吴士勇、王桐、史桢豪译，江苏人民出版社，2015。
② 梁其姿：《施善与教化：明清时期的慈善组织》，北京师范大学出版社，2013。

坊、婴幼局等社会救助与福利政策，抑或灾荒时期的大规模"荒政"，民间行动者也均是重要的参与者。[①]

（二）现代慈善传统

在本书中"现代慈善"指工商文明中的慈善。占主流地位的"工商文明"就是"现代的"资本主义文明。

资本主义市场经济以及由文艺复兴确立的人文化、世俗化、理性化，确立了现代资本主义文明的基础性特征。资本主义市场，加上以现代科学为基础的技术体系，有力地推动了工业化和城市化。制造业取代农业成为主导产业。以效率至上、科学管理为特征的福特制生产方式大行其道。工业化和城市化导致了人口的大规模流动（从农业流向工商业、从农村流向城市），彻底摧毁了以农业为基础的世代定居的乡土社会。城市取代农村成为主要的人口聚居场所，相应地，大规模的"匿名社会"取代了小规模的"熟人社会"。个体的独立性、自主性、流动性空前提高，个人主义价值观盛行，传统的大家庭解体，核心家庭成为主要的家庭形态。现代民族国家成为最大的也是最重要的政治组织形式。与此同时，分化出由政府、营利组织（企业）、非营利组织（慈善组织属于非营利组织）构成的三大部门。科层制成为覆盖一切领域的组织形式。个人一生中所需的各类保障，不再由个人、家庭和社区提供，而由个人、家庭、社会和政府来提供。

所谓"现代慈善"就是科技革命、工业化、城市化、全球化的产物。亚当·斯密的"分工"与"专业化"逻辑，同样适用于慈善，并且深刻地改变了慈善，其结果可以概括为：专业化、组织化、中介化、职业化。

亚当·斯密揭示的经济组织原理——分工与专业化——也支配了慈善领域。社会分化出一类专业机构（慈善组织），其职能是发现问题、提出解决方案、筹集资源、实施救助。"前现代慈善"中的"慈善家"的职能被分割了，"现代慈善"中的"慈善家"仅仅出钱、出物、出力，而不再参与发

---

① 参见梁其姿《施善与教化：明清时期的慈善组织》，北京师范大学出版社，2013；〔日〕夫马进《中国善会善堂史研究》，伍跃、杨文信、张学锋译，商务印书馆，2005；陈宝良《中国的社与会》，中国人民大学出版社，2011；〔法〕魏丕信《18世纪中国的官僚制度与荒政》，徐建青译，江苏人民出版社，2003。

现问题、制定解决方案、筹集资源、组织实施等环节的工作。慈善组织采取的组织形式是科层制——有得到政府管理机关认可的法人身份，有正式的章程，有规范的组织结构，有专职工作人员。此类"正式慈善组织"主宰了现代慈善，至少被认为是现代慈善的"主力军"。

公益组织是将助人者和受助者连接起来的"中介"。它本身并不是"慈善家"，而是一个"中介"、"受托人"。前现代慈善没有"中介"，即行善者→受益者。"中介化"改变了这一结构，在"行善者"和"受益者"之间插入了一个"慈善组织"，即行善者→慈善组织→受益者。"中介"发现并确定需要帮助的人及其需要解决的问题、提出解决问题的方案、动员慈善资源，并将筹集到的慈善资源输送到受益者手中，或利用这些资源解决他们的问题。"中介者"不仅发挥"传递"功能，也发挥"组织"（动词）功能。

捐赠者将资源交给公益组织，所有权发生转移，归公益组织所有，而公益组织必须将其用于公共利益。作为公益事业的"中介"，公益组织必须服务于公共利益，而不能成为个人谋取私利的工具。这就要求，（1）公益组织以服务公共利益为使命。它必须忠实地执行发起人、捐赠人的意志。（2）公益组织的财产所有权，不能归任何个人所有，必须归社会所有。相应地，任何人不能因为提供资金而获得决策权和剩余分配权，而且关闭、清算之后，剩余财产转交给宗旨相同的公益组织。（3）理事会代表社会管理公益组织，理事也不是由出资人选举产生的。最高权力机构是理事会。发起人、举办人组建第一届理事会，其后的理事会由上一届理事会产生，即所谓"自我维持型理事会"。作为所有者的"社会"，"不值得"为某一公益组织举办一场全体成员参与的理事会选举活动，这就造成了天然的所有者缺位。理事会聘请执行团队。执行团队负责日常运作，并对理事会负责。这些制度安排，保证了公益组织能够忠实地执行助人者的委托，忠实地履行对受助者的责任；捐赠财产不会被任何人尤其是公益组织的管理者据为私有；并使捐赠者能够放心地把财产交给它，从而有效地开发社会的公益资源，释放社会的利他潜能。可见，现代公益组织，拥有一种不以营利为目的的组织结构，拥有一种避免任何个人利己营私的管理制度。"不以营利为目的"，不停留于口头宣示，而且已经落实到制度和运作层面，获得了坚实的"硬保障"。

一般来说，绝大多数的慈善组织的专职工作人员，不是业余的、兼职的、不计报酬的"义工"或"志愿者",而是以此为职业并靠这份工作养家糊口的"从业者"。他们本身不是"慈善家",既不捐款、捐物,也不无偿贡献时间和技能,而是一般的"工薪劳动者",靠在慈善组织就业谋取一份收入,以支撑自己和家庭的生活所需。

现代慈善也不再是临时性的、地方性的、小规模的集体行动,而是常规性的、持续性的、大范围的、大规模的集体行动。理性化——效率至上、科学管理——导致慈善组织追求规模化、持久性,其项目具有大规模、大范围、标准化、稳定、持久的特征。

政府深度介入慈善领域,规定慈善组织的治理结构,制定慈善组织的运行规则,对慈善组织的运行实施监管,为慈善组织提供各种实际支持。与此同时,法律发挥着不可或缺的调节作用。政府的主要管理工具,除了立法,还有注册管理、税收优惠、审计等等。这也是"大政府时代",政府大踏步进入慈善领域,从摇篮到墓地,包揽个人的一切需求。一些过去由民间慈善解决的问题,由政府接管了,成为行政职能的组成部分。以往作为人道主义诉求的慈善内容,变为公民的权利和政府的职责,即由法律规定的、由政府负责兑现的公民权利。

在慈善领域中,价值观清晰、单纯而稳定;需求结构简单而稳定,同样供给结构简单而稳定;各类慈善组织分工明确,主次分明,呈现出清晰而稳定的地位结构;总体格局清晰、严整、井然有序,而且非常稳定;各种意义的"中心"广泛存在,而且清晰可辨。慈善领域便于观察、描述、解释、预测。

与前现代慈善相比,现代慈善肩负更为重要的使命,拥有更为广泛的功能。说到慈善的功能,一般中国人耳熟能详的是"提供社会服务","三大条例"① 和《慈善法》罗列的活动领域也局限于社会服务。但是,现代慈善的价值和功能绝不止于这些,还有更为重要的:(1)社会组织能够满足人的社会性需求。人是社会性动物,人需要与他人交往,而结社是交往的一种形式,所以结社是人之为人的必要条件,也是现代社会一致确认的基本权利。可以说,为了结社而结社本身就有无上的价值,无需任何其他理由。(2)社会组织是志趣相投的人追求共同目标的工具。在"政治系统"和"经济系统"之外,需要给人类"留下"或"开辟"一个"生活世界",

---

① 即《社会团体登记管理条例》《民办非企业单位登记管理暂行条例》《基金会管理条例》。

而社会组织就是"生活世界"的最重要的组织形式之一。① （3）社会组织是人类集体行动的组织载体。社会组织是公民参与社会、经济和政治生活的"工具"。没有这个"工具"的支撑，有效的公共参与根本就无从谈起。在强大的权力和资本面前，一盘散沙的个人无足轻重，只有组织起来才有力量，所以说，社会组织是公众制衡权力和资本的工具。（4）社会组织是"社会化"的重要主体，承担文化传承与创造的职能，亦是文化领导权争夺战的重要参与者。② 一言以蔽之，社会组织是自主、自立、自治的社会的基石，是文明社会不可或缺的基础设施。

（三）社会主义慈善传统

马克思主义认为，资产阶级的财富来自企业的利润，而利润的本质是工人阶级创造的剩余价值，这些剩余价值本应属于工人阶级，但是被资产阶级以利润的名义夺走了。所以，马克思主义彻底否定资本主义的基本分配制度及其分配结果的正当性。马克思主义认为，资本主义的慈善，其实就是资产阶级从掠夺的赃物中拿出一点零头，以换取工人阶级的苟安。显然，这种慈善不是"善"，而是"伪善"，而且是"包藏祸心"的伪善，其目的是维护有利于资产阶级的不平等，维持资本主义制度的长治久安。因此，1949 年至 1976 年，在中国，"慈善"遭到批判，以"慈善"为名的行动销声匿迹，"慈善组织"亦不复存在。

但是，这并不意味着这一时期不存在利他行为，实际上，利他行为非但没有消失，反而广泛存在，最典型的就是轰轰烈烈的"学雷锋"运动。可以说，这一时期，在否定资产阶级慈善的同时，创造了自己的"慈善模式"。

这一模式有自己的道德主张，即共产主义道德，也有自己的"利他规范"，即"社会主义的集体主义"和"革命的人道主义"。忠诚于共产主义事业、社会主义的集体主义、革命的人道主义被确立为共产主义道德的基本原则。③ 马克思主义要求个人利益服从集体利益，局部利益服从全局利

---

① 〔德〕尤尔根·哈贝马斯：《公共领域的结构转型》，曹卫东等译，学林出版社，1999。
② 〔意〕安东尼奥·葛兰西：《狱中札记》，曹雷雨等译，中国社会科学出版社，2000。
③ 刘广东：《毛泽东伦理思想》，山东人民出版社，1993，第 340 页。

益。这种集体主义又不同于一般的集体主义，它以实现共产主义理想、实现无产阶级的根本利益为出发点，所以称之为"社会主义的集体主义"。马克思主义要求，在无产阶级内部实行人道主义，阶级兄弟之间必须相互关心、相互爱护，但是，对敌人不可实行人道主义。所以，实行人道主义是有条件的。这种服务于共产主义理想的、根据阶级区别对待的人道主义，被称为"革命的人道主义"。《雷锋日记》中写道："我要牢牢记住这段名言：'对待同志要像春天般的温暖，对待工作要像夏天一样的火热，对待个人主义要像秋风扫落叶一样，对待敌人要像严冬一样残酷无情。'"① 雷锋的这段话生动形象地传达了"革命的人道主义"的真谛。

1949 年至 1976 年，民间的、自发的、自愿的利他主义行为，受到政府的管理调控。民间利他行为必须且只能响应政府号召，必须遵循政府制定的行动准则，独立于政府意志的行为难以出现。因此，那个时代的民间利他行动与思考，缺乏批判性。

由于结社自由受限，个人只能以个体化或非组织化的方式开展利他活动。新中国成立后，取缔了此前遗留的慈善组织，也不允许成立新的慈善组织，所以也不存在正规的民间慈善组织，不存在民间的、有组织的、利他主义活动，民间的、大规模的、经常性的、有组织的慈善活动几乎绝迹。民间的利他行动主要有两种类型，一是以个人为单位的人际互帮互助，二是个人维护集体利益和国家利益的行动。

---

① 雷锋：《雷锋日记》，解放军文艺出版社，2011，第 68～69 页。

四　文化[*]

本章首先介绍国家文化演变的动力学，也就是国家文化格局的演变机制。其次，结合全球化和 1976 年的国内状态，运用文化动力学，阐述中国文化格局的变迁历程。支配大文化格局变迁的力量与机制，同样塑造了慈善文化格局的变迁。

（一）历史与文化

文化与历史，总是难解难分，纠缠不清。

文化是世代积淀的成果。历史悠久的文化博大深厚。对于一个伟大的文化体来说，与庞大的"基数"相比，当代的文化贡献真的就是"边际增量"，充其量也就是为万丈高楼加盖了一层而已，而这已经很了不起了，绝大多数时期"当代"对文化的贡献完全可以忽略不计。所以，在一个伟大的文化体中，当代的文化绝大部分都是历史的传承，或者完全就是历史的延续。既然如此，为什么此前已经有了"历史"一章，还要设置"文化"这一章呢？这是因为"历史"与"文化"还是有区别的！历史是昨天的存在，文化是今天的存在。今天的文化的构成要素，有的属于历史的传承，有的属于当下的创造，或者说，有的属于今天的人们继承的历史遗产，有的属于他们的创造。在全球化时代，还有外来的文化要素加入其中。一般情况下，今天的文化不等于历史上的存在，不是历史的简单延续，也就是说，文化不等于历史。所以，在讨论了"历史"之后，仍有必

---

* 本章借鉴了康晓光以往的研究成果，参见康晓光《邓小平时代》，新加坡：世界科技出版公司，2014；康晓光《中体西用新论》，新加坡：世界科技出版公司，2017。

要讨论"文化"。

历史不能原封不动地进入今天。今天的人们多多少少会对历史遗产进行取舍、加工、调适，也就是说，今天的人们会改造他们面对的历史遗产。历史遗产可以在人们不知不觉的情况下传承。在有意识的层面，历史遗产必须通过现实的人们有意识的努力才能得以传承，或者说，只有得到今天的人们拥戴的历史遗产才能得以传承，才能在今天发挥真实有力的作用。现实之中，有意义的人类行动单位是阶级、阶层、利益集团或信仰集团，历史遗产必须与它们结合起来，才能进入现实之中。本章讲述的文化动力学，尤其是下篇讲述的文化要素取舍规则，都是活跃于今天的各类群体，传承历史遗产或改造历史遗产时遵循的规则。历史设定了今天的初始条件，为今天提供改造的素材，今天的各类群体或主动或被动或有意或无意地遵循文化动力学参与改造历史的活动。当然即使在改造历史遗产的时候，他们也要受到历史遗产的制约。

（二）民族国家文化动力学

"广义的文化"涵盖了人类生活的全部，而"狭义的文化"仅仅涵盖人类生活的精神层面，主要是价值观、行为规范、社会科学理论、风俗习惯等等。魏思纳指出，"文化其实涵容了共有的价值和信仰、一些日常生活惯例所组成的活动，以及那些带有情感交流意义的互动经验。"[①] 亨廷顿认为，"文化，指的是价值观、态度、信仰、倾向，以及整个社会普遍的观念"。[②] 本节的"文化"即指"狭义的文化"。

"社会化"指个人学习他生活于其中的那个社会长期积累的知识、技能、价值和规范，并把这些知识、技能、价值和规范内化为个人的品格和行为的过程。[③] 社会化的主要功能，一是教化社会成员。只有通过教化，文化才能"掌控"人。二是传承文化。文化通过社会化得以世代相传。三是

① 魏思纳：《撒哈拉沙漠以南非洲的文化、童年与进步》，载〔美〕哈瑞森、亨廷顿编著《为什么文化很重要》，李振昌、林慈淑译，联经出版事业股份有限公司，2005，第 184 页。
② 亨廷顿：《序：文化有重要意义》，载〔美〕哈瑞森、亨廷顿编著《为什么文化很重要》，李振昌、林慈淑译，联经出版事业股份有限公司，2005，第 iii 页。
③ 〔美〕E. 齐格勒、I. 基尔德、M. 拉姆：《社会化与个性发展》，李凌等译，北京航空航天大学出版社，1988，第 12 页。

实现社会控制。通过社会化对个体的作用，促使个体有效地按照社会规范约束自身的行为，从而维护社会秩序的稳定和社会生活的正常运行。

"社会化系统"是社会化的载体。社会化系统由社会化主体、社会化内容、社会化方式组成。社会化主体是实施教化的个人、群体、组织、场所，如父母、教师、同辈群体、职业团体、家庭、学校、宗教组织、大众传媒等等。社会化主体的教化过程包括设定教化内容、输出教化内容、强化教化内容三个环节。在与社会化主体互动的过程中，社会化对象将社会化内容转化为自身稳定的人格特质和行为反应模式。

社会化系统就是争夺文化领导权的"战场"，社会化主体就是战场上的"工事"，而文化联盟就是参与战斗的"军队"。如果文化联盟夺取、控制了社会化主体，那么它就可以利用这些社会化主体，运用适当的社会化方式，传播自己的文化，争夺文化领导权。

根据马克思—葛兰西国家理论，经济基础塑造阶级结构，建立在经济基础之上的政治制度和意识形态维护阶级结构；阶级塑造自己的文化，并借以表达自己的利益；为了维护和扩大自己的利益，阶级在市民社会中为自己的文化争取领导权；为了增强竞争实力，阶级会以自己为中心组建"文化联盟"。

所谓"文化联盟"是根据文化认同组成的群体。要成为一个"文化联盟"，首先要有属于自己的"文化"，还要有一群"认同"该文化的人。隐藏在文化认同背后的是人们的情感、理念和利益。正是这些精神性和物质性的东西，把人们凝聚在一起，组成了文化联盟。通过分析文化联盟的成员构成，可以理解文化的阶级属性，发现观念与群体及其物质利益的联系，找出各种观念之间合作与冲突的"物质"根源。

在《德意志意识形态》中，马克思进一步指出："统治阶级的思想在每一时代都是占统治地位的思想。这就是说，一个阶级是社会上占统治地位的物质力量，同时也是社会上占统治地位的精神力量。支配着物质生产资料的阶级，同时也支配着精神生产资料，因此，那些没有精神生产资料的人的思想，一般地是隶属于这个阶级的……构成统治阶级的各个个人……作为思维着的人，作为思想的生产者而进行统治，他们调节着自己时代的思想的生产和分配；而这就意味着他们的思想是一个时代的占统治地位的思想。"①

---

① 《马克思恩格斯选集》第一卷，人民出版社，2012，第178页。

（三）　中国慈善文化格局的演变

慈善文化同样遵循文化动力学。一国的慈善文化格局之中，某种慈善文化的地位与其背后的社会支持力量的地位是一致的。在经济—政治方面占据优势地位的群体，他们所中意的慈善文化也会成为占据优势地位的慈善文化。实际上，塑造一国的文化格局的力量和机制，也在塑造该国的慈善文化的格局。正是因为同样的力量塑造了文化格局和慈善文化格局，所以，一个国家的文化格局与其慈善文化格局基本上是同构的。

另外，从文化的内在结构来看，母文化与子文化之间存在千丝万缕的联系，子文化从母文化的机体里生长出来，子文化继承了母文化的核心价值。慈善文化虽然有时会对其母文化有所批评，但所发挥的作用，从根本上来说，还是维护母文化，完善母文化，而不是摧毁母文化，颠覆母文化。母文化支配子文化，子文化服务于母文化。因此，文化内在逻辑决定了，国家的文化格局左右国家的慈善文化格局。

在上述机制的作用下，40多年来，中国的慈善文化格局与文化格局同步变化。改革开放之前，得到官方支持的社会主义利他文化发挥主导作用。伴随着对外开放和市场化改革，商业力量崛起并日益壮大。改革也改变了民间和政府对待本土传统慈善文化的态度，新兴的商业力量和政府力量与本土传统慈善文化没有利益冲突，反而具有天然的亲和性，所以，他们并不约束传统慈善文化发展，反而大力弘扬，于是，本土慈善文化复兴。

下篇将介绍当下中国的慈善文化的具体内涵，并运用文化动力学解释它的形成机制。此处仅仅指出，当下中国的慈善文化与当前占据主导地位的慈善模式高度吻合，即前者认可、肯定、支持后者。

五 技术、经济、社会结构

　　慈善根植于市民社会之中。慈善是市民社会自我解决自身问题的机制。市民社会培育慈善，市民社会的状态决定慈善的状态，市民社会变迁带来慈善变迁。40 年来，中国的经济制度发生了很大的变化，慈善也随之发生了很大的变化。最近十几年，IT 技术革命、经济发展、教育发展、产业结构升级、中产阶层崛起、国际交流深化，推动了现代慈善迅猛发展，也为后现代慈善的涌现创造了有利条件，还开发出一系列前现代慈善的新形式。毫不夸张地说，最近十几年中国慈善系统的变化，可以从技术、经济、社会结构的变化中得到完满的解释。

（一）经济—社会结构：中产阶层的影响

　　技术进步，经济发展，收入水平提高，整个社会越来越富裕。与技术进步和经济发展同步发生的还有产业结构升级，尤其是第三产业的比重提高和素质提升。第三产业的比重提高和素质提升，表现在就业结构上就是中产阶层的比重提高和素质提升。这样的社会结构变化带来两个重要后果：其一，中产阶层成为重要的社会力量；其二，中产阶层成为慈善的中坚力量。

　　中产阶层的政治属性是"中间派"，对现实有批判，又不会完全彻底否定现实，毕竟属于"小"既得利益集团，所以它奉行改良主义路线，而慈善就是一个合适的行动领域。

　　中产阶层有自己的价值观，有专业知识，有组织能力，有稳定的职业和收入，温饱有余，能够使用现代技术，也能够与世界交流，既有行动的意愿，又有行动的能力，所以，现代世界的慈善领域的参与者，无论是从业者，还是志愿者，中产阶层都是主力军。所以，中产阶层的属性、规模，他们的价值观、偏好、行动力，对慈善具有直接的巨大的影响。

1. 后工业社会理论

理性化、科技革命、工业化、城市化、收入水平提高、教育发展尤其是高等教育发展、基础设施和大众传媒发展、交往便捷、流动性提高、全球化，这些就是现代发展的含义。

经济结构发生重大变化，经济重心由制造业转变为服务业。相应地，从事服务业的"白领阶层"成为社会的重要阶层。他们主导需求结构，引领并塑造文化和生活方式的风尚、气质与演变方向。与此同时，卖方市场转变为买方市场，消费者掌握了市场主导权。这样一来，稳定的、均质化的消费需求被多变的、个性化的消费需求所取代，随之而来的是，大规模生产式微，以满足个性化需求、大规模定制、弹性生产为标志的"后福特制"生产模式兴起。此所谓"后工业社会"，亦称为"高技术社会"、"知识社会"、"信息社会"、"富裕社会"、"发达资本主义社会"。[①]

科技、经济结构、社会结构的变化，中产阶层崛起，带来了价值观、行为方式、生活方式、需求结构的深刻变化。由于白领阶层的基本需求或低级需求已经得到满足，于是，高级需求被提上议事日程。英格尔哈特所谓的"后物质主义文化"兴起。[②] 商品拜物教退潮，精神性追求兴起。个人自主性、自主能力、独立诉求上升。价值观个性化、多样化，主流道德、主流理论的主导性下降，道德相对主义盛行，相应地，社会的包容性提高。

2. 中国的经济社会结构

改革开放以来，中国经济发展取得了举世瞩目的成就。经济发展带来的最直接也是最重要的结果，就是产业结构升级。统计数据显示，自 2015 年开始，中国产业结构中第三产业比重便已超过 50%，且占比不断扩大（见图 5 - 1）。

---

① 〔美〕丹尼尔·贝尔：《后工业社会的来临》，高铦、王宏周、魏章玲译，江西人民出版社，2018。
② 〔美〕罗纳德·英格尔哈特：《发达工业社会的文化转型》，张秀琴译，严挺校，社会科学文献出版社，2013。

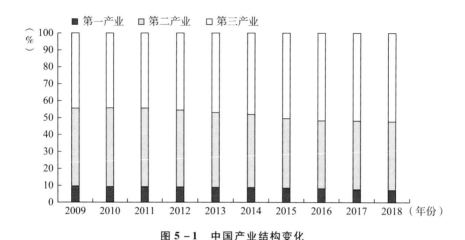

图 5 - 1　中国产业结构变化

资料来源：国家统计局。

经济发展重心转向第三产业，产业结构升级，带来了就业结构的调整。统计数据显示，自 2011 年起，第三产业吸收的就业人数便已在三次产业中占比最高，且呈现出不断扩大的趋势（见图 5 - 2）。

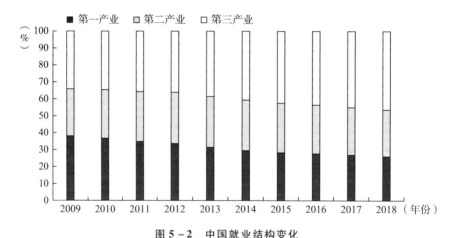

图 5 - 2　中国就业结构变化

资料来源：国家统计局。

经济发展，产业结构升级，就业结构调整，人均可支配收入增长，其结果是"白领"成为社会的重要阶层，中产阶层崛起。

关于中产阶层的界定众说纷纭，主流的做法是根据对人们的经济社会地位影响较大的指标界定中产阶层，它们是收入水平、职业类别、教育资本。本书的定义是，中产阶层通常指拥有一定教育水平、达到中等收入水平、从事管理和技术工作的非体力劳动者。中产阶层受过良好的教育，拥有稳定的中高水平的薪资收入，从事专业技术工作或管理工作，主要分布在金融、研究、教育、文艺等高端领域，还有较强的公民意识，也注重和追求个人兴趣、抱负、梦想。中产阶层崛起并成为社会的重要阶层，引领并塑造文化和生活方式的风尚、气质与演变方向，并且以其多元化的思想、价值观，影响社会和慈善发展。

中产阶层是推动社会变革的主力军。中产阶层大多受过良好的教育，拥有知识或专业技能，收入和生活有保障，具有较强的公民意识，同时也富有行动能力和组织能力。不同于蓝领劳动者，中产阶层倾向于选择改良主义，其工具便是市民社会，在中国就是慈善或公益。因此，中产阶层自然参与慈善之中，不但是最主要的参加者，而且是最有力的领导者。

关于中国中产阶层规模及其变化趋势，李强采用国际社会经济职业地位指数（ISEI），结合中国人口普查数据，测量中国职业结构及其变迁（见表 5 - 1）。[①] 其中管理人员、专业技术人员、普通职员、商业销售和服务业人员构成了"白领阶层"，其与中产阶层大体重合。2010 年，中国中产阶层所占比重为 30.05%，且不断上升。

表 5 - 1　中国职业结构变迁

单位：%

职业阶层	1982	1990	2000	2010
各类管理人员	1.56	1.75	1.67	1.84
专业技术人员	5.07	5.31	5.70	7.10
普通职员	1.30	1.74	3.10	4.45
商业销售和服务业人员	4.01	5.41	9.18	16.66
生产、运输等操作人员	15.99	15.16	15.83	23.27
农、林、牧、渔业从业人员	71.98	70.58	64.46	46.58
不便分类的其他从业人员	0.09	0.04	0.07	0.10

资料来源：李强《中国离橄榄型社会还有多远——对于中产阶层发展的社会学分析》，《探索与争鸣》2016 年第 8 期，第 4~11 页。

李培林从三个不同标准衡量中国中等收入群体比例的变化趋势（见图 5 - 3）。由图 5 - 3 可见，1989 年至 2015 年，按照世界银行关于中等收入群体

---

① 李强：《当代中国社会分层》，三联书店，2019。

每人每天 10～100 美元的标准计算，中国中等收入群体的比例从 0 上升至 44%；按照国家统计局关于中等收入家庭年可支配收入 9 万元至 45 万元人民币计算，中等收入群体的比例从 0 增加至 20%；按照收入中位数 75%～200% 定义中等收入群体，中等收入群体的比例一直在 37%～50% 间徘徊。

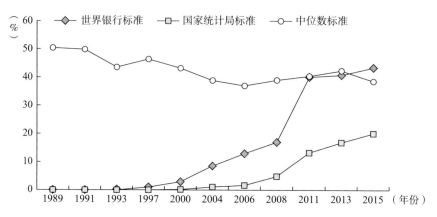

图 5-3　中国中等收入群体比例的变化趋势（1989～2015 年）

资料来源：李培林《中国跨越"双重中等收入陷阱"的路径选择》，《劳动经济研究》2017 年第 1 期，第 3～20 页。

由上可知，改革开放以后尤其是近十年来，中国中产阶层规模不断扩大，他们共享着特定的价值观念、生活方式、审美品位等，其必将对慈善发展产生巨大影响。

3. 经济—社会结构对慈善的影响

首先，慈善需求发生了巨变。慈善需求清单从生存性需求扩展到发展性需求。能够有效地解释这种"扩展"的是马斯洛的需求理论。随着社会的发展，越来越多的此前未被满足的需求得到满足；而且，越来越多的需求得到刚性的保障，即被法律规定，由政府负责，进入公民权利清单。另外，新的需求随之产生了。根据马斯洛的需求理论，最先被满足的是基本需求，然后渐次上升，高级需求出现。新兴需求属于发展性需求，一种更高级的需求——让人的生活质量更高，让人的潜能发挥得更充分。

从受助者的需求来看，在后工业社会中，人们的基本需求"基本上"得到了满足，根据马斯洛的需求理论，低级需求满足之后将追求更高的需求，所以后工业社会追求高级需求的满足。需求等级越高，需求就越是个性化、多样化、小众化，而且不断变化。

　　从助人者的需求来看，以中产阶层为主体的助人者群体，价值观高度多元化，而且参与慈善的积极性很高，自主性很强，行动能力也很强，并且拥有一定的资源。所以，他们定义的"慈善需求"也表现出高度的多元化，也具有个性化、小众化、随时变化的特征。

　　从民间与政府的分工来看，越是低级需求，刚性和同质性越强，满足此类需求的行动越是具有刚性、普遍、稳定、持续的特征，越是适于由政府予以满足；越是高级需求，弹性和差异性越强，个性化越突出，满足此类需求的行动越是具有弹性、小众、小规模、变动不居的特征，越是适于由非政府主体（个人、群体、慈善组织、企业）予以满足。随着社会的发展，此前未被满足的需求得到满足，越来越多的需求得到满足；越来越多的需求得到刚性的保障，被法律规定，由政府负责，进入公民权利清单；留给社会满足的需求，越来越高级，越来越多样化、小众化、个性化、富有弹性、随时变化，具有越来越鲜明的"后现代特征"。

　　其次，慈善的供给发生了巨变。社会经济发展带来的后果之一就是全社会的道德水准提升，利他、助人、责任意识普遍提升。人人有慈善意识，各个部门也都有慈善意识。其结果就是慈善的行动主体剧增，一方面，人人参与慈善。普通人除了给慈善组织捐款、捐物、做志愿者，还可以发现问题、设计解决方案、筹集资源、组织实施。慈善不再是少数人的"职业"，而是成为大多数人的"业余活动"，成为个人生活的必不可少的组成部分。另一方面，各部门参与慈善。慈善不再是"慈善组织""公益组织""非营利组织"的"专利"了。所有部门都在"做公益"，慈善要素进入所有领域。围绕慈善的跨部门合作蔚然成风。此前的部门界限被打破了。行动主体的剧增又带来了"附加结果"——慈善创新能力暴涨，慈善发展日新月异。与此同时，受益者的权利意识提升了，能够更积极主动地提出诉求，而且能够直接采取行动解决自己的问题，也就是说，受益者成了自助者。

　　总的来看，无论是慈善需求还是供给，具有越来越鲜明的"后现代"特征。

4. 后现代慈善诞生

　　社会变量与技术变量各显神通，且相互激励，造就了后现代慈善。与此前的自有慈善模式相比，后现代慈善自有"独特之处"。

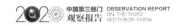

其一，价值观。后现代慈善拒绝宏大叙事，反权威，反主流化。后现代慈善的价值观高度多元化，且不断变化，而且这种变化含有很强的不确定性和不可预测性。当然，后现代慈善不是不讲道德，而是反对唯一的、统一的道德，主张多种道德诉求共存的正当性。

其二，行动主体。属于后现代慈善的行动主体是个体、小团体、虚拟组织、网络型组织、非专业慈善组织。与现代慈善相比，呈现出鲜明的去组织化、去专业化的色彩。后现代慈善的"主导势力"是中产阶层，而不是现代慈善中的大捐方、大慈善机构、行业大佬、有话语权的学者和各类"明星"。

其三，组织形式。从微观层面来看，小型化、非正式、虚拟性、模糊性、流动性、扁平型、网络型、平台型，构成了后现代慈善的组织形式的"特征集合"。与之形成鲜明对照的是，实体科层制组织是现代慈善的唯一的、合法的组织形式。从宏观层面来看，现代慈善的分工和部门化逻辑被打破了，渗透与融合无所不在，各类边界模糊化，慈善弥散化。在后现代慈善中，分工、界限、等级体系、权力结构、演变趋势不再是清晰、稳定、可预见的了。

其四，项目及其运作方式。后现代慈善主要回应高级需求，其特征为弹性大、个性化、小众化、多样化、变化快。相应地，后现代慈善反对单一化、标准化、普遍化、大规模的项目设计原则，对项目的确定性、稳定性、持久性也不以为然。作为中产阶层的慈善，后现代慈善既张扬个性，又主张平等，既反对千篇一律、苍白平庸，又反对精英主义、父爱主义。后现代慈善的项目运作方式也具有突出的特征，一是去中介化，助人者与受助者直接对接；二是广泛的跨界合作，核心竞争力理论、战略联盟理论、"长板原理"得到广泛运用；三是平台战略大行其道，以互联网为基础设施的各类平台占据枢纽位置，发挥着协调与整合功能；四是行为边界"模糊化"，如公益营销、社会企业、影响力投资的行为目的、主体身份、治理结构均含混不清，亦此亦彼的杂乱混淆取代了非此即彼的明确清晰。

广泛而深入的参与、跨界与融合带来了慈善的"弥散化"，慈善要素进入各个领域，慈善渗透个人和社会生活的方方面面。原有的各种界限被打破了，出现了一些难以辨识的行动和组织类型，慈善活动与非慈善活动、慈善组织与非慈善组织的差别不再清晰可辨。

其五，治理。现代慈善基于实体组织和实体空间行为建立了一整套治理模式。在后现代慈善中，这套治理模式的有效性大打折扣，有的"部件"甚至彻底失灵了。

由上述"独特之处"可知：其一，后现代慈善是对以往慈善的价值观、行动主体、组织形式、运作方式、各种分工与边界的全面的超越。其二，后现代慈善不是过去的平滑的延续，不是单纯的连续的量变的积累，而是发生了质变。在后现代慈善与现代慈善之间存在一个不可抹杀、不可逾越的"断裂"！

第二次世界大战将工业文明的优势与弊端集中地展现在世人面前。这场人类浩劫宣告了工业文明黄金时代的终结。20世纪60、70年代，西方世界的年青一代，主要是学生和艺术家，掀起了声势浩大、轰轰烈烈的"反叛运动"。与此同时，信息文明登上人类历史舞台，渐渐后来居上，成为大戏剧的主角。20世纪中叶以后，所谓"后工业社会""高技术社会""信息社会""富裕社会""后现代社会"开始形成，后现代慈善模式也开始在其中孕育，逐步成长，并将自己显示在世人面前。由此可见，尽管"后现代慈善"在中国尚属"新现象"，但是从世界范围来看，它绝不是眼下、瞬间产生的现象，而是一个过程，更是一种趋势。就世界慈善而言，后现代慈善的历史可以追溯到半个多世纪之前。

5. 超慈善

当今中国慈善由"前现代慈善""现代慈善""后现代慈善"叠加而成，被称为"超慈善"。后现代慈善的兴起并不意味着原有的慈善模式的消亡。前现代慈善和现代慈善仍然存在，只不过发生了适应性改变。在互联网的影响下，前现代慈善焕发了新的活力，个体化的慈善、非正式组织的慈善、去中介化的慈善（如水滴筹、轻松筹的个人大病救助平台）大行其道。现代慈善组织亦积极回应新的机遇，改造组织形式，开发新的需求，运用新的工具，如爱佑基金会实施加盟战略，在"99公益日"为加盟伙伴提供非定向配捐。后现代慈善生气勃勃，一大批企业跨界参与慈善，而且做得风生水起，大有喧宾夺主之势，如腾讯公益基金会的"为村"和"99公益日"。跨界合作如火如荼，如中国扶贫基金会与苏宁、京东、天猫等合作运营"善品公社项目"。融合也日益深化，社会企业、共益企业、影响力投资声势夺人。

在中国，现代慈善起步较晚，充其量只有三十几年的历史，尚未发育成熟。前现代慈善也处于恢复之中。不成熟的老模式，在发展的同时还要适应新的环境。后现代慈善方兴未艾，势不可挡，与老模式争锋，同时也在有力地改造老模式。目前，三种慈善模式并存，并且均处于发展之中，呈现出重叠发展、叠加创新的局面。慈善世界因而更加丰富，更加厚实，更加有力，也更加庞杂，更加动荡，更加迷茫，但是生机与活力也就蕴藏其中，各种可能性呼之欲出。

表 5 - 2　三种慈善模式比较

	前现代慈善	现代慈善	后现代慈善
价值观	明确、单一、高度稳定	明确、多元、稳定	多元化、变动不居、不可预测
行动主体	个人、家族、村社、宗教组织； 主导者为地方精英	专业慈善组织； 主导者为大捐方、大慈善机构、行业大佬、有话语权的学者和各类"明星"	个体、小团体、虚拟组织、网络型组织、非专业慈善组织； 去组织化、去专业化； 主导者为青年和中产阶层
组织形式	非正式组织； 参与者为业余的、兼职的、不拿报酬的"志愿者"； 无专业分工	实体科层制组织； 从业者为专职工薪劳动者； 分工、界限、等级体系、权力结构清晰、稳定、可预见	小型化、非正式、虚拟性、模糊性、流动性、扁平型、网络型、平台型； 渗透、融合、边界模糊化、慈善弥散化； 分工、界限、等级体系、权力结构、演变趋势不清晰、不稳定、不可预见
项目及运作方式	助人者与受助者直接对接； 临时性、地方性、小规模	组织化、分工与专业化、中介化； 常规性、大范围、大规模、持续性	慈善需求弹性大、个性化、小众化、多样化、变化快； 反对单一化、标准化、普遍化、大规模的项目设计原则； 运作方式去中介化、跨界合作、平台战略
政府角色	几乎不干预	深度介入慈善领域，立法加监管，福利国家	面对慈善治理失灵挑战

（二）IT 技术革命的影响

科学、信息技术的迅猛发展，引发了新一轮的"科技革命"。在这场革命中，互联网成为新型的公共基础设施。互联网以其强大的"连接"能力，使所有的人、事、物都能被瞬间触及，便捷、高效而且成本低廉；广泛而频繁的"互动"则使这种"连接"变得开放、高效且富有活力。互联网的出现和广泛应用，打破了自然和人为的种种限制，并使个体的力量得到前所未有的增长，集体行动广泛发生，组织方式和行动方式也发生了巨变，并深刻地影响着人们的理念和行为方式。

1. 互联网技术的作用

降低通信门槛和成本

互联网和移动互联设备的普及，极大地降低了通信的门槛和成本，使人与人之间的沟通、交流得以突破时间、空间的限制，更在某种程度上打破了权力和金钱对大众传媒及通信的垄断。互联网成了真正的公共传媒。即使是那些无权无钱的普通百姓，也都可以借由互联网发出自己的声音。

互联网是慈善主体发布信息的最便捷的渠道。个人主页、机构官网、腾讯等门户网站、微博、微信等，均成为信息发布的渠道。从信息互动到捐赠通道，几乎都不收取任何费用，极大地降低了慈善主体的运营成本。

开辟自媒体时代

长久以来，"媒体"掌控在有权有钱的人的手中。一般人，包括中产阶层，没有自己主导的媒体。互联网的出现，使人们可以随时随地通过互联网发出自己的声音，打破权势集团对"公共传播渠道"的垄断。

互联网使个人从被动的信息接收者转变为信息的生产者和传递者。最生动的体现就是近年来大规模出现的"自媒体"。自媒体兴起及兴盛的革命性意义，不在于它传播了什么内容，而在于它改变了谁可以生产、传播信息的原有模式，并开创了一种全新的模式。

促进人际互动

"互联网"一词本身就将互联网的本质展现得淋漓尽致。互联网不但促进了单向的信息传播，也促进了双向的信息传递，便利、丰富了人与人之间的交流和互动。反过来，人与人之间的这种互动也使互联网变得生机勃勃、充满张力。今天，"移动互联时代"，只要拥有一部智能手机，任何人都可以随时随地上网，与任何地方的任何人实时沟通。此外，互联网的进阶版本"物联网"，更是旨在将人与人、人与物、物与物相连接，被嵌入感应器和信号接收器的物体几乎可以像普通人一样，与他人进行互动、交流。

可以说，正是互联网将一切都连接起来。

互联网还具有超强的渗透性，国家边界形同虚设，因而它成为跨境干预外部事务的有力工具，也成为推动和加快全球化进程的重要工具。

对"组织"的颠覆性影响

互联网还引起了一场广泛而深刻的"组织革命"。这里的"组织"不仅指名词意义上的"组织"，也指动词意义上的"组织"。互联网打破了自然和人为的限制，使个体的力量得到前所未有的增长，组织方式和行动方式发生了巨变，集体行动广泛地发生，并深刻地影响了人们的理念和思维方式。

其一，实体组织在工作中运用互联网，比如办公信息化。在这一层面上，互联网的作用体现为"工具"，并未触及实体组织本身的组织逻辑和组织结构。

其二，互联网改变实体组织的组织逻辑和组织结构。实体组织倾向于垂直的单向控制，互联网有利于水平的网络协作；实体组织习惯于集中化决策，互联网有利于分散化决策和广泛的参与。由于可以大幅度提高沟通效率，互联网扩大了管理幅度，减少了组织层级，使组织日趋扁平化。

其三，社交网络的出现，这是发生在互联网上的又一场伟大的革命。Facebook、微信等社交网络，其本质是形式化的、通用的、开放的、人人可用的、触手可及的、简单的、免费的"组织"。它们是"平台"，是"组织的平台"。拥有一个自己的"组织"（名词），自发地"组织（动词）起来"，不再是困难的、成本高昂的、难以企及的事情，而是简单的、廉价的、轻松愉快的事情。权力和金钱有效地垄断"组织"这种最重要的"资源"的时代结束了。社交网络帮助人们实现了"自由结社的权利"。

虚拟社交软件降低了组织成本，打破了权力和金钱对组织的垄断。在现代社会，实体组织是最主要的行动主体。以往成立、运营实体组织的门槛、成本都很高，不仅要支付办公场所、设备、人员的费用，还要办理登记、接受政府监管。这种负担一般人无法承受。但是，互联网及社交软件的出现，使个人的力量得到放大，科层组织的作用急剧下降。借助互联网产生的组织，自发、自主、分散，可以快速聚集，也可以瞬间解散，或者再度复活。个人可以出于兴趣和爱好自主发起某个组织，借助互联网快速找到一群志同道合的组织成员。因此，互联网、社交软件、虚拟组织解除了个人对实体组织的依赖，个人不依靠实体组织也可以高效率地组织集体行动。

社交网络对原有的治理体系带来冲击。一方面，社交网络使原有治理体系失灵。社交网络带来了"去组织化"，或者说"个体化"。随之而来的是业余化、兼业化、普遍化、人人慈善、去职业化、去专业化、去中介化。另一方面，虚拟组织的出现，也向原有的治理体系提出了严峻的挑战。一直以来，政府对慈善领域的监管重点是实体组织，采用的方式也是对待实体组织的方式，虚拟组织的出现降低了这些方式的有效性，使原有治理体系面临严峻的挑战。

其四，线上与线下组织的互动、合作、联合行动。互联网的广泛应用，也促进了线上和线下组织之间的广泛互动与合作。互联网从本质上降低了沟通的成本，一定程度上弥补了以往因空间距离造成的信息沟通、传递的障碍，降低了各类组织之间的协作成本。基于此，线上、线下组织之间开始了广泛的合作与互动，甚至通过联合行动的方式共同倡导、发起活动，不仅促进了组织间的交流、合作，也使公众参与慈善的方式更加简单化和多元化。

2. 互联网重塑慈善系统

互联网对慈善系统产生了广泛而又深刻的影响，主要有以下几方面。

其一，创造了全新的基础设施。腾讯、阿里、新浪等 IT 企业本身就是慈善基础设施。

其二，复活了传统慈善的行动主体和实施方式。在现代慈善中，实体组织是最主要的行动主体。实体组织较之个人更为强大，能够完成许多个人无法完成的任务。但是，获得这种优势是有代价的。实体组织需要办公场所、办公设备、水电采暖费用、人员费用、纳税等，还要到政府管理部门登记并接受监管。所以，成立并运营一个实体组织的门槛是很高的，普通人根本无法承受。因此，在现代慈善中，个人只能扮演捐赠者或志愿者的角色，以给实体慈善组织捐款、捐物、无偿贡献时间的方式参与慈善，而不能承担发现问题、确定需求、设计解决方案、动员资源、组织实施的职能。后工业社会与互联网叠加改变了这种局面，传统慈善借助互联网焕发出巨大活力。依托互联网，个人可以自主地发现问题，设计解决方案，向社会广而告之，募集各种资源，并组织实施。人们也可以借助互联网建立虚拟组织，从寻找组织成员到实施集体行动都可以在互联网上完成。这样一来，个人或人们可以不再依赖于庞大的实体组织，不再需要跨越高不可攀的门槛，不再需要支付常人或小群体无力支付的成本，不再需要得到政府管理者的首肯，而是借助互联网自主地组织起来，酝酿、发起、实施并完成集体行动。互联网解除了个人对实体组织的依赖，个人不依靠实体组织也可以高效率地组织集体行动。这就是后现代慈善中行动主体的"个体化"或"去组织化"，随之而来的，一方面是慈善的"业余化""兼业化""普遍化"，另一方面是"去职业化""去专业化"。

其三，改变了慈善主体之间的连接方式。在现代慈善中，专业慈善组织是唯一的、合法的"中介"。互联网打破了这种局面。借助互联网，助人者可以"越过"专业慈善组织与受助者"直接对接"；而受助者可以直接向社会求助，解决自己的问题，而不再求助于各种"中介"。这就是互联网的"去中介化"效应。

互联网自动发挥着资金筹集并分配的中介功能，这催生了大组织与小组织之间的新型合作形式，大组织通过出租公募权、小组织则提供项目创意，二者共同募款并按约分配，实现双赢与互利共生。由此，大组织与小组织之间的权力地位和合作关系发生了巨大的变化。

其四，扩大了公众参与，拓展了资源空间。腾讯、阿里、新浪等利用自身的技术、平台和流量优势，开发面向公众的慈善项目，扩大公众参与机会，拓展资源空间。例如，公益宝贝、蚂蚁森林、蚂蚁庄园、99公益日、运动捐步等项目，使慈善于不知不觉间进入了普通人的日常生活。"慈善是一种个人的生活方式"落地了。慈善不再是大组织、有钱人才能涉足的领地，而是任何组织、任何个人均可参与的活动；慈善不再是高门槛的活动，而是在购物、行走、点击、关注等日常活动中便可随时随地随手完成的行为。

其五，改变了主体间的权力关系。互联网显著地改变了受助者、助人者、小组织、大组织、传统媒体、新媒体、企业、政府等慈善行动主体的相对地位和权力关系。大组织相对于小组织的优势下降了，实体组织相对于虚拟组织的优势下降了，组织相对于个人的优势下降了，助人者相对于受助者的优势下降了。

前互联网时代，受助者在问题界定、需求表达、救助形式等方面，没有发言权，只能消极等待、被动接受。今天的受助者可以通过个人求助、公益众筹、大病互助等形式，主动发声，积极行动。

中产阶层的话语权被放大，其价值观念、问题意识、行为偏好等有力地塑造着"什么人的什么需求应该被满足""应该怎样做慈善"等问题的答案。

互联网提高了小组织、小项目的生存与发展的机会，为小组织、草根组织、个体行动者赋权，推动了慈善领域的机会平等与民主化。

互联网企业的权力悄无声息地急剧膨胀。互联网企业通过平台建设、准入控制、规则制定、日常运行，吸引、汇聚、分配公众注意力和慈善资源流向。它们一方面回应社会的需求，另一方面也在塑造社会的需求。在此过程中，其自身的商业利益、固有的理念和运行逻辑，不可避免地会对慈善产生或积极或消极的影响。

互联网对慈善的渗透也带来了一系列发人深省的问题。例如，互联网平台本身的中心化。几家大 IT 企业把持互联网平台，在赢家通吃规律的作用下，小平台、慈善组织自建的平台难以存活。又如，商业企业设立规则、制定标准，对慈善组织与慈善项目进行筛选、排序，引导着慈善资源的流向，与此同时，企业与政府借机将自己的商业利益和政治利益塞进其中。这种情形不是很危险、很可怕吗？再如，互联网是在促进机会平等，还是只是将线下的各种不平等又复制到了线上，甚至还加重了原有的不平等？

六 政治制度、法律与政策、 政府态度与行为

　　本章主要考察与慈善系统相关的法律和政策体系的构成及其特征。政府作为慈善系统最重要的环境要素之一，其首要意义在于提供了一个规范慈善系统的法律框架。法律对于慈善系统的发展至关重要，没有法律，慈善系统将陷入无序、混乱的境地。

1. 法律与政策体系的构成

　　慈善"法律与政策体系"的构成内容包括，与慈善相关的法律、法规、部门规章、地方性规章、其他规范性文件、口头指示和不成文规则等。

　　《中华人民共和国民法总则》规定，"为公益目的或者其他非营利目的成立，不向出资人、设立人或者会员分配所取得利润的法人，为非营利法人。非营利法人包括事业单位、社会团体、基金会、社会服务机构等。"《民法总则》还对"非营利法人"的性质、类型、设立、活动开展、组织结构、终止等做出了一般性规定。

　　同时，中国已经出台了一部调整、规范慈善事业的总体性法律，即《中华人民共和国慈善法》。《慈善法》对慈善活动、慈善组织、慈善募捐与捐赠、慈善信托、慈善财产、慈善服务、信息公开、政府对慈善事业的促进措施与监管，以及相应的法律责任等做出了全面、详细的规定。《慈善法》具有鲜明的与时俱进特征，比如对"慈善信托"、"网络募捐"等新兴事物的纳入，体现着中国慈善法律、政府管理体制与公共政策对于技术革新和社会发展变化的回应。以《慈善法》的出台为标志，中国公益慈善事业进入全面"有法可依"的阶段。

　　《慈善法》出台后，一系列配套性规章、政策相继出台，如针对慈善组织定义的《慈善组织认定办法》，针对公开募捐活动的《慈善组织公开募捐管理办法》，针对募捐平台管理的《公开募捐平台服务管理办法》，针对慈善信托的《慈善信托管理办法》，针对信息公开的《慈善组织信息公开办法》和《社会组织信用信息管理办法》，针对慈善财产的《慈善组织保值增值投资活动管理暂行办法》等。它们与《慈善法》形成了有序衔接，表现出良好的政策设计性、系统性和整体感。这种政策整体感还表现在"跨部门治理"方面，比如前述《公开募捐平台服务管理办法》由民政部牵头工信部、原国家新闻出版广电总局、国家网信办联合出台，《慈善信托管理办法》则是由银监会与民政部共同印发。

　　《慈善法》规定，"慈善组织可以采取基金会、社会团体、社会服务机构等组织形式。"《基金会管理条例》《社会团体登记管理条例》《社会服务机构登记管理条例》分别对这三类社会组织进行有针对性的管理。与此同时，适用于上述三类社会组织的行政法规《社会组织登记管理条例》也已经进入立法程序。这些法律、法规、规章对中国社会组织的法律身份、治理结构、活动领域、运作方式、与其他法律主体的相互关系、享有的权利和责任等做出了规定。

　　对于社会组织中相对特殊的 8 个人民团体和 25 家免登记社团，政府专门设立了相关的法律、法规来调整。如《中华人民共和国工会法》《中国共产主义青年团章程》《中华全国妇女联合会章程》等分别对工会、共青团、妇联的法律地位、组织属性、组织的成立、组织结构、权利义务、经费财产等方面的内容做出了规定。

　　特别的是，针对境外非政府组织在中国开展活动，则专门由《境外非政府组织境内活动管理法》予以规范调整。该法律规定，国务院公安部门和省级人民政府公安机关而非民政部门，是境外非政府组织在中国境内开展活动的登记管理机关。因此，如果中国的慈善组织或社会组织想与境外组织在境内合作开展活动，还需要主管单位批准并在公安部门备案。《外国商会管理暂行规定》则对在境内活动的外国商会进行了规范。

　　上述与社会组织和慈善部门直接相关的法律法规之外，《中华人民共和国公益事业捐赠法》《中华人民共和国企业所得税法》《中华人民共和国个人所得税法》等也是调整慈善事业的重要法律。

　　除正式法律、法规、条例外，众多决定、意见等也是慈善法律和政策体系的重要组成内容。比如，民政部和中央文明委先后于 2013 年、2014 年发布《中国社会服务志愿者队伍建设指导纲要（2013－2020）》和《关于推进志愿服务制度化的意见》，为进一步推进志愿服务的体系化、制度化，促进志愿者与志愿服务信息记录与整合，鼓励志愿者队伍的扩大提出了具体意见。2014 年 11 月，国务院发布《关于促进慈善事业健康发展的指导意见》，明确了慈善组织在筹集、分配慈善资源和提供慈善服务方面的重要作用，同时也对慈善组织的自我管理、开展募捐活动、信息公开等提出了明确的要求。

上述内容共同构成了改革开放之后中国慈善所面临的法律与政策环境。

2. 法律与政策体系的特征

中国慈善法律与政策框架的特征可以概括为：政府主导、双重管理、行政分割、限制竞争和党组织建设。

其一，政府主导。无论从社会组织在参与相关立法上所拥有的权利来看，还是从法律框架所体现出的政府与社会组织关系来看，其特征都体现为政府主导。在中国，政府在立法过程中占据主导地位。中国社会组织和公众参与政府立法的制度空间和现实空间都有限。法律制度没有明确规定社会组织和公众参与立法的权利和义务，现实层面更没有具体规定社会组织和公众参与立法的事项和程序。缺乏社会组织和公众参与的立法，更容易站在政府的立场上，更多从政府的利益出发。现行社会组织立法就明显体现出这一特点，政府更多的是从如何更好地管理社会组织这一立场出发，而不是以如何更好地发展社会组织为出发点。立法所体现出的政府与社会组织关系，也自然是政府始终要处于主导地位。

其二，双重管理。政府对社会组织采取的是双重管理体制，即社会组织要同时接受"登记管理机关"和"业务主管部门"的管理或指导。双重管理体制是从 1989 年国务院《社会团体登记管理条例》开始确立，并由 1998 年修订的《社会团体登记管理条例》正式确立的一项制度。2013 年《国务院机构改革和职能转变方案》中明确提出"行业协会商会类、科技类、公益慈善类、城乡社区服务类社会组织"四类组织成立时可以直接登记。但是 2018 年《社会组织登记管理条例（草案征求意见稿）》以及《关于进一步加强和改进社会服务机构登记管理工作的实施意见》《民政部办公厅关于在社会组织登记管理工作中加强名称管理有关问题的通知》等文件显示，民政部门对于社会组织登记管理的基本倾向是强化登记审查和综合监管，强化双重管理。

双重管理制度的特点之一是"归口登记"，即除三类特殊的社会团体外，所有社会组织均统一由县以上各级民政部门登记，并颁发登记证书。该体制的特点之二是"双重负责"，即除行业协会商会、科技类、公益慈善类、城乡社区服务类社会组织可实行直接登记外，其他社会组织须经其业务主管单位审查同意，并依照规定进行登记。因此，社会组织要同时接受登记管理机关和业务主管单位的管理。《社会组织登记管理条例（草案征求意见稿）》第六十五条规定，登记管理机关履行下列职责：（1）负责社会组织的设立、变更、注销登记以及章程核准；（2）对社会组织执行本条例的情况进行监督检查；（3）对涉嫌违反本条例的行为进行查处。第六十七条规定，业务主管单位履行下列职责：（1）负责社会组织设立、变更、注销登记以及章程核准前的审查；（2）监督、指导社会组织遵守宪法、法律、法规和规章，依据其章程开展活动；（3）负责社会组织年度工作报告的审查；（4）协助登记管理机关和其他有关部门查处社会组织的违法行为；（5）会同有关机关指导社会组织的清算事宜；（6）领导和管理社会组织党建工作；（7）业务主管单位负责的其他事项。业务主管单位的巨大权力带来了双重后果：第一，业务主管单位对社会组织的管理易于实现，而且只有政府机构及其授权的组织才有资格成为业务主管单位①。第二，业务主管单位的巨大责任使它不愿担当社会组织的"婆婆"，使社会组织因找不到"婆婆"而无法申请成立，提高了社会组织的"进入门槛"。当然，双重管理模式也具有一定的合理性。社会组织数量巨大、种类繁多、活动领域复杂多样、活动方式千差万别，民政部门没有能力对它们进行有效的管理。业务主管单位或多或少与其管理的社会组织在业务上有相通的地方，监管起来更专业也更便利。

其三，行政分割。民政部要求对社会组织进行属地登记。以社会团体的登记管理为例，《社会组织登记管理条例（草案征求意见稿）》第十七条规定："全国性的社会团体，由国务院的登记管理机关负责登记管理；地方

---

① 《社会组织登记管理条例（草案征求意见稿）》第八条规定，"国务院有关部门和县级以上地方各级人民政府有关部门、国务院或者县级以上地方各级人民政府授权的组织，是社会组织业务主管单位（以下简称业务主管单位）。"

性的社会团体，由所在地县级以上地方人民政府的登记管理机关负责登记管理；跨行政区域的社会团体，由所跨行政区域的共同上一级人民政府的登记管理机关负责登记管理；城乡社区服务类社会团体，由所在地县级人民政府的登记管理机关负责登记管理。"《社会组织登记管理条例（草案征求意见稿）》第五十五条还规定，"社会组织不得设立地域性分支机构"，即社会组织活动的地域范围不得超出其登记机关的行政管辖范围。这样一来，把社会组织限定在一个个由行政界线分割而成的大大小小的格子里。政府通过设立业务主管单位，建立了针对社会组织的"条条化"管理，通过设立属地登记制度，建立了针对社会组织的"块块化"管理。在这里，我们又看到了计划经济时期的"条块管理体制"。

其四，限制竞争。《社会组织登记管理条例（草案征求意见稿）》第二十条规定："向国务院的登记管理机关申请设立的社会团体，与该登记管理机关已登记的社会团体业务范围相同或者相似，不符合国家有关规定的，不予登记。"在具体实践中，有的地方民政部门还主动将其认为业务上有重复或者没有必要存在的社团，予以撤销或者合并，如社团管理中尚存的"一业一会"规定。这一规定从表面上看是规避无序竞争，促进第三部门的有序发展，但实际上是要抑制社会组织的发展，更准确地说，是抑制民间社会组织的发展。

其五，党组织建设。《社会组织登记管理条例（草案征求意见稿）》规定，在社会组织中，要根据中国共产党章程及有关规定，建立中国共产党的组织并开展活动。社会组织应当为中国共产党组织的活动提供必要条件。《关于加强社会组织党的建设工作的意见（试行）》则强调社会组织党组织是党在社会组织中的战斗堡垒，要发挥政治核心作用，并提出健全社会组织党建工作管理体制和工作机制、拓展社会组织党组织和党员发挥作用的途径、加强社会组织党务工作者队伍建设等具体举措。[①]

---

① 中共中央办公厅：《关于加强社会组织党的建设工作的意见（试行）》，2015 年。

七　国际格局

当今世界，规模最大也是最有力的政治行动者是"国家"，所以人类政治世界也被称为"国际社会"。在这个国际社会中，仁爱之心，不分国别，人所共有，所以慈善能够跨越国界，能够实现全球化。慈善的跨国交流带给我们人类患难与共、各国同舟共济的印象。另外，当今世界并不"均匀"，形形色色的差异无处不在。中国与西方国家的意识形态、政治制度存在深刻的差异，而且冲突不断。不幸的是，"殃及池鱼"，慈善也被裹挟进来，身不由己地搅进了纷争之中，甚至成为争斗的工具。

有鉴于此，本书从两个视角观察慈善的国际格局：其一，将慈善视为政治中立的事业，主要关注慈善资源与慈善行动的国际流动，即慈善资源与慈善行动在国与国之间的输入输出，称之为"中性视角"；其二，摆脱"不涉及政治"的限制，进入社会政治领域的"深水区"，将慈善视为改变社会政治结构的重要力量，这样的视角不妨称之为"市民社会视角"。两个视角呈现出的慈善世界是不一样的，中性视角让我们看到的是乐善好施、温情脉脉的人类世界，市民社会视角呈现出来的世界更加丰富多彩，既有温情的一面，也有凶险的一面，见仁见智，因人而异。

（一）中性视角看到的国际格局

经历了持续30多年的高速经济增长，今日中国已经是世界第二大经济体，人民的收入水平、国家综合实力大幅提高，国际地位大幅提升，慈善事业也有了长足进展。然而，时至今日，中国慈善"走出去"的能力仍然十分低下，仍然是资金、理念、知识、技术、行动方式、组织模式的"净

输入国"。

尽管还是"净输入国",中国已经开始"输出慈善"了。数据显示，2018年，中国共有13家基金会开展国际资助项目，支出3402.88万元，项目涉及安全救灾、扶贫济困、教育、卫生医疗等领域，主要集中在非洲、中南半岛和南亚地区，对"一带一路"建设发挥着促进作用。[①] 对于中国的慈善组织来说，"走出国门"并不是一件简单的事情，要跨越一系列的法律和政策门槛。政府严格管控"慈善输出"，只有得到政府的首肯，慈善组织才能"走出去"。"慈善输出"或被视为政府主导的"民间外交"的工具，或是大型国有企业开拓海外市场的"帮衬"，纯粹"为了慈善而慈善"的慈善输出尚不多见。主流的看法是，中国慈善组织"走出去"，不仅是中国慈善发展的自然趋向，也是中国政府参与全球治理的重要手段，有助于中国更好地承担国际责任、改善国际形象、提升国际影响力。

慈善全球化正在席卷全球。慈善需要全球化的视野和心态。具有全球思维的慈善，不能满足于解决自己国内的问题，而要把目光投向普天之下。所以，中国应拥有更广阔的心胸，承担更大的责任，在解决全球性问题上——贫困、性别歧视、种族冲突、流行性疾病、环境污染、恐怖主义等等——发挥自己的作用，做出自己的贡献。这些问题，不局限于任何地域，也无法依靠单方面力量解决，只能在全球范围内，动员各方力量，融合多种方式，进行跨国界的合作，才能最终获得解决。中国需要在慈善领域扮演更为积极、主动、创新的角色，为世界慈善做出应有的贡献。当今世界，为慈善全球化创造了前所未有的机会，也赋予慈善更大的责任。国际合作是未来中国慈善的必经之路。

（二）市民社会视角看到的国际格局

境外势力基于国家利益进行资本扩张和民主营销，其实现路径之一就是透过社会组织影响目标国家或地区的政治生态，从而促成非民主政体向西方意义上的民主政体转变。对境外势力来讲，建立全球性的霸权地位，实现国家利益的最大化，是其明确而恒久的目标。为实现这一目标，境外

---

① 《中慈联副会长卢德之：中国慈善组织应"走出去"发挥作用》，http://m. thepaper. cn/ne-wsDetail_forward_5515170，最后访问日期：2020年3月13日。

势力可以综合运用思想、经济、军事力量和市民社会等多种武器，通过社会组织来影响一国政治生态，成本低、收效大，而且渗透性和持久性强。

社会组织自身就有追求自由民主的内在冲动，因而容易受到境外势力的影响。在内在动力和外在推力的双重驱动下，社会组织可以在不同时期、通过多种手段开展影响一国政治生态的活动。在日常生活中，社会组织可以通过日常服务和倡导活动，改变公民的观念和行为方式，将分散的公民联系起来，改变社会的组织化程度，为社会动员储备人力资源和关系网络，据此培育市民社会，争夺文化领导权。在此基础上，社会组织可以运用组织网络进行倡导和动员，组织公民集体行动，挑战政治权威。此外，社会组织还可以通过组织选民、支持政党等方式干预选举，或借助街头暴力影响政权更迭（见图7-1）。

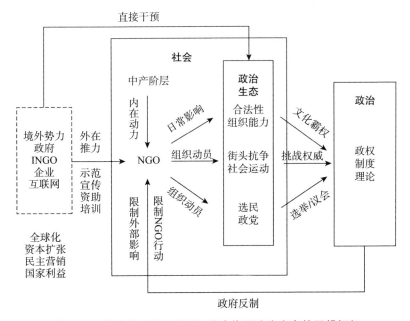

图7-1 境外势力透过NGO影响他国政治生态的逻辑框架

当然，社会组织影响一国政治生态的行为并不必然发生。在中国，很多境外组织进入中国开展活动，并没有影响政治生态的打算。但是，不能排除有些境外势力企图通过影响国内社会组织干预中国政治进程的可能性。这种现象发生的可能性与其母国的政体类型、综合国力、社会状况等多重因素有关。以当今中国的军事实力和经济实力，境外势力通过军事力量推翻中国政府，或是通过出钱俘获中国政府的可能性微乎其微。这样一来，借助社会组织进行价值观渗透，发起反政府行动，从内部自上而下地影响中国政治，就成了最重要的选项了。在互联网普及的时代，信息流动可以突破任何边界，市民社会全球化难以阻挡，社会组织作为另类外交和政治工具的价值也空前提高。这是中国政府严厉管控境外非政府组织的大背景。

文化尤其价值观是凝聚社会、巩固政治秩序的重要根基。在境外势力透过社会组织影响国家政治生态的过程中，围绕文化领导权的争夺战不可避免。如何巩固文化领导权，如何巩固政治领导权，是置身全球竞争中的政府面临的重要议题。

社会组织影响一国政治生态可能性的大小，直接影响政府管理境外组织和境外资源的严厉程度，也直接影响政府对待国内社会组织的管理策略和管理方式。近年来中国政府收紧了对境外社会组织的管理，严格审查和过滤境外输入资源，严厉限制境外组织在国内的活动，加大对有挑衅行为的国际组织的打击力度，同时严格管控境外组织与国内组织的接触与合作。

（三）国际格局的影响

全球化与国际格局会对一国慈善系统产生巨大而深远的影响。这种影响最直接的表现是慈善资源与慈善行动的跨国流动。改革开放之初，中国慈善事业主要依赖于境外"输血"，慈善组织大多也是"喝洋奶"长大的。近十年来，境外资金在中国慈善事业中所占比重越来越小，但是在价值观、方法论、专业知识等无形资源方面，中国仍扮演着"净输入国"的角色。来自境外的无形资源仍在潜移默化地影响着中国慈善运作的全过程。过去40年里，"公民社会""新公共管理"以及"社会企业""影响力投资"等思潮已经实现了"全球化"。这一整套词汇、理论以及相应的行动模式的产生与流行，与新自由主义的霸权，与西方发达国家推行的全球化，以及商业和资本渗透全球慈善的过程相伴而生。

慈善根植于人心，慈善是引领人类与世界向善的事业，但慈善从来都不是政治无涉的。就国家间关系而言，慈善既可以承担患难相恤、增进友谊的功能，也可能充当对外殖民、和平演变的国际政治工具。

下 篇

中国慈善概览

考察完毕中国慈善的外部环境，本篇转向考察中国慈善本身。

根据"民族国家慈善描述框架"，描述与解析"中国慈善"的"下篇"应该由"慈善行动""系统结构""空间格局"三部分组成；其中，"慈善行动"又由"内涵"和"实施"两个部分组成；而"内涵"包括"慈善文化""活动领域""受益对象"，"实施"则包括"行动主体""实施方式""资源及其动员"。但是，考虑到与"系统结构"和"空间格局"相比，"慈善行动"篇幅过大，为了避免篇幅配置的严重失衡，下篇按照慈善文化、活动领域、受益对象、行动主体、实施方式、资源及其动员、系统结构、空间格局的次序展开（见表1）。再重复一次，这种安排只是出于"美学"的考虑，只是为了布局的均衡，并不是说这八个部分是并列的关系。

表 1　下篇的篇章结构

慈善行动	内涵	八　慈善文化
		九　活动领域
		十　受益对象
	实施	十一　行动主体
		十二　实施方式
		十三　资源及其动员
十四　系统结构		自然形成的结构
		民间建构的协作结构
		政府塑造的统合结构
十五　空间格局		区域格局
		跨区慈善/慈善国内格局
		跨国慈善/慈善国际格局

上篇建立的"慈善行动"的描述指标是"普适的"，其优点是适用于所有的国家，也适用于所有的时代，缺点是过于抽象，不够具体，例如，用它来描述当下中国的慈善行动就显得过于疏阔，过于笼统，无法呈现必要的细节。为了解决这一问题，必须进一步细化描述指标，即为六个指标中

的每一个建立描述指标。

现实中的中国慈善异常丰富，所以，慈善行动的六个描述指标，每一个都可以合理地罗列出一系列分类指标，划分出为数众多的类别。例如，活动领域见诸文献的就有几十类，进一步细化的话可以分出上百类乃至数百类；受益者也可以分出数百个种类；行动主体也是五花八门；实施方式同样数不胜数；资源类型几十个不足以概括，资源动员方式也是花样繁多；而且，这一切都处于迅速发展之中，日新月异，层出不穷。但是，我们的篇幅是有限的，读者的时间是宝贵的。怎么处理这个矛盾？只能"择其要者"了！

一般的分类准则包括：其一，满足特定研究的需求；其二，分类维度尽可能少；其三，囊括所有对象；其四，内部逻辑自洽。在遵循以上分类准则的前提下，细化的指标还要满足如下要求：第一，指标能够反映上级指标的"主要属性"或"关键特征"。第二，指标能够反映慈善行动或民族国家慈善的"主要属性"或"关键特征"。第三，指标能够反映上级指标、慈善行动、民族国家慈善的"演变趋势"。某些指标从眼下来看也许并不重要，但是代表了未来的趋势，也应该采纳。第四，自变量塑造了因变量，塑造了慈善系统的结构与功能，也塑造了因变量和慈善系统的演变趋势，所以，指标应该能够反映自变量的主要特征和演变趋势。由此可见，追寻"民族国家慈善的描述—解释框架"的逻辑，从自变量入手，寻找因变量的细化描述指标，应该是一种有效的工作思路。第五，指标还要满足整体性要求，即现实存在的"重要的"慈善行动类型，在六类上级指标形成的组合的集合中一定有恰当的对应物，或者说，任何现实存在的重要的慈善行动类型一定对应着某个六类上级指标的组合。作为一项具体研究的"工具"，分类方法要兼顾成本与效果，不必严格满足整体性要求，只要能够覆盖主要对象就可以了。

任何分类方法都是特定研究的产物。对于同一对象，不同的研究者会提出不同的分类方法，得出不同的分类结果。例如，在我们的"活动领域"分类中，帮助农村小学发展音乐教育、保护生物多样性、培训慈善行业从业人员、建设慈善行业基础设施，被归为同一类，即满足"群体性—发展性"需求。但是，在其他研究者和读者眼中，它们大相径庭，属于完全不同的类别。这里没有对错优劣之分，只能是"仁者见仁，智者见智"。只要符合研究需要，能够解决问题就行了。

现实中的一项确定的慈善行动，一定要有确定的行动主体，行动主体一定要有自己的价值观，一定要去解决特定的受益对象的特定的需求（活动领域），一定会有具体的解决问题的方案并付诸实施，一定要动用特定种类和规模的资源，一定要采取确定的方式、从确定的人或组织那里获得这些资源。但是，上述分类，每一个单项的分类似乎都是"自顾自"的。各个单项分类结果能够顺畅地匹配起来吗？逻辑上说"配对成功"没有问题，问题只是匹配的结果是不是符合实际，是不是合情合理。例如，"保护生物多样性"这一慈善行动，在"活动领域"分类中，被视为满足全人类的发展性需求；在"受益对象"分类中，对应着"自然"，而不是"人"。再如，"建设慈善行业基础设施"，在"活动领域"中，被认为满足"全行业从业人员"或"全国公众"的需求，而在"受益对象"分类中对应的是"慈善行业"，而不是"人"。尽管名称不同，甚至初看起来"风马牛不相及"，但这种匹配关系还是符合实际、合情合理的。我们认为，本书的分类方案大体说来是符合实际的，也是合情合理的。

在此还要提请读者注意，在阅读这一部分文字时，牢记上篇建立的"民族国家慈善的描述—解释框架"，它是一幅中国慈善的简洁明快的导游图，可以使我们避免"见树不见林"，避免迷失在纷乱复杂的森林里。还要随时调用中篇对各种"塑造慈善的力量"的刻画与分析，正是它们（自变量）塑造了中国慈善的方方面面（因变量），而上篇的"解释框架"则揭示了自变量塑造因变量的因果机制。

对于今日的中国慈善来说，影响现实的历史力量，不仅有中国的慈善历史，还有世界的慈善历史。有着数千年历史的中华传统慈善模式，有着数百年历史的西方现代慈善模式，作为活着的历史遗产，对现实发挥着真切而有力的影响。

今日中国的慈善文化就是早已形成的中华传统慈善文化与西方现代慈善文化在现实情境中相互碰撞、融合的产物。而且，现实的慈善文化有力地支持了慈善的现实。

中篇描述的超慈善大格局就是历史与现实力量共同作用的结果，前现代慈善是传统慈善模式在现代条件下的存在形式，现代慈善是当下的技术、经济、社会结构的产物，而后现代慈善则是技术进步、经济发展、产业结构升级、社会群体构成变迁创造的前所未有的慈善模式。超慈善是笼罩全局的大结构，三种慈善模式表现在慈善行动的所有侧面和环节之中。

　　当今中国，政治对慈善的影响无所不在，无时不在。谁可以做慈善，可以做什么，可以怎么做，可以动用哪些资源，谁可以从中受益，这一切都会受到政治因素的强有力的干预。政治也是塑造慈善系统结构的硬力量。政治也是左右慈善国际互动的关键力量。当然，政治也不会放过干预慈善文化要素选择的机会。可以说，活动领域、受益对象、行动主体、实施方式、资源及其动员、系统结构、空间格局都留下了鲜明的政治的烙印。

　　因此，在下篇的每一个章节里都可以感受到历史、文化、技术、经济、社会、政治的作用，都可以看到前现代慈善、现代慈善、后现代慈善的身影，但是，最重要的是，自始至终我们都能感受到人性之善的力量，它使慈善披荆斩棘，一往无前。

八　慈善文化

大文化的格局直接影响慈善文化的格局。当下中国大陆，中华传统慈善文化、西方现代慈善文化、社会主义慈善文化并存，而且三者的碰撞、融合一直在进行之中。

那么，慈善文化格局的具体形态是什么样的？是三种慈善文化原型并立？还是来自三种原型的要素组成了一个"冷拼盘"？抑或是形成了一个"有机体"的雏形？

（一）经验证据——新慈善文化

我们用实证研究回答上述问题。

"爱心包裹"是中国扶贫基金会发起的慈善项目，其宗旨是鼓励全民参与慈善活动，具体做法是动员公众购买"爱心包裹"，由中国扶贫基金会分发给灾区及贫困地区的小学生。该项目因简单、便捷、门槛低、体验性强、透明度高，得到了公众的广泛认可和支持，捐赠者数量庞大，而且在年龄、性别、收入、职业、宗教信仰等方面分布广泛。为了保证透明度，"爱心包裹"采用"一对一"捐赠模式，在每一个"爱心包裹"当中都有一张已付邮资的回音卡（邮政明信片），小学生在收到"爱心包裹"之后，要根据包裹单上的捐赠人通信地址给捐赠人填写回音卡并回寄给捐赠人。中国扶贫基金会还为该项目建立了完备的捐赠人信息管理系统。我们与中国扶贫基金会合作，选取了北京地区"爱心包裹"个人捐赠者作为总体，随机发放问卷，共回收了 646 份有效问卷。通过分析问卷建立了捐赠者的慈善文化模型。

在调查问卷中，每个题项均采用 5 点计分法，其中 1 代表"非常不同

意"，2 代表"比较不同意"，3 代表"一般"，4 代表"比较同意"，5 代表
"非常同意"。将总体视为一个文化共同体，由于受访者是从总体中随机抽
取的，所以受访者的态度能够反映该共同体的慈善文化，而某一题项的平
均得分就反映了它所对应的陈述在慈善文化中的处境，或是被接受，或是
被拒绝，或是不置可否。根据平均得分将题项分为三类：高分题项，得分
大于 3.5；低分题项，得分小于或等于 2.5；中等得分题项，得分介于 2.5
和 3.5 之间。这样一来，高分题项所对应的陈述就是被"现存的慈善文化"
接受的陈述，低分题项所对应的陈述就是被"现存的慈善文化"拒绝的陈
述，而"现存的慈善文化"对中等得分题项所对应的陈述则不置可否。经
由上述分析过程，我们得到"新慈善文化"的基本内容如下。

慈善基础理念

认为人既有为善的先天潜能，也有作恶的先天潜能；高度重视发扬为
善的潜能，亦重视遏制作恶的潜能。"人既有为善的潜能也有作恶的潜能，
重要的是如何发扬为善的潜能"得分 4.49；"人既有为善的潜能也有作恶的
潜能，重要的是如何遏制作恶的潜能"得分 3.89。

反对个人本位主义，认为原子式的个人是不存在的，每个人都处于各
种各样的人际网络之中。"原子式的个人是不存在的，每个人都处于各种各
样的人际网络之中"得分 4.35。

作为最高价值，对"社会和谐"的认可超过了"个人自由"。"社会和
谐是最高价值"得分 3.69；"个人自由是最高价值"得分 3.14。

无条件的集体主义不被接受。"当集体利益和个人利益发生冲突时，应
该牺牲个人利益来维护集体利益"得分 3.33；"当个人利益与集体利益发生
冲突时，个人应做出无条件的牺牲"得分 2.46；"'私'是万恶之源，要做
到'大公无私'"得分 2.66。

帮助他人、造福社会得到充分肯定，而且被视为自我完善的内在要求。
"帮助他人、造福社会是每个人完善自我的内在要求"得分 4.34。

总的来看，这是一种看待自我与他人关系的中庸而非极端的态度。这
种态度与将社会和谐视为最高价值是一致的。

慈善基本策略

对于财富的第一次分配，认同市场经济制度，否定计划经济制度。"市

场经济比计划经济更为优越"得分 3.75。

对于财富的第二次分配，肯定政府的积极作用，支持积极有为的"大政府"。"政府应该承担尽可能多的公益事业的责任，同时鼓励社会组织和个人积极行善"得分 4.50。最具特色的是要求"大政府"推行优秀的道德和价值观。"政府有责任推广好的道德和价值观"得分 4.65；"道德是个人的私事，政府无权干涉"得分 2.13。这种态度与儒家的政府观高度一致，而与自由主义的政府观完全相悖。

对于财富的第三次分配，肯定建立在市场经济之上的慈善事业。"富人做慈善是伪善之举，实际上是为了让有利于他们的不平等制度延续下去"得分 2.05；"做公益可以保障弱势群体的权利和尊严"得分 4.00。

总的来看，现行经济制度和财富分配制度得到肯定和支持，拒绝采用暴烈方式解决不平等问题，革命方案被放弃了，温和方式被采纳了。

慈善行动准则

主张任何人都有资格获得他人、社会和政府的帮助。阶级斗争理论被抛弃了。"亲不亲，阶级分"得分 1.96；"我们不应该同情和帮助阶级敌人（如资本家、地主、反革命分子、破坏分子）"得分 2.23；"对人民要像春天一样温暖，对阶级敌人要像秋风扫落叶一样无情"得分 2.97。

在利他的顺序上，更加认同由近及远的仁爱，而不是不分远近的博爱。"应该不分亲疏远近，同等地对待每一个人"得分 3.34；"人们首先要照顾好自己的亲人，但不能只关心自己和家庭的幸福，还要关心他人，造福社会"得分 4.49。

抛弃精英主义，接受平等主义。首先，助人者与受助者之间的权威关系模式被抛弃，强调更富有现代意味的平等关系模式，强调尊重受助者的自主权和参与权。"公益机构比受助者更知道如何解决他们的问题"得分 3.29；"受助者比其他人能够更好地了解自己的需求，在解决问题的过程中他们应该拥有充分的发言权"得分 3.88；"任何人都不能强迫受助者去做违背他意愿的事情，即使这样做能增进他的利益"得分 4.13。其次，肯定"大政府"，但并不认同"权威主义政府"。"诚实高明的领导人可以越权做一些事情，只要他认为从长远来看这样对大家都好"得分 2.63；"政府就像一家之长，我们应该遵从它的决定"得分 2.81；"党和政府最清楚人民的长远、全局、根本的利益，人民只需服从党和政府的安排就行了"得分 2.41；

"即使领导人是诚实高明的，也不能越权，应服从法律和民意"得分3.95。

自主的个体行动和组织化行动得到强烈肯定。"公益事业应主要由民间公益组织和个人来承担，政府应给予经济支持、法律规范和监督"得分3.92；"独立于政府的民间慈善组织不应当存在"得分1.71。希望政府与民间同心同德，相互支持，积极合作。"政府应该承担尽可能多的公益事业的责任，同时鼓励社会组织和个人积极行善"得分4.50。

获得救济是个人权利，未得到明确认同。"获得救济是每个人应该享有的权利"得分3.37。参与公益是公民责任，也未得到明确认同。"参与公益是为了履行公民责任"得分3.43。但是，明确主张自由表达权利和自由结社权利。"独立于政府的民间慈善组织不应当存在"得分1.71。总的来说，权利意识尚未发育成熟。

慈善被赋予强烈的道德属性。认为在公益组织就业是一件很崇高的事情。"选择在公益领域就业是一件很崇高、无私、有爱心的事情"得分4.26。参与公益可以在道德上自我完善。"帮助他人、造福社会是每个人完善自我的内在要求"得分4.34。同时，强调受助者的道德责任。"受助者应该努力回报社会"得分3.95。

总的来说，现行慈善行动准则认同由近及远、推己及人的行善顺序，强调政府、行善者、受助人之间的平等，肯定慈善行为的道德性与慈善部门存在的合法性。

新慈善文化基本结构

综上所述，当今中国的慈善文化，由儒家慈善文化要素和西方现代慈善文化要素构成，其中，关于慈善基础理念（人性论、本体论、价值观等）的要素，几乎全部来自儒家慈善文化，而关于慈善基本策略和慈善行为准则（初次分配、再分配、民间慈善等）的要素，主要来自西方现代慈善文化。也就是说，当下中国的慈善文化，其"体"主要来自儒家慈善文化，也吸收了西方现代慈善文化的一些要素；其"用"主要来自西方现代慈善文化，同时儒家慈善文化之用基本保留下来了。就"体""用"的主导成分而言，可以用"中体西用"来概括当下中国慈善文化的基本结构。

当代中国的慈善文化取西方现代慈善文化之"用"属于自然而然的选择。这是因为西方现代慈善文化之"用"，符合现代性的要求，符合当下社会精英的根本利益，因此会被现代中国所接受。当代中国的慈善文化取儒家慈善文化之"体"亦不足为怪。这是因为儒家慈善文化之"体"能够与西方现代慈善文化之"用"在逻辑上顺畅地连接起来。也就是说，儒家慈善文化之"体"与西方现代慈善文化之"用"没有不可克服的冲突。上述分析启示我们，取儒家慈善文化之"体"和西方现代慈善文化之"用"，是构建现代中国慈善文化的可行途径。或者说，儒家慈善文化有可能在保守自家传统之"体"的前提下，通过吸纳西方现代慈善文化之"用"，从而实现自我的创造性转化，形成现代中国的慈善文化。

（二）　理论——文化要素取舍规则

40 年来，中国慈善文化格局发生了剧烈变化，几个自然而然的问题随之出现：为什么新慈善文化选取了中国传统之用和西方现代之用？为什么选取了中华传统之体而拒绝了西方现代之体？

要回答上述问题，首先要明了文化要素取舍规则。[①]

规则 1——基础规则

利益人人都想要，而且利益又总是"供不应求"，于是，在国家成员之间围绕利益的竞争就不可避免地发生了。文化可以影响人的思想和行动。如果你能够炮制一套符合自己利益的文化，并将它灌输给另一个人，那么你就可以借助这套文化支配对方的思想和行动，使其所思所为符合你的利益。这样一来，在你与他的利益争夺战中，你就能够使自己处于更加有利的地位，从而能够更加有效地获取利益。在这种情境中，你不使用暴力胁迫或经济引诱，就能够使对方就范。文化为什么具有如此的魔力？这是因为文化作为由来已久的习惯，作为神圣的宗教信条，作为雄辩的社会科学理论，能够"论证"什么样的利益分配机制和分配结果是好的、正当的、合理的，什么样的利益分配机制和分配结果是坏的、不正当的、不合理的；

---

① 形成新文化的基本机制：取舍、改造、创新、整合。首先是"取舍"，即从数种文化中选取要素，纳入新文化之中。此后是"改造"，使之与其他要素相互适应，并符合系统和谐的整体要求。新文化的形成绝不止于取舍、改造，必然有真正的"创新"，即创造新元素。最后，还需要多方"调适"，将新元素与吸收的旧元素"整合"成新的有机体。取舍是必不可少、绕不过去的一步、先行的一步，所以文化要素取舍规则是文化动力学的核心组成部分。

这种论证一旦说服了听众，就会使他们自觉地接受该文化所推崇的利益分配机制和分配结果，至少能够消解他们发起抵抗的理由，降低抵抗行为的正当性，剥夺抵抗者的道德优越感。

因此，统治阶级必然会精心筛选国家文化的构成要素，加之它有能力控制社会化系统，所以只有符合其利益的文化要素才会被保留，并成为国家文化的组成部分，而违背其利益的文化要素将受到排斥，或是被边缘化，或是被彻底清除，其结果就是，统治阶级主导的社会化塑造出来的国家文化，尽管不会是单一文化格局，但是在多元文化格局中统治阶级的文化一定会占据主导地位。

规则2——针对现代文化要素的取舍规则

20世纪，人类创造了两种最重要的又是相互冲突的现代模式——资本主义与社会主义。本书将两者之间的差异称为"极化现代性"。"极化现代性"的主要表现，在资本主义这一极，其标志为自由主义、自由主义宪政；在社会主义这一极，其标志为共产主义、共产党领导。但是，资本主义和社会主义又有着深厚的关联，两者均起源于欧洲，均遵循"工业主义逻辑"，而且依赖共同的"基础设施"，这些共享的逻辑和基础设施塑造了它们的"共性"，这些共性使它们区别于人类历史上一切被称为"传统"的世界。本书将这种共性称为"中性现代性"——科学以及建立在其上的现代工程技术体系、大工业生产方式、科层组织、理性、平等意识、世俗化、个人流动性、核心家庭、工业化、城市化、现代国民教育、大众传媒、国家主导的社会保障体系、民族国家及民族主义、全球化等等。

可以说，中性现代性是超越了阶级对立的现代性，它构成了"纯粹的""传统"与"现代"的二元对立。所以，与中性现代性相适应的现代文化要素将被包括统治阶级在内的绝大多数人接受；与符合统治阶级利益的极化现代性相适应的现代文化要素被接受，与不符合统治阶级利益的极化现代性相适应的现代文化要素被排斥。

规则3——针对传统文化要素的取舍规则

如果传统文化要素与中性现代性相冲突，现代人不会拒绝中性现代性，只会放弃传统文化要素。如果传统文化要素与极化现代性有冲突，而极化现代性符合统治阶级利益，在这种情境中，统治阶级会排斥传统文化要素，将其边缘化，或者干脆消灭掉。最后，也是最重要的，当需要在形而上层面，在传统文化要素与现代文化要素之间做出选择时，人们会选择传统文化要素。

为什么传统文化的形而上层面的要素会保留下来呢？

像中国这样的伟大文明，其传统文化的核心要素具有超越时代的价值。个人和人类社会面对的基本问题，在人类社会早期就存在了，也被当时的人们意识到了，并且做出了有效的回答。这些问题及其答案构成了传统文化的核心部分。基本问题一般不会随着社会变迁而变化或消逝，其答案的有效性一般也不会随着社会变迁而发生实质性的变化。

传统文化的某些要素，特别是终极价值观，与技术、经济机制、政治制度、阶级利益"相距遥远"，没有直接的、强烈的关联，因而也不会"紧随"后者的变化而变化。而且，技术、经济机制、政治制度、阶级结构、文化或意识形态的组合方式并不是唯一的，它们之间不存在"一一对应"关系，而是存在多种可能的组合方式。西方世界所建立的那种组合模式，并不是所有民族国家的唯一选择。后来者完全可以立足于自己的文化传统，创造出最适合自己的现代世界。

按照亨廷顿的说法，"现代性"与"工具文化"相关，而"剩余项"与"终极文化"密切相关。工具文化以效率为准绳，可以分出优劣，通过优胜劣汰，最有效率的工具文化有可能一统天下。终极文化无法分出优劣，可以各执己见。而且，同一种终极文化可以与多种工具文化建立能够自圆其说的逻辑联系，并非只能与原初的伙伴"同生共死"。所以，工具文化能够全球化，本土工具文化可能被外来者取而代之，但是终极文化难以全球化，本土终极文化通过创造性转化可以生生不息。①

家庭、社区、宗教组织等社会化主体的组织形式及运行机制非常成熟，亦非常保守，千百年来很少改变。一般情况下，现实的经济和政治势力很难对它们实施的社会化施加有效的干预。而那些原初性的、基础性的文化要素正是通过它们世代传承下来的。因此，民族文化的核心部分往往非常稳定，具有抵御经济和政治冲击的能力。

时至今日，国际社会仍处于无政府状态，民族国家一直是人类世界最重要的政治行动主体。在国际丛林社会中，无论是为了提高自己的扩张能

---

① 〔美〕塞缪尔·亨廷顿：《文明的冲突与世界秩序的重建》，周琪等译，新华出版社，1999。

力，还是为了抵御外部压力，民族国家都需要民族主义的支持。文化民族主义就是一种最有生命力的民族主义类型。传统文化则是构成文化民族主义的最重要的资源。所以，正常情况下，现代民族国家会推崇自己的传统文化，并积极促进它的延续、更新与繁荣。

综上所述，与中性现代性没有严重冲突、与符合统治阶级利益的极化现代性没有冲突的传统文化要素将被接受，而且在与其他文化的对应要素的竞争中占有优势。实际上，能够保留下来的传统文化要素，往往是形而上层面的文化要素。也就是说，当传统的经济基础、阶级结构、政治制度被现代化摧毁之后，传统文化的最核心的要素仍然能够保存下来，成为现代文化的基础性的组成部分。

（三）经验发现的理论解释

时至今日，在中国，新的经济基础初步形成并日趋稳固，与之配套的其他制度建制也逐步发育起来，阶级结构调整已近尾声，新的主导阶层已经显示出了独特的文化选择意向，具备了操控社会化系统的能力，并且已经开始发挥文化选择的作用。这意味着塑造新文化的力量及其运行机制已经发育成熟。而且，在持续30多年的时间里，这些力量"一直"在发挥作用，并且威力越来越大，成效亦越来越显著。

根据文化要素取舍规则1，只有符合统治阶级利益的文化要素才能被接受，并成为国家文化的组成部分；违背其利益的文化要素将受到排斥，或是被边缘化，或是被彻底清除。根据规则2，与符合统治阶级利益的极化现代性相适应的现代文化要素被接受，与不符合统治阶级利益的极化现代性相适应的现代文化要素被排斥。今日中国实行社会主义市场经济制度，政治精英、经济精英和主流知识精英都是这一制度的既得利益集团，而且它们构成了今日中国的主导阶层与社会精英。所以，主导阶层与社会精英的选择必然是支持社会主义市场经济、市场经济的财富分配制度、基于市场经济的慈善行为模式及其相应的意识形态。

由于与中性现代性相适应的现代文化要素将被包括统治阶级在内的绝大多数人接受，所以，如果传统文化要素与中性现代性冲突，那么传统文化要素将被绝大多数人排斥。结果是符合中性现代性要求的传统文化要素被保留下来，不符合中性现代性要求的则被排斥或边缘化。所以，现代之用被选取，与现代之用不冲突的传统之用被保留。所以，我们看到，现代慈善之用拥有强势地位，同时，中华传统的慈善行动模式仍然存在并继续发挥作用。

在形而上层面，儒家文化占据主导地位，或是压倒了对手，或是与之共存。所以，中华传统文化之体的核心要素完整地保留下来了，西方现代慈善文化的核心价值——个人主义的核心理念——被拒绝了。

中国现在的慈善文化格局，不是三种完整的慈善文化原型的并立，而是来自三种慈善文化原型的要素的组合，通过取舍、磨合，被保留下来的要素初步整合成为一个"有机体系的雏形"。也就是说，"当下存在的慈善文化"并不是一个"冷拼盘"，而是新的主导阶层创造出来的具有一以贯之的内在逻辑的"新慈善文化"。

九 活动领域

慈善在做什么？回应了什么需求？解决了哪些问题？本章将回答这些问题。

本书采用两个维度对慈善活动领域进行分类：一是"个体性—群体性"维度，反映受益对象的特点。"个体性"强调受益对象是"个人"，可以是熟人，也可以是陌生人；"群体性"强调受益对象是"群体"，可以是确定的一群人，也可以是"不确定的多数"，乃至全人类。二是"生存性—发展性"维度，反映慈善需求的特点。生存性需求主要指维持生存的基础条件，发展性需求主要指更高层次的人类需求。

依据这两种分类维度，慈善需求可以被划分为四类，分别为个体生存性需求、个体发展性需求、群体生存性需求、群体发展性需求。对应着这四种慈善需求类型，存在着四类慈善活动领域，即满足个体生存性需求的活动领域、满足个体发展性需求的活动领域、满足群体生存性需求的活动领域、满足群体发展性需求的活动领域（见表9-1）。

表 9-1 基于"二维分类法"的慈善活动领域分类

分类维度	生存性需求	发展性需求
个体受益	满足个体生存性需求的活动领域	满足个体发展性需求的活动领域
群体受益	满足群体生存性需求的活动领域	满足群体发展性需求的活动领域

（一）二维矩阵中的分布

当前中国慈善面对的需求，既有个体性需求，又有群体性需求，既有生存性需求，又有发展性需求。在经济发展程度较低的时期，扶贫、济困、救灾等排在慈善清单的前列，心理健康、自我价值实现等不会被视为问题和"正当"需求。但今日温饱已不足为患，高层次的需求自然而然产生，公民对生活的期望值普遍提升，而且提升了不止一个层次，社交、自我实现等多层次需求同时在发展。

近年来，慈善需求呈现出多元化，既有以治病救人为目的发起的募捐，也有以实现梦想、环游世界为目标发起的募捐，还有以促进整个公益行业、慈善事业发展为目标而开展的慈善项目。慈善需求异质、复杂、多变的特点，带来了多元而丰富的慈善实践。多元化需求涌现的背后，既是经济发展、社会富裕满足了基本需求；也有中产阶层群体扩大、社会价值观更为宽容，以及互联网技术发展的因素，它们为多元需求的存在和表达提供了更广阔的空间。

活动领域与受益对象是密切相关的。公益组织和公益行业作为受益者的，如支持公益组织日常运营、公益行业能力建设、公益行业基础设施建设之类的项目，在二维矩阵中如何体现？我们认为，它们属于"群体性—发展性需求"，因为这些项目的直接受益者是公益组织、公益行业，而间接受益的是广大公众。环保项目也是如此，满足的是某个区域的全体人群甚至是全人类的需求，而且是发展性的高级需求。

1. 个体的生存性需求

满足个体的生存性需求是指对特定范围内的个体进行基本生存条件的改善。满足个体生存性需求的活动大多在小范围内开展，比如某项慈善活动的目标群体是某个社区、街道/村镇的特定对象，对其开展较为精准的甚至定点的帮扶。这样可以在资源、能力有限的情况下，着力解决最需要帮助的个体的最紧迫的问题。满足个体的生存性需求可以建立较为清晰的流程和实施机制，操作起来并不复杂，有的问题可就近就便、快速解决（见例9-1）。

例9-1　四川省绵阳市法律援助中心常年为农民工提供公益法律服务，包括为农民工讨回工资。申请援助的农民工在中心填份申请就可以得到中心为他们通过法律途径进行维权的帮助。农民工在外打工，人生地不熟，有时语言还不通，遇到困难时得到中心的免费帮助倍感温暖。另如，2013年组建的楚天都市报楚天公益律师团会为残疾人设立法律援助专场，一方面为残疾人提供法律咨询，另一方面现场受理

法律援助。①

　　个体的生存性需求类别多种多样，相关慈善活动遍布全国。在大大小小的家庭、社区（见例 9 - 2）、村镇（见例 9 - 3）中，都有慈善组织、志愿团体、志愿者、居民以及企业乃至网络商户在积极行动（见例 9 - 4），为有需要的人提供帮助。他们提供的服务主要集中在扶贫济困、医疗救助、教育等方面。在此过程中，具有政府背景的慈善组织，如各级慈善总会也发挥着重要作用，相关政府部门的支持也是使活动能够顺利开展的重要保障（见例 9 - 5）。

　　例 9 - 2　陈霞女士于 2006 年在福建省福州市发起了"便民好邻居·服务进社区"志愿服务项目，先后为百家社区居民提供全方位的便民服务。除了组织志愿者为社区家庭提供家电维修、医疗义诊、法律咨询、心理咨询等基本服务之外，还与消防部门、卫生部门、公安部门联合开展了诈骗预防、无偿献血、应急救护、创伤包扎、火灾逃生等社区宣传教育活动，帮助孤寡老人打扫卫生，照顾生病住院的失独老人等。目前，该项目累计志愿服务时长已经超过 10 万个小时，动员上万名志愿者参与到社区服务中来。②

　　例 9 - 3　河南省武陟县慈善协会在 2012 年发起了村级"慈善幸福院"建设项目，利用旧办公场所、学校、农家庭院、祠堂等闲置资源建立起慈善幸福院，"一米阳光""武陟群英会""大爱无疆·孝行天下"等一批义工和志愿者团队定期走进幸福院，为幸福院老人提供理发、洗脚、按摩、帮厨、文艺演出等服务。③ 截至 2017 年，全县共建成 115 所农村慈善幸福院，累计惠及贫困人口 4.5 万人次，发放慈善救助金 1956 万元。④

---

① 相关资料整理自网络。
② 《她，个人志愿服务 9 千小时》，http://dy. 163. com/v2/article/detail/E9OOE11C0521BQEM. html，最后访问日期：2019 年 11 月 20 日。
③ 《河南武陟：创新扶贫模式助力脱贫攻坚》，http://zgsc. china. com. cn/2017 - 12/01/content _40087278. html，最后访问日期：2019 年 11 月 20 日。
④ 《武陟县慈善助力精准扶贫项目》，http://mzzt. mca. gov. cn/article/zt_ zhcsr2018/10zhcsj/hjz xjsj/201811/20181100013107. shtml，最后访问日期：2019 年 11 月 20 日。

例 9-4 中国扶贫基金会联合阿里巴巴公益和蚂蚁金服公益推出"顶梁柱健康扶贫公益保险项目",项目由蚂蚁金服保险提供技术支持。项目将健康扶贫与公益保险相结合,为现行贫困标准下 18~60 周岁的建档立卡贫困户提供专属扶贫公益保险,发挥互联网平台优势,运用公益保险的杠杆价值,探索解决贫困农户家庭主要劳动力的医疗保障问题的方式,降低因病致贫、因病返贫的发生率。截至 2019 年 10 月底,项目已签约湖北、云南、四川、新疆等 12 个省份 79 个县,项目投入资金规模 22995.04 万元,为 789.15 万人次建档立卡贫困户中的主要劳动力提供健康保障。①

例 9-5 宁德市慈善总会、宁德爱尔眼科医院(政府招商引资重点民生项目)共同启动的"慈善之光·与爱同行"眼疾公益项目优先为符合手术条件的城乡精准扶贫户、低保户、三无人员、五保户、残疾人、百岁老人、烈属等眼疾患者提供复明公益手术服务。除医保政策正常报销外,个人自付部分均由项目每例补助 1000 元人民币,覆盖手术费、材料费、住院费、检查费等。②

网络技术的发展使慈善领域对个体生存性需求的满足能够以更加创新的方式进行。民间慈善组织在这方面表现突出,针对特定对象的特定需求,它们不仅在项目设计和项目实施过程运用创新理念(见例 9-6),还积极引进先进技术,以更为优化的方式实现精准、有效的帮扶(见例 9-7)。

例 9-6 "轻松筹"(2014 年成立)、"爱心筹"(2015 年成立)、"水滴筹"(2016 年成立)均是以个人大病救助为主要内容的互联网筹款信息发布平台,目的是帮助经济困难的大病患者及其家庭解决医疗费用的问题。通过这些线上筹款渠道,求助者可以借助社交网络发起自己的大病筹款项目,并以好友转发的形式传播求助信息,从而完成大病救助的众筹。在此基础上,三家公司平台不断探索和创新慈善项

---

① 《"顶梁柱"公益保险项目惠及贫困人口超 700 万人次》,http://www.xinhuanet.com/politics/2019-11/05/c_1125195495.htm? baike,最后访问日期:2019 年 11 月 5 日。
② 《"慈善之光·与爱同行"眼疾公益项目启动》,http://www.ndwww.cn/xw/ndxw/2019/0823/132497.shtml,最后访问日期:2019 年 11 月 5 日。

目模式。例如，轻松筹推出了"轻松互助"，以"一人患病，互助会员均摊医疗救助金"的方式帮助生病的会员渡过难关。水滴筹设计了"水滴集市"项目，为偏远山区的贫困县农民提供农产品畅销通道，协助农村贫困家庭利用电商模式脱贫致富。[①]

例9-7　头条寻人是由今日头条发起的全国性公益寻人项目，它借助"互联网＋"的精准地域弹窗技术，对寻人或寻亲信息进行精准的定向地域推送，以帮助家属寻找走失人员。截至 2016 年 9 月 6 日，头条寻人共推送了 3142 条寻人信息，项目组对其中的 2995 名走失人员家属进行了回访，回访发现 2995 名走失人员中，有 1156 名老年人，这些老人中 602 人被成功寻回，通过头条寻人找回的老人人数为 101 人。[②]

2. 个体的发展性需求

根据马斯洛的需求理论，发展性需求属于较高层次的需求，在人们的基本生存需求得到满足的基础上，会追求高层次需求的满足。目前的慈善组织和慈善项目中，虽然目标群体的需求层次不同，但总体上讲，生存性需求被关注、被满足的程度越来越高，发展性需求的重要性也越来越凸显。尽管满足个体的发展性需求在操作上相较于满足生存性需求较为复杂且涉及内容复杂多样，并且呈现越来越细分的趋势，但慈善领域回应个体的发展性需求越来越普遍。例如，仅教育领域，个体的发展性需求已在不同的受益对象中进行了极为细致的划分，学龄前儿童、义务教育阶段学生、高中生、大学生等等，覆盖内容包括阅读、音乐、体育、美术、心理健康、拓展性思维、团队精神、领导力培养等等（见例9-8和例9-9）。

例9-8　"丁丁青春无忧站"成立于 2012 年 10 月，是杭州市下城区潮鸣街道的公益性社区社会组织，服务内容是心理咨询和成长帮助等。"小蜗牛成长助力"作为其中的项目之一，主要针对辖区内电子产

---

①　资料来源为"轻松筹"、"水滴筹"、"爱心筹"官网，最后访问日期：2019 年 12 月 5 日。

②　《"今日头条寻人"公益项目》，http://www.ce.cn/xwzx/gnsz/gdxw/201610/09/t20161009_1656 8070. shtml，最后访问日期：2017 年 7 月 25 日。

品成瘾青少年、归正青少年、厌学青少年和性格孤僻青少年等，致力于发挥社会在青少年成长过程中的作用，通过和学校、家庭三方联动，合力帮助青少年健康成长，回归主流社会。通过开展个人心理咨询、成长小组活动等方式，来改变青少年的认知和行为，从而实现青少年需求与社会服务资源供给的有效对接，促进社会和家庭的和谐健康发展。[1]

例 9-9　2017 年"母亲节"、"六一·儿童节"和"父亲节"期间，北京市朝阳区慈善协会针对困难家庭举办了"我爱我家"系列活动，在活动形式上突破了传统捐钱捐物形式，为困难家庭成员拍摄全家福或成长影集，为他们带去情感的慰藉。就朝阳区而言，多数低保低收入家庭的基本生活已经不成问题，但拍摄一套几百元的全家福对这些家庭来说可能是一件"非必需"甚至"奢侈"的事情。借"幸福满屋"全家福拍摄活动之机，这些家庭得以记录下人生中的美好时刻，甚至是人生中最后的时光——全家福为一位癌症患者及其家人带去了温暖和感动，她去世后，这张照片成为她第一张也是最后一张全家福。虽然拍照片的举动是微小的，但传递的温情则是巨大的，这张全家福带给这个家庭的美好体验可能是任何物质也无法替代的。[2]

与生存性需求相比，个体的发展性需求往往有短期性、多元化、个性化的特点，需要更多的时间、精力投入，甚至对相关技能有一定的要求，"技术含量"高（见例 9-10），操作难度大，见效慢，难以衡量。从投入资金的规模和项目数量看，中国慈善对个体发展性需求的投入和支持力度仍然明显不足，对个体发展性需求的回应缺乏计划性、持续性、系统性。外界批评慈善领域有惰性思维、路径依赖，愿意做简单的（生存性需求的满足），扮演资金"二传手"的角色，风险低、资金花出去看得出、摸得着。但是，无论是官方还是民间慈善主体（见例 9-11），都已自主地意识到并尝试回应个体的发展性需求，与此同时，也受到各类捐赠人，特别是

---

[1]　《杭州下城区 100 万专项资金助公益种子萌芽》，http://hangzhou. zjol. com. cn/system/2013/11/19/019711440. shtml，最后访问日期：2020 年 1 月 15 日。

[2]　整理自对北京市朝阳区慈善协会的访谈，2017 年 8 月 18 日。

国际组织、跨国企业的要求、引导、辅助或影响。

　　例 9 - 10　"苔花开"乡村儿童美育计划由广东省长江公益基金会和长江商学院广东校友会自 2017 年联合开展。项目聚焦农村教育的核心薄弱环节，致力于帮助乡村儿童获得平等的美育教育机会和资源，全面发展。截至 2019 年 4 月，项目已在广东省汕头、云浮、茂名开展，培养乡村音乐美术教师 566 名，预期将惠及乡村儿童 50000 多名。①

　　例 9 - 11　"老年心灵茶吧"是北京市朝阳区团结湖街道在中国老龄事业发展基金会的大力支持下开展的品牌活动，旨在为社区老年人提供一个倾诉、交流、交友、聚会及社会参与的平台。活动以社区为单位开展，每次设定一个主题（包括家庭、情感、人生、社会等），按照自愿参与和积极引导相结合的方式，把有共同心理需求的老年朋友聚在一起，在心理辅导师的引导下，通过团体成员间的互动和支持激发老年人的生命活力，提高老年人的身心和谐。心灵茶吧活动通过专业的心理干预帮助社区内一位 103 岁的老人排解烦闷、缓解焦虑，及时、有效地遏制了这位老人的自杀倾向。②

　　慈善领域对个体的发展性需求越来越关注标志着慈善对生存性需求的满足取得了一定成效，标志着中国慈善在向更高层次发展。同时，也反映出各类捐赠人、支持者对满足个体的发展性需求的重视。因这类项目在具体实施过程中离不开社区、政府的支持，这也进一步反映出政府对此类需求的重视。

3. 群体的生存性需求

　　满足群体的生存性需求意味着为不确定的大多数提供生存必需支持，此类慈善行动服务范围广，受益面大，其正外部性甚至可辐射到全人类。

　　中国慈善在满足群体的生存性需求方面已有长期、持续、系统的投入，

① 《快来看，这里有一片美丽的"苔花开"》，https://www.sohu.com/a/335199414_394946，最后访问日期：2020 年 1 月 10 日。

② 整理自对北京市朝阳区团结湖街道三四条社区的访谈，2017 年 8 月 11 日。

而且回应方式多元（见例9-12），且较为专业（见例9-13），积累了丰富的经验，形成了相对有效的机制，较易实现规模化。如为儿童、青少年提供教育（见例9-14）与健康保障（见例9-15），为贫困人口提供脱贫致富帮扶（见例9-16），为老年人提供基本养老服务（见例9-17），为低收入群体提供助医帮扶（见例9-18），救灾等等。

由于满足群体的生存性需求与政府提供公共物品的职责有重叠之处，甚至一定程度上慈善在帮助政府"减压""卸包袱"，因而政府对此给予极大的重视和支持。一般情况下，民间组织很难进入家庭、社区、学校等开展项目或活动，然而在满足群体的生存性需求方面，必要时，政府会面向民间组织开放严控的社区、教育场所等，甚至会对相关捐赠人进行表彰，参加各种捐赠仪式，为慈善"站台"。政府还会大力孵化、扶持社区组织，为相关社会组织的创办提供便捷的一站式服务，助力其满足群体的生存性需求。

与此同时，由于该领域的慈善行动较少挑战企业的经营行为，因而也颇受企业青睐。加上能得到政府的认可、鼓励、宣传，满足群体的生存性需求历年来一直是慈善热门，企业、企业家、志愿者、广大公众、媒体、名人、明星等的支持和投入力度大，不仅直接捐赠钱、物，还提供技术支持、宣传和筹资平台，或进行深度合作。慈善向社会各领域充分开放，而社会各领域也向慈善开放。满足群体的生存性需求项目很容易使各个利益相关方共赢，得到各界"浇灌"，蒸蒸日上。当然，它们也是最容易被明星（如发动粉丝、后援团支持）、企业家、企业等"利用"与合作的项目，也是慈善容易"利用"、与各方（如找明星代言）合作的"抓手"，因而也容易发展为家喻户晓甚至全民参与的项目，成为慈善组织的金牛项目，如各类教育项目、医疗救助项目、扶贫济困项目，以及救灾行动。

例9-12　"捐一元·献爱心·送营养"是中国扶贫基金会与百胜餐饮集团中国事业部、联合国世界粮食计划署于2008年联合发起的旨在帮助灾区及贫困地区学生的营养救助项目。"5·12"汶川特大地震后，中国扶贫基金会在援助过程中发现，众多捐赠资金都涌向重建和助学领域，却没有一个公益项目关注震区孩子的营养状况。为解决这一问题，"捐一元·献爱心·送营养"项目结合百胜餐饮集团的优势，在汶川地震灾区的板房学校迈出了关爱贫困儿童营养问题的第一步。该项目充分利用百胜餐饮集团遍布全国的7000家餐厅，以餐厅员工向

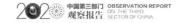

消费者劝捐的形式,倡议全社会一人捐一元钱,用低门槛、便捷参与、操作透明的方式,号召社会各界爱心人士关注贫困地区学生营养状况。项目还吸引了蒋劲夫、张云龙、陆毅和奥运冠军李小鹏、杨威等近200位文体明星和社会名流参与并担任"爱心大使",全国35000名志愿者先后参与该系列爱心活动。该项目已成为"人人可公益"的众筹平台。截至2017年9月底,"捐一元·献爱心·送营养"项目累计为10个省34个市(州)60个县(区)的约27.4万人次小学生提供了超过3730万份营养加餐,为840余所贫困山区学校援建了爱心厨房设备。①

例9-13 "心拯救"暨急性心肌梗死急救一包药公益捐赠项目由中国红十字基金会于2015年4月发起,致力于对急性心肌梗死患者及时启动双抗治疗,缩短早期救治时间,提高急性心梗救治率。项目通过具备急性心梗接诊及救治能力的医院向患者免费捐赠药品,同时在全国范围内召开医生培训会和患者教育会。该项目在过去3年共惠及180万名急性心梗患者,为缩短救治时间、提高救治效率提供了可行的办法。②

例9-14 中国青少年发展基金会于1989年10月发起实施的希望工程,是中国社会参与最广泛、最富影响的民间公益事业。该项目从国家贫困地区基础教育的状况及中国国情出发,旨在改善贫困地区基础教育设施,救助贫困地区失学少年。在社会各界和海外人士的支持下,共青团倡导实施的希望工程获得了巨大的成功。截至2018年底,全国希望工程累计接受捐款150.23亿元,资助困难学生594.9万名,援建希望小学20110所、希望厨房6236个,援建希望工程图书室31109套,培训教师114306名。此外,还资助建设希望工程体育教室、美术教室、音乐教室,开展远程支教、科学文体、夏令营等各种活动,积极进行教育扶贫,促进贫困地区基础教育全面发展。③

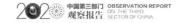

① 《捐一元·献爱心·送营养":公益机构与企业合作进行公众募款动员》,http://www.chinadevelopmentbrief.org.cn/news-6595.html,最后访问日期:2020年6月22日。
② 中国红十字基金会,https://new.crcf.org.cn/html/2018-03/28100.html,最后访问日期:2019年12月5日。
③ 中国青少年发展基金会,https://www.cydf.org.cn/Abouts/,最后访问日期:2019年12月5日。

例 9-15 爱佑慈善基金会倾力于孤贫儿童的救助，发起"爱佑天使"项目。项目帮扶的对象包括孤贫先天性心脏病患儿、孤贫白血病患儿、病患孤儿、残障儿童、困境儿童等。截至 2016 年底，"爱佑童心"项目累计救助先天性心脏病患儿超 40000 名；"爱佑天使"项目累计救助白血病患儿超 2000 名；"爱佑新生"项目累计养护病患孤儿近7000 名；"爱佑和康"项目已在国内 6 个省、自治区、直辖市建设康复机构，并同 13 家省级残联进行项目合作，共同开展省级孤独症康复技术培训；"爱佑晨星"项目救助 198 名大病儿童，救助金额支出 300 余万元。①

例 9-16 "阳光脱贫计划"是 2011 年由苏宁控股集团有限公司捐资发起的系列扶贫项目，旨在通过改善贫困地区的基础设施建设、提升贫困乡村中小学素质教育能力和电商扶贫的形式，改善边远贫困地区的生活环境，进而帮助边远山区的一部分人脱离贫困。在电商扶贫方面，该项目在 832 个贫困地区布局了 2000 多家农村苏宁易购直营店、400 多家线上中华特色馆，带动回乡创业就业青年超过 1 万人，全渠道帮助农产品销售超 60 亿元；在抗震减灾方面，2014 年 8 月苏宁向云南鲁甸地震灾区捐赠 500 万元，2016 年在盐城阜宁赈灾，并支援意大利地震灾后重建，为尼泊尔震后捐建学校等。②

例 9-17 乐龄是国内最早探索社区居家养老服务的先行者之一，通过十余年扎根社区居家养老，乐龄已经摸索完善了社区居家养老服务的服务模型。以社区失能失智、刚需专业照顾服务为核心，通过整合政府、公益与各方社会资源，辅助老年餐桌、助行、助洁、心理慰藉等照护服务形成专业照顾的核心能力。此外，通过链接社区内低龄活跃老人与其他年龄段居民，使其共同参与到社区助老服务与志愿讲堂活动，从而建立社区居家养老微循环体系，并实现社区居家养老的

① 爱佑慈善基金会，http://www.ayfoundation.org/gxay/ayjs/aygc/index.shtml，最后访问日期：2017 年 7 月 23 日。
② 《苏宁阳光脱贫计划》，http://mzzt.mca.gov.cn/article/zt_zhcsr2018/10zhcsj/hjzxjsj/201809/20180900011639.shtml，最后访问日期：2019 年 12 月 5 日。

自我造血和可持续发展。①

例9-18 中国煤矿尘肺病防治基金会于2003年在民政部注册成立，是安全生产领域及煤炭行业唯一的公益慈善组织。基金会关注危害中国产业工人健康最为严重的尘肺病，发起"农民工洗肺清尘救助项目"，通过委托基金会定点医院，在全国范围每年救助适合接受进行大容量肺灌洗治疗的重症尘肺病人，帮助减轻患者痛苦、提高生活质量、缓解经济压力、保护劳动能力，让他们重拾生活的信心和生命的尊严、让他们的家庭重新拥有爱与希望。截至2018年底，中国煤矿尘肺病防治基金会已通过该项目累计救治尘肺病患者25万余人。②

4. 群体的发展性需求

群体的发展性需求逐渐进入各慈善主体关注的视野。目前，群体的发展性需求涉及环境保护、社会发展、文化传承等人类进步的重大方面，看似不够紧迫，但事关重大，靠一己之力往往无法有效推动，需要齐心合力才能取得成效。相较以往，关注这些人类进步的重大方面的慈善主体越来越多，投入增加，行动力增强，并在多个领域进行了探索和实践，倡导公众及其他利益相关方关注和参与。

目前发展性需求的直接受益群体有老年人、青年人、儿童、妇女、外来务工人群、社区居民、大众等（见例9-19~例9-22），所涉领域有养老、教育、就业、医疗、环保、法律、科学、文化等；直接受益者还包括家庭、社区、慈善行业、城市、农村、自然环境等等。满足群体的发展性需求，需要较强的专业性，技术含量高，解决方案相对复杂，可以通过沟通、情感关怀、心理辅导、培训、交流、倡导、能力建设、网络建设、社区营造、公民教育、公益诉讼等方式开展，以提升受益群体的精神满足感、存在感和成就感，改善其生存环境，促进其技能提升、视野拓展、事业发展及生活质量的提升（见例9-23~例9-25），甚至有利于全人类发展。

---

① 《乐享银龄社区居家养老综合解决方案》，http://www.haogongyi.org.cn/home/product/detail/id/3.html，最后访问日期：2019年12月25日。

② 《企业社会责任_关于中国移动》，http://www.10086.cn/aboutus/csr/zrjj/zrsd/kd/index_detail_12594.html?id=12594，最后访问日期：2019年11月20日。

例9-19　上海浦东手牵手生命关爱发展中心自2008年5月成立以来，致力于改善人们在临终阶段的生命品质，为癌症末期及临终病者和家庭提供关怀服务，提升其应对死亡与哀伤的能力，缓解身体、心理、家庭之痛。此外，该机构建立了社区大重病家庭互助会，发动家庭和社区力量为临终病者提供支持性服务，并积极推动各界建设4D生命体验馆与临终关怀医院，以倡导的形式积极推动中国社会各界关注临终关怀领域，开展多元生命教育活动和生命文化的传播。①

例9-20　为进一步深化留守儿童关爱服务工作，探索农村、社区关爱留守儿童的有效模式，全国妇联与中国儿童少年基金会于2014年共同推出"儿童快乐家园"公益项目。在农村的乡镇、村建立"儿童快乐家园"，为留守儿童提供托管服务、家庭教育指导、心理咨询等服务；同时以"儿童快乐家园"为阵地，开展亲子视频、亲子课堂、亲子阅读、亲子游戏，以增进亲情交流，加强家庭教育科学知识的宣传普及，优化留守儿童成长的家庭及社会环境。②

例9-21　青爱工程致力于对青少年进行爱的教育，通过在全国的大中小学幼儿园援建设立"青爱小屋"，帮助学校建立起开展艾滋病防治、性健康、心理健康、公益慈善和传统文化教育的能力，并对受艾滋病影响儿童、青少年实施救助。截至2019年12月25日，青爱工程已在全国26个省、自治区、直辖市的72个地区的大中小学幼儿园援建青爱小屋1100所，设立项目基地28家、工作站24家，累计培训师资9000余人次，救助受艾滋病影响的特困儿童、青少年30000余人次，受益学生、教师和家长1340万余人次，探索出了符合中国国情与青少年年龄特点的学校性教育模式。③

---

① 《上海浦东手牵手生命关爱中心》，http://www.volunteer.sh.cn/website/News/NewsItem.aspx?id=11490，最后访问日期：2019年12月10日。
② 中国儿童少年基金会，http://www.cctf.org.cn/report/project/2019/06/20/5097.html，最后访问日期：2019年11月23日。
③ 《中国青少年艾滋病防治教育工程介绍》，http://www.apepcy.org/xmjj/list.aspx?itemid=1，最后访问日期：2019年12月25日。

例9-22 "万家无暴"项目是由湖北监利县蓝天下妇女儿童维权协会与县妇联共同发起实施的、以反对家庭暴力为核心的公益项目。面向社会上普遍存在的家暴受害人求助难的问题，该项目通过家暴预警及时发现受害人，随后专业社工逐一回访，根据心理、需求、安全评估结果为受害人提供急需服务。此外，还与民政部门共建反家暴庇护所，与公安部门共建反家暴鉴定中心，为受害人免费提供庇护、鉴定、心理疏导、咨询指导、法律援助等服务。目前，该模式已在湖北10个县市复制，培训了700多名警察、妇联干部、专业志愿者，累计服务了800多个家庭。①

例9-23 "金惠工程"是由中国金融教育发展基金会于2008年倡导并发起的全国性公益项目，聚焦青少年（中小学、职业技术学校）开展金融财商素养教育，帮助其利用在校学习阶段掌握必要的金融知识，建立正确的财商认知，培育乡村振兴的新生代力量；聚焦乡村创业致富带头人，通过金融知识和金融政策的普及教育，帮助他们树立金融风险防范意识和使用金融工具发展产业经济的能力，培育乡村振兴领头雁；聚焦领导干部开展金融能力培训，帮助其了解金融政策，提高风险防范意识，提升领导干部的金融能力，带动农村地区发展普惠金融，更好地实现"乡村振兴"的目标。②

例9-24 花旦工作室是Caroline Waston女士于2004年创办的一家民间组织，致力于通过参与及领导启发式艺术项目来发展个人软技能，通过个人自我意识、自信、沟通能力、领导能力、团队合作能力、解决冲突能力和创新能力等方面的提升，达成人们正直、勇敢、自信和创新地领导自己和社区的生活的愿景，从而推动个人和社会的进步。至今，已有3万人参与活动，包括外来务工人员及其子女、企业员工等，花旦工作室为人们深入理解自我及他人建立了舞台。③

---

① 《万家无暴》，http://www.wenming.cn/zyfw/2018sg100/zjzyfwxm/201811/t20181129_4916417.shtml，最后访问日期：2019年12月7日。
② 中国金融教育发展基金会，http://jinhui.cfdfe.org/category/7，最后访问日期：2019年11月23日。
③ 花旦工作室，https://www.hua-dan.org/，最后访问日期：2017年11月14日。

例 9 - 25　中国妇女发展基金会于 2016 年启动了"超仁妈妈"公益助力计划项目，初步形成了一个开放、合作、共赢的女性公益平台，聚合了一批胸怀大爱、奋进拼搏、才华横溢、具有公益情怀的女性公益人。她们以服务女性群体为主，以超人、超能、仁爱之心对待生活，在教育、健康、环保、创业、赋权女性等多个领域无私奉献，辛勤耕耘。2017 年"超仁妈妈"公益项目共筹集善款 1381 余万元。影响了 300 余名女性社会创业者及其项目和机构，扶持了 100 多家女性公益机构投身就业、健康、教育、环保等多个公益领域，辐射带动 500 余名女性公益从业人员，项目直接或间接受益人数达 10 万余人。[①]

环境的可持续发展（见例 9 - 26）、保护生物多样性、反种族歧视、促进世界和平、文化遗产保护（见例 9 - 27）等关乎全人类的利益，这些人类寄居其间的自然、社会与人文环境的保护营建，也是慈善工作的重要内容。

例 9 - 26　自然之友是中国成立最早的全国性民间环保组织。20 多年来，全国累计超过 2 万人的会员群体，通过环境教育、家庭节能、生态社区、法律维权以及政策倡导等方式，重建人与自然的连接，守护生态环境，推动绿色公民的出现与成长。如"清河有缘人"是由北京清河流域居民、院校师生、环境关注者共同组成的志愿者团队，2016 年，他们对清河水质进行了 4 次检测，定期走河，监督并举报河道违规排污情况，并形成 4 份清河观察简报，组织河流导览和科普知识讲座 20 余场，促进了城市规划部门、水务及环境管理部门、政协委员和城市居民初步形成河流共治体系。[②] 自然之友提起的大气污染、水污染、土壤污染等环境公益诉讼案例，对推动立法、保护生态环境和相关利益群体的权益发挥了重要作用。[③]

例 9 - 27　北京市永源公益基金会捐资支持中国传媒大学崔永元口述

---

① 中国妇女发展基金会，https：//www.cwdf.org.cn/index.php？m = wap&siteid = 1&a = show&catid = 99&typeid = 12&id = 114，最后访问日期：2019 年 12 月 13 日。

② 自然之友，http：//www.fon.org.cn/index.php？option = com_k2&view = item&layout = item&id = 8&Itemid = 117，最后访问日期：2017 年 7 月 23 日。

③ 相关资料整理自网络。

历史研究中心开展项目，致力于中国口述历史保护和研究工作。在这方面，崔永元及其团队是拓荒者。相比以文献研究为主的历史，口述历史打破了传统制史的体系框架，是一种更为丰富更为细节化的"微观历史"呈现形式。崔永元带领的口述历史团队采录整理了战争、外交、电影、音乐、知识分子、红色后代、知青、改革开放等类型采访史料，所收集的口述历史影像库，已成为中国内容最丰富的口述历史资料库之一。①

群体的发展性需求日益进入大众视野。移动互联网的发展，为慈善回应群体的发展性需求提供了可行性、时效性、便捷性，并且潜移默化地对全民进行知识普及、认知和意识改善，价值观培养，提升全民的责任感。随着知识经济的到来，以知识运营为经济增长方式、知识产业成为龙头产业，知识经济成为新的经济形态，再加上移动互联网的加持，慈善也随之融入这样的大时代之中，相关项目或活动的实施难度大大降低，减少了沟通成本、运作成本。甚至，慈善项目或行动能直接通过提高人们使用现代技术的能力来满足受益者即时、个性化、多元化的需求（见例9-28），且能有效地覆盖到更多的人群（见例9-29）。

例9-28　北京果壳互动科技传媒有限公司（果壳传媒）2010年推出泛科技主题网站"果壳网"。作为一个开放、多元的泛科技兴趣社区，果壳网通过专业的内容编辑策划、充满创意的活动组织和广泛的外部资源协调，让科学以更鲜活的形式走进大众文化，重建科学与公众生活的链接。人们可以依兴趣关注不同的主题站和小组，阅读有意思的科技内容；关注各个门类和领域的果壳达人，加入兴趣讨论，分享智趣话题；也可以在"果壳问答"里提出困惑的科技问题，或提供靠谱的答案。同时，每天推荐最热门的果壳文章、问答、小组帖，让网友随时随地获取新鲜、有价值的生活知识和科技资讯。②

例9-29　"蚂蚁森林"于2016年8月在支付宝平台推出，用户通过在"蚂蚁森林"里记录自己日常生活中的绿色出行、在线支付水电

---

① 相关资料整理自网络。
② 果壳，https://www.guokr.com/about/，最后访问日期：2017年7月24日。

费等低碳行动积攒"绿色能量"，在手机里"种树"。用户每养成一棵树，"蚂蚁森林"和公益伙伴就会在荒漠化地区种下一棵真正的树。截至 2019 年 8 月，5 亿"蚂蚁森林"用户在荒漠化地区种树 1.22 亿棵，累计减碳 792 万吨。2019 年，"蚂蚁森林"项目获得联合国最高环保荣誉——"地球卫士奖"，以及应对气候变化的最高奖——"灯塔奖"。①

随着慈善组织的发展壮大，募捐能力的增强，募捐规模的扩大和慈善理念的更新，中国慈善覆盖的内容不断丰富，领域不断扩大，工作方式不断改进。慈善项目从助医、助老、助残、助学、助困、救灾等传统救助领域，拓展到新农村建设、法律援助、绿化环保、科普教育、志愿服务、心理援助、扶持创业就业、家庭支持和社区综合服务、公益项目孵化、社会组织能力建设、关怀外来务工人员、关心服刑人员、关怀艾滋病患者、文化遗产保护等 30 多个慈善领域。这些慈善项目在惠及当地民众的同时，还遍布全国各地，尤其是老少边穷地区。②

针对群体发展性需求的慈善行动越来越多，原因有两个。一是群体发展性需求日益重要而紧迫，典型如环境问题、文化建设、公益行业发展等；二是政府、企业、社会公众对上述问题的意识逐渐提升。如今各行各业以及普通大众均以不同方式、不同程度地助力慈善满足群体的发展性需求，尽管仍难以与满足群体的生存性需求的程度相媲美。

总体来看，中国慈善目前覆盖的领域，受益对象既包括个体也包括群体，需求层次既包括生存性需求也包括发展性需求。尽管本书使用了个体与群体、生存性需求与发展性需求的分类，但它们之间并没有明确的分界线，而是共存、互补、融合、连续的关系。从中国慈善领域的整体布局来看，中国慈善对群体和公共利益的关注越来越多，对发展性需求的关注也在逐渐增强。

（二）高关注度活动领域

可以从几个方面来判断某个领域受关注的程度：活跃的慈善组织数量、

① 《新华网：2019 慈善文化热点事件大盘点》，http：//www. gywx. org/article/1937，最后访问日期：2019 年 12 月 25 日。
② 北京市民政局：《北京慈善事业发展状况概述》，2017。

吸引的社会捐赠额、动员的人力资源及志愿者、引入的技术支持、相关话题讨论量等等。本书从以上视角，结合民政部官方统计、民间报告以及网络数据，对近十年来受到社会持续关注的慈善活动领域进行归纳和总结。

首先，观察慈善组织的数量分布。表9-2显示2009年与2017年各领域民办非企业单位与社会团体的数量。无论是2009年，还是2017年，在教育、社会服务、农村及农业发展领域开展工作的民办非企业单位与社会团体数量均位列前5位。其中，教育领域始终是民办非企业单位与社会团体最活跃的领域，而且教育领域的组织的占比从2009年的24.61%上升到了2017年的30.25%。文化成为新近得到重视并迅速发展的领域，文化领域的组织数量在2017年出现在前5位之中。体育领域的组织数量则由2009年的第9位升至2017年的第6位。2009年与2017年，国际及其他涉外组织、法律、宗教、生态环境、职业及从业组织等领域的组织数量均位列末5位。

表9-2　2009年、2017年民政部统计的各领域民办非企业单位与社会团体数量分布

排序	2009年			2017年		
	组织领域	数量（个）	占比（%）	组织领域	数量（个）	占比（%）
1	教育	105646	24.61	教育	227000	30.25
2	社会服务	58878	13.72	社会服务	110000	14.66
3	农村及农业发展	46833	10.91	其他	98000	13.06
4	其他	43902	10.23	农村及农业发展	62000	8.26
5	卫生	38758	9.03	文化	60000	7.99
6	科技研究	29546	6.88	体育	48000	6.40
7	文化	26875	6.26	工商服务	42652	5.68
8	工商服务	24927	5.81	卫生	36000	4.80
9	体育	19214	4.48	科技研究	31000	4.13
10	职业及从业组织	17748	4.13	职业及从业组织	20000	2.66
11	生态环境	7751	1.81	生态环境	6501	0.87
12	宗教	4436	1.03	宗教	5115	0.68
13	法律	3995	0.93	法律	4197	0.56
14	国际及其他涉外组织	717	0.17	国际及其他涉外组织	15	0.00

资料来源：《2009年民政事业发展统计公报》《2017年社会服务发展统计公报》。

图9-1呈现了2009~2018年民政部统计的各类民办非企业单位与社会团体数量的动态变化趋势。可以看出，近十年间，教育类组织的数量始终

高居首位且增速较快。其次为社会服务类组织的数量，呈现出持续稳定增长的趋势。近十年间，农村及农业发展类、文化类、体育类社会组织的数量略有增长。而工商服务类、卫生类、科技研究类、职业及从业组织的数量变化不大。生态环境类、宗教类、国际及其他涉外组织的数量持续低迷。

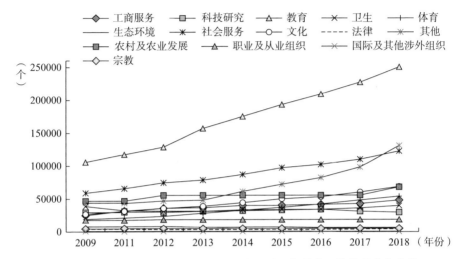

图 9 - 1　2009 ~ 2018 年各领域民办非企业单位与社会团体数量变化趋势

资料来源：民政部历年《社会服务发展统计公报》《民政事业发展统计公报》。

　　如前所述，除了需求本身的"体量"以及需求的紧迫性外，决定慈善回应的程度还取决于外部影响因素，国际及其他涉外组织、法律、宗教、生态环境等领域的组织数量分布状况与影响慈善发展的外部环境有着直接关联，特别是政府一直以来严控这些领域的倡导类组织的准入与活动。

　　其次，从慈善领域获得的社会捐赠进行判断。《2017 - 2018 中国慈善捐赠报告》指出，2013 ~ 2017 年历年捐赠数据显示，社会捐赠总是集中流向医疗健康、教育救助、扶贫开发、减灾救灾、文化生态等少数几个领域。仅从 2017 年的捐赠情况看，教育救助、医疗健康、扶贫开发是社会捐赠集中流入的三大领域。其中，教育救助领域的捐赠最多，占比达 27.44%；其次是医疗健康领域，占比为 24.10%；扶贫开发领域位居第三，占比为 21.21%（见图 9 - 2）。

　　从发展趋势看，依据图 9 - 2 描绘的 2013 ~ 2017 年中国主要社会捐赠意向分布，可以看出，教育救助领域的捐赠占比始终保持相对稳定，占比从 2013 年位居第二，到 2017 年超过医疗健康，成为社会捐赠流向的第一大领域。医疗健康领域的捐赠占比在 2015 年有明显下降，但仍然是慈善捐赠的主要关注领域。扶贫开发领域则受到近年来政策导向的影响，在社会捐赠

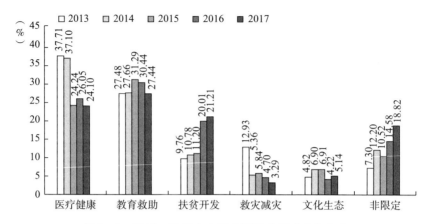

图 9 - 2 2013～2017 年中国主要社会捐赠意向分布

资料来源：杨团主编《中国慈善发展报告（2019）》，社会科学文献出版社，2019，第 36 页。

占比中呈现出增长的态势，对慈善捐赠主体有了更大的吸引力。

最后，从慈善领域引起的网络话题讨论进行判断。互联网时代，社交媒体平台日益成为公众对社会议题表达观点、态度与诉求的重要渠道。公众在网络平台上对不同公益话题的讨论量，很大程度上体现了社会对不同领域的关注程度。国双数据中心 2018 年 9 月发布的《中国慈善公益发展报告》，通过抓取新闻、论坛、贴吧、SNS 等互联网数据信息，对公众讨论的公益话题偏好进行了分析（见图 9 - 3）。

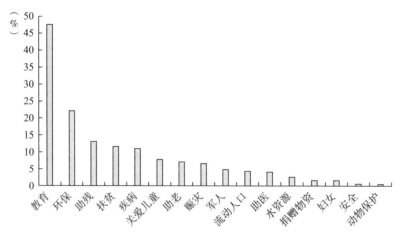

图 9 - 3 2017～2018 年公众关注慈善项目话题偏好占比分布

资料来源：国双数据中心《2018 中国慈善公益发展报告》。

从公众关注、参与慈善话题的偏好分布可以看出，教育和环保是人们最为关注的两大领域。其中，教育领域的网络话题量占比近五成，达到47.6%。排名第二位的是环保领域，主要话题包括"生态保护""绿化""环境保护"等，网络话题量占比为22.1%，但未及教育领域的网络话题量的1/2。紧随其后的是助残、扶贫、疾病、关爱儿童、助老、赈灾等领域，网络话题量占比各为13.1%～6.6%。与此同时，有关妇女、安全、动物保护等话题的网络讨论相对较少，占比均小于2%，居于后三位。

综上所述，从各领域慈善组织的数量分布、社会捐赠数额，以及公众话题讨论量，可以衡量慈善活动领域的受关注程度，各个分析视角得出的结论是相似的。其一，中国慈善长期、持续、重点关注的领域是满足生存性需求的领域。十年间，教育、医疗卫生、农村与扶贫、应急救灾等领域始终是慈善领域关注的"热点"和焦点。这种状况与中国的经济、社会发展阶段相适应，它们是紧迫的、长期存在的社会需求，得到了国家与社会各界的重点关注和支持。在国家政策的动员与引领下，各类社会资源会相应地向这些领域倾斜。近年来政府推动的"精准扶贫"成为中国慈善的重点领域。2015年11月29日颁布的《中共中央国务院关于打赢脱贫攻坚战的决定》成为指导当前脱贫攻坚的纲要性文件。在这一背景下，来自政府、市场、社会的各类资源纷纷在扶贫领域汇集。从这一角度讲，政府的"注意力"在很大程度上牵动着慈善领域的"注意力"。其二，近十年来满足发展性需求的领域受到的社会关注程度显著提高。上升趋势较为明显的有文化、体育、环保等领域（见例9-30）。在这些领域，行动主体面向受助对象更高层次的发展需求不断创新解决方案、项目设计、运作机制，开展了多种形式的活动实践。

例9-30　在体育领域，支付宝于2019年7月启动了"追风计划"，计划在未来五年内寻找并资助100支贫困乡村小学的女子足球队建设，为每个入选球队提供"3年30万元"的发展支持。① 同月，蔡崇信公益基金会发起了"以体树人"杰出校长评选项目，每年在全国范围内选拔10位在创新体育教育方面有杰出贡献的"体育校长"，提

---

① 《支付宝启动"追风计划"未来五年资助100支贫困乡村女足》，http://www.sohu.com/a/329206604_463728，最后访问日期：2019年12月3日。

供 50 万元的奖金用于奖励个人、赋能交流培训与学校体育建设，以支持体育教育的发展。[①]

在文化领域，近年来涌现出诸多以弘扬中国优秀传统文化为使命的民间慈善组织。越来越多的民间组织纷纷行动起来，在文化教育与国学传承领域开展研究、倡导、推广等工作，设计并实施了以传统经典、节庆礼仪、行为规范、文学艺术为主要内容的慈善项目，项目活动日益呈现出创新性、多样性的特征（见例 9–31）。

> 例 9–31　浙江敦和慈善基金会是一家深耕于文化传承、公益支持、慈善文化等领域的资助型基金会，以"弘扬中华文化，促进人类和谐"为使命。基金会自成立以来，参与发起和支持了多家公益行业平台与教育研究机构，并策划实施了"种子基金""竹林计划"等品牌项目。其中，"种子基金"项目是公开招募的文化支持类公益项目，项目致力于为开展国学传承的各类社会组织提供资金以及其他配套支持。"种子基金"常规招募为每年 1 期，每期时长为 1 个月，随后通过初评、实地调研、终评环节最终筛选出受助组织。自 2016 年聚焦文化领域以来，截至 2019 年底，已有 49 家分布在全国各地的文化组织得到支持，这些组织在不同的场所、通过多样的方式传播着不同的传统文化内容。"种子基金"提供给资助对象连续 3 年，每年 10 万～30 万元的直接资助，项目同时提供能力建设、案例梳理，共建项目、枢纽型组织培育等支持板块。该项目的实施有力地促进了文化组织的个体成长及交流合作，逐步探索出国学领域行之有效的机构发展模式，提升了国学传承系统的效率。[②]

满足发展性需求的各类慈善活动领域的兴起，既与慈善受助对象的需求变化紧密相关，也受到政府公共服务挤出效应的影响。一方面，随着中国经济的发展、人们的收入水平普遍提高，以及社会各界的共同努力，受

---

① 《蔡崇信"以体树人"杰出校长奖评选启动每年奖励 10 位优秀"体育校长"》，http://sports. people. com. cn/GB/n1/2019/0731/c202403–31268125. html，最后访问日期：2019 年 12 月 3 日。

② 敦和基金会，http://www. dunhefoundation. org/，最后访问日期：2019 年 12 月 4 日。

助对象的基本生存性问题在很大程度上得到了改善，发展性需求逐步凸显出来。另一方面，政府提供的公共服务基本覆盖了满足生存性需求的主要领域，并且政府在公共服务方面明确提出将坚持普惠性、保基本、均等化，在科教文卫领域，政府支出的数量和所占比例都在持续增加，公共服务绝对水平有所提高，且在地区和人口意义上尽可能将所有人群纳入社会保障范围。政府凭借其强大的经济、政治实力，在传统慈善领域中对社会慈善主体产生了一定程度的挤出效应，使慈善主体把更多的注意力转向政府难以有效满足的领域。

（三）低关注度活动领域

从中国慈善系统的发展过程可以发现：一些活动领域愈发"热闹"，增长迅速，已经形成规模；另一些活动领域却相对"冷清"，甚至持续走下坡路，以至于近些年鲜少听到它们的声音。那些被忽视或不被重视的活动领域，可以分为两大类：一是不符合政策导向或是不受政府重视的领域；二是小众的、特殊的、个性化的、新兴的领域。

由民政部数据计算得出，近 10 年，国际及其他涉外组织、宗教、法律这三类的民办非企业单位与社会团体的数量一直位居末位，占比均不足 1%，且呈现下降趋势，其中国际及其他涉外组织占比从 0.17% 下降到 0.06%、法律类组织占比从 0.93% 下降到 0.50%、宗教类组织占比从 1.03% 下降到 0.61%。要解释这一现象，仅从社会需求（需求侧）的角度分析是不够的，还要考虑政策引导（供给侧）的显著影响。对于身处特定政治、法律制度框架中的慈善组织而言，违背政府意志的活动难以大规模进行，只有符合政策导向的慈善行为才能得以开展。中国慈善长久以来重点关注的领域既是中国在发展初期主要面临的挑战领域，同时也是政府重点关注的领域。在这些社会需要且政府鼓励的领域中，慈善组织能够施展身手，作为政府工作的必要补充，从而得到政府的积极支持。反之，在社会需求不紧要或政府不支持的领域，社会组织则缺乏足够的支持和保障，相应的关注和投入也较少。

一些小众的、特殊的、个性化的、新兴的需求，如罕见病患者、同性恋、未婚妈妈、失独父母、动物保护等方面的需求，也未得到足够的关注。

这种"忽视"主要是由慈善领域自身的发展阶段决定的，再加上回应这类需求的慈善行动覆盖面小，亦非全民关注的议题，因此难以获得关注和支持。实际上，所有的"需求"或"议题"都有自己的"生命周期"：不存在→存在但未被察觉→被察觉但未被重视→得到关注与重视→采取行动解决→得到解决。上述被忽视的需求，往往是处于"被察觉但未被重视"的阶段。在这一阶段，只有民间慈善组织会对此类需求或议题做出回应，但是它们的能力和资源往往又非常有限。实际上，率先发现那些"不够热门的"议题和"无人关注的"群体，并为之大声疾呼，促使社会和政府关注这些问题，正是民间慈善组织的职责与功能之所在。

（四）评述

个人的价值观影响个体的慈善行动，社会的价值观影响社会的慈善行动。价值观决定了哪些人的哪些需求应当通过慈善得到满足，从而界定了慈善行动的活动领域和受益对象。

随着技术、经济和社会结构的变化，中国的慈善需求不断升级，个性化、多样化的发展性需求被提上议事日程，慈善供给也发生了相应的变化。40 年来，慈善的活动领域不断拓展，覆盖到越来越多的对象的越来越多的需求，从助医、助老、助残、助学、助困、救灾等传统救助领域，拓展到新农村建设、法律援助、绿化环保、科普教育、志愿服务、心理援助、扶持创业和就业、家庭支持和社区综合服务、公益项目孵化、社会组织能力建设、关怀外来务工人员、关心服刑人员、关怀艾滋病患者、文化遗产保护等新兴领域。与此同时，活动领域不断深化、细化。慈善需求在升级，行动主体的能力也在提升，专业化与分工也在同步推进，专业慈善组织不断发现新需求，定义新问题，探索和挖掘出更深、更细的"子领域"。例如，环保领域已细分为生态保护（湿地森林保护、野生动物保护、荒漠化防治）、污染防治（空气污染防治、水污染防治、固废污染防治）、环境教育（低碳减排、绿色生活方式、环境健康）、食品安全与环境、企业 ESG 可持续发展、绿色金融、垃圾减量等多个子领域。早期的慈善行动局限于回应全局性的、紧迫的、刚性的生存性需求，现在开始越来越多地关注小众的、弹性的、多元而异质的发展性需求。慈善领域的"注意力"调整具有深刻的必然性。客观上政府难以面面俱到地满足众多群体的五花八门的需求，而且政府出于自身利益的考虑还会压制一些正当的需求。市场也不可能有效地提供公共物品。所以，只能由慈善部门对这些新兴需求作出回应。而公众对社会问题和需求的认知水平的提升，也使以满足发展性需求为目标的慈善行动得到越来越多的公众认可与支持。

当今中国慈善的活动领域的另一个显著特征是"冷热不均"。政治性因素导致的"冷门"显而易见，无须赘述，也无法赘述。可以预见，只要现行的政治体制、法律体系不发生重大变化，目前慈善活动领域的"冷热分布格局"就会维持下去。

十　受益对象

任何一个具体的慈善行动及其活动领域最终都指向一类具体的目标对象。比如医疗领域的受益对象是特定的患者群，环保领域的受益对象是生态环境，而保护文化遗产、捍卫世界和平这样的慈善活动领域，其受益对象可以理解为"全人类"。因此，慈善活动领域的界定与分类的背后总是隐含着对受益对象的界定与分类。

慈善行动及其活动领域的受益对象往往又分为直接受益对象和间接受益对象。如一些环保行动的直接受益对象是生态环境，而生活在其中的人及人类则是间接受益对象；环境教育项目的直接受益对象是某个人或某群体，而间接受益对象则可能是生态环境或人类。慈善行动的具体受益对象是谁，取决于慈善行动具体的解决方案和工作方式。

本章将慈善的受益对象分为三大类：第一类是人，包括个体、群体、全人类；第二类是生态环境，包括自然资源、自然环境与动物；第三类是慈善体系，包括慈善行业、慈善组织、慈善从业人员、志愿者。

（一）人

根据基金会中心网的分类，受益者包括弱势群体、教育系统人员、从业人员、农民、见义勇为人员、境外人员、民族及宗教人士、无特定指向。其中，弱势群体主要包括婴儿、幼儿、儿童、青少年、老年人、经济困难者、残疾人、疾病患者、灾民、妇女、社会矫治人员等群体，涵盖了"老、弱、病、残、幼"。教育系统人员主要包括教师和学生，学生包括中小学生、大学生等。境外人员主要包括海外侨胞、归国华侨和其他境外人员。

农民包括农民工和务农人员。民族及宗教人士主要是指少数民族和宗教人士。无特定指向是指将资金捐赠给组织、机构而未指明特定的受益群体，即捐赠给任何可能需要帮助的人。从业人员包括公益行业人员、医务人员、科研学者、文体艺术人员、军警司法消防人员、职工、党政机关人员、创业青年和其他行业人员。

表 10 - 1 呈现了 2013~2015 年全国范围内基金会的受益对象分布和资金投入分布。从中可以发现：其一，从项目数量分布看，"教育系统人员"、"无特定指向"、"弱势群体"、"从业人员"（主要为科学研究、文化艺术、卫生保健等行业的从业人员）是基金会开展慈善行动的主要受益群体，且面向他们的慈善项目数量均呈增长趋势。其二，从资金总投入看，基金会以"弱势群体"、"教育系统人员"、"无特定指向"、"从业人员"为受益对象的项目资金总投入远高于以其他群体为受益对象的项目资金总投入。其三，从项目平均资金投入看，基金会以"弱势群体"为受益对象的项目平均投入遥遥领先。

表 10 - 1　2013~2015 年中国基金会的受益对象和资金投入分布

针对的受益群体	2013			2014			2015		
	项目量（个）	平均投入（万元）	总投入（万元）	项目量（个）	平均投入（万元）	总投入（万元）	项目量（个）	平均投入（万元）	总投入（万元）
教育系统人员	1037	385.2	399501.1	1209	336.6	406929.6	1318	318	419146.3
无特定指向	794	362.1	287566.8	957	256.9	245900.8	1109	236.8	262657.6
弱势群体	652	1035.3	675021.9	691	759.7	524959.5	865	717.7	620788
从业人员	455	263.5	119879.1	505	303.1	153048.5	670	338.4	226760.8
农民	57	282.3	16094	67	457.9	30680.2	58	507	29405.7
民族及宗教人士	17	84.8	1442	21	310.9	6528.3	15	108	1619.7
境外人员	8	322.2	2577.8	39	43.9	1712.1	66	83.7	5522.3
见义勇为人员	9	227.1	2043.5	12	196.6	2359.5	12	211.6	2539.6
总量	2929	494	1446690.5	3567	378.8	1351181.2	3968	385	1527598.1

注1：数据来自基金会中心网。

注2：鉴于单个项目或有多个受益群体，为保证统一口径，采取重复计算的方式，因此数据整体上的绝对值偏高。

总体而言，"教育系统人员"、"弱势群体"和"从业人员"是中国基金会的主要受益人群，基金会面向他们开展的项目数量及投入的资金量相对较高。例如，2013～2015年，基金会以弱势群体为受益对象的投入占其总投入的比例分别为46.7%、38.9%、40.6%。以农民、境外人员、民族及宗教人士、见义勇为人员等为受益对象的项目数量少，资金投入少。"教育"总是与儿童、青少年、贫困等关联在一起，它们是古今中外慈善的永恒主题。在中国，教育更是与国家富强、民族未来绑定在一起。因此，教育类项目长期以来持续获得巨大的关注与支持完全不足为奇。慈善领域所指的"弱势群体"主要为"老、弱、病、残、幼"群体，他们是慈善项目分布与资金投入的另一关键目标群体。困难群体与弱势群体是慈善领域最为迫切的关注群体，也最易唤起社会公众的恻隐之心，并激发相应的慈善行为。目前，国内针对儿童、青少年、妇女、身心障碍者等不同弱势人群，均有专门的大型慈善组织与项目进行对接，典型机构及项目如中国青少年发展基金会的"希望工程"、中国儿童少年基金会的"春蕾计划"、中国妇女发展基金会的"母亲水窖"、中国残疾人福利基金会的"助听行动"等。这类受益对象及其解决方案、运作方式也是政府乐意接受、大众易于认同、企业愿意支持的。

（二）生态环境

保护生态环境也是现代慈善的重要议题。中国大量环保人士、志愿者、民间环保组织、企业基金会、企业、媒体等投入到生态环境的保护之中（见例10-1～例10-3）。

保护生态环境属于典型的公共物品，市场不能提供有效供给，需要政府和慈善组织的积极参与。20世纪80年代以来国际上形成的声势浩大的企业社会责任运动对中国企业造成了广泛影响。中国政府也越来越关注生态环境问题。这样一来，以生态环境为受益对象的慈善行动获得了越来越多的支持。

例10-1 "大学生志愿者千乡万村环保科普行动"是由中国环境科学学会自2003年发起，环境保护部、中国科协和科技部共同支持开展的大型农村环保科普公益活动。活动着眼于环保科普资源极其短缺的广大农村，以全面推进农村环境综合整治为切入点，以大学生志愿者为活动主体，以农民为主要科普对象，将环保科普与农村生态环境建设、致富增收相结合，引导广大农民建立科学、文明、环保、健康的生产和生活方式。①

例 10 - 2　阿拉善生态协会成立于 2004 年 6 月 5 日，协会汇聚来自不同区域、不同行业、不同所有制的企业家们参与、推动中国荒漠化防治及民间环保行业发展。协会会员由发起时的 80 人发展至 2016 年 8 月的 579 人。会员可以在协会搭建的平台上"深度体验"形式多样的环保行动，协会将"知行合一"加入到可持续经营哲学的互动式学习中，以"身体力行"推动企业绿色经济转型以及企业家的"自我更新"。②

例 10 - 3　苏州工业园区绿色江南公众环境关注中心以监督工业污染排放，推动企业清洁生产，推动品牌绿色供应链采购，主动承担社会责任为己任。2018 年绿色江南年报显示，该年度中心开展公益污染源实地调研 150 多次，向各地环保局递交 42 份调查报告，报告涉及环境问题全部得到落实整改，直接撬动约 1.22 亿元资金用于污染治理和整改；同年，中心发布的《圣象地板："绿色产业链"是否名副其实？》《供应链再现更严重污染，小米 IPO 涉嫌披露违规》等，推动企业积极落实整改，帮助企业可持续发展。③

基金会中心网统计的注册地在北京的"环境保护"类基金会（包括全国性基金会和北京市基金会）的数量和项目支出数据显示，2008 ~ 2016 年，环保类基金会数量逐年递增，由 2008 年的 31 家增至 2016 年的 96 家；而环保类基金会的项目支出也呈现出明显的增长态势（见图 10 - 1）。

---

① 《大学生志愿者千乡万村环保科普行动》，https://edu.qq.com/zt2012/2012hbkp/，最后访问日期：2020 年 6 月 22 日。
② 依据阿拉善生态协会官网资料整理，http://www.see.org.cn/，最后访问日期：2019 年 12 月 4 日。
③ 苏州工业园区绿色江南公众环境关注中心，http://www.pecc.cc/，最后访问日期：2020 年 6 月 22 日。

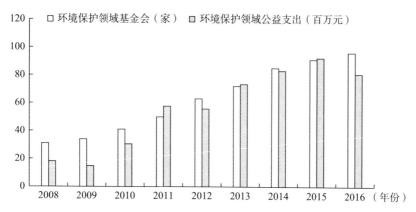

图 10-1 2008~2016 年"环境保护"类基金会数量和项目支出变化

资料来源：基金会中心网。

生态环境保护包括自然保护和动物保护，自然保护则包括自然环境保护和自然资源保护。根据基金会中心网的数据，2015 年中国的基金会投入到自然保护的项目支出为 2.15 亿元，其中，支出占比由高到低的细分领域为：植树造林、其他、草地管护、替代资源开发、自然保护区建设、特种多样性保护、宣传表彰（见图 10-2）。

			草地管护 7.58%
	其他16.11%		
			特种多样性保护5.21%
植树造林54.50%	替代资源开发6.64%	自然保护区建设6.64%	宣传表彰3.32%

图 10-2 2015 年基金会"自然保护"领域公益项目支出分布

注：其他包含水资源保护、动物保护、示范地建设、论坛等。

资料来源：基金会中心网。

经历多年发展，以生态环境为受益对象的慈善组织或志愿者已经探索出大量成熟、专业的工作手法和策略。他们有能力、有方法，尽管时至今日能撬动的各类资源非常有限，但是生态环境获益明显。各慈善主体通过直接服务（如环境教育、信息披露等）和公益倡导（如世界自然基金会应对气候变化提出的全球性节能活动，国内广泛参与）影响不同的利益相关者参与到生态环境保护中。其中，环保公益诉讼被认为是高难度、高收益，也是被寄予厚望的环保策略。2015 年新《环保法》出台之前，提起公益诉讼令公益组织最为头疼的是缺乏主体资格，2015 年后作为符合环境公益诉讼主体资格的社会组织达到了 700 多家。然而，环境公益组织自身的专业性和取证成本是一直以来存在的问题，取证能力有限，不利于公益诉讼的有效开展。专业性问题、资金困境，也是众多环保组织、环保人士面临的极为现实的问题。尽管如此，也未能阻止人们参与环保的热情和大量环保行动。在中国，以自然之友、中国生物多样性保护与绿色发展基金会等为代表的环保组织，通过递交申请书、信函、会谈、公益诉讼等方式推动政策完善，推动立法，保护环境受损者的利益，促进生态功能的恢复（见例 10 - 4）。

例 10 - 4　由民间环保组织"自然之友"和福建省绿家园环境友好中心作为共同原告于 2015 年 5 月 15 日提起的环境公益诉讼案在福建南平中院开庭审理，成为新《环保法》实施后的全国首例环境公益诉讼案件。同年 7 月《检察机关提起公益诉讼改革试点方案》发布，环境诉讼案件大幅增长。2015 年 1 月 1 日至 2016 年 12 月 31 日，全国法院共受理社会组织提起的环境公益诉讼一审案件 112 件，审结 54 件，案件数量与 2015 年之前年均 8 件相比有了大幅增长。案件类型也更为多样，涵括大气、水、土壤、海洋、森林、濒危植物保护、人文遗迹、自然保护区、乡村等多个环境要素的保护，涉及地域也由原先集中在三四个省份扩展至 21 个省、自治区、直辖市。[①] 截至 2017 年 6 月，各试点地区检察机关在生态环境和资源保护、食品药品安全、国有资产保护、国有土地使用权出让等领域，共办理公益诉讼案件 9053 件。[②]

需要说明的是，在生态环境保护领域，不能仅从组织、项目数量和资

---

① 《最高法发布十件环境公益诉讼典型案例》，https://www.chinacourt.org/article/detail/2017/03/id/2573898.shtml，最后访问日期：2019 年 12 月 7 日。

② 《环境公益诉讼：需要的不仅仅是主体资格》，http://www.gongyishibao.com/html/yaowen/12131.html，最后访问日期：2019 年 12 月 7 日。

金投入等指标衡量生态环保类慈善活动的价值，因为该领域的大量个体性、群体性的志愿参与以及时间、精力和热情的投入都是难以测量的，而且它们对于推动作为一种生活方式的"环保"以及促进个人的全面发展是至关重要的（见例10－5）。

例10－5 "地球一小时"提倡于每年3月最后一个星期六的当地时间晚上20∶30家庭及商界用户关上不必要的电灯及耗电产品1小时，以此来表明他们对应对气候变化行动的支持。2019年3月30日晚20∶30～21∶30，全球第13个"地球一小时"活动启动。广州市的行动备受关注。广州塔、西塔、东塔、中信广场等广州地标建筑都准时关灯，响应这一全球环保活动。广州凯德广场·云尚、天河城、正佳广场、华润万家、香格里拉大酒店、中国大酒店、花园酒店等商场和超市主动响应活动，很早便制订了方案，关闭部分照明。不少市民表示，"地球一小时倡导节能环保、低碳生活，除了关灯，我们还能做得更多。"①

（三） 慈善体系

慈善体系作为受益对象，表现为慈善行业中的从业者、慈善组织以及整个慈善体系获得支持。以基金会中心网所统计的在民政部登记注册的基金会投入到公益投资、公益行业发展的项目数量及资金额度为例，2013～2015年，无论是项目数量还是资金投入额度均处于较低水平（见表10－2）。公益投资方面的项目数量每年来只有1～2个，资金投入120万～320

表10－2 2013～2015年在民政部登记注册的基金会资助慈善体系的项目数量与资金投入分布

单位：个，万元

类别/时间	2013		2014		2015	
	项目数	资金投入	项目数	资金投入	项目数	资金投入
公益投资	1 (0.07%)	120 (0.01%)	1 (0.05%)	220.00 (0.02%)	2 (0.10%)	315.99 (0.02%)

① 《"地球一小时"昨晚约起！》https：//finance. sina. com. cn/roll/2019 － 03 － 31/doc － ihtxyzsm 1918870. shtml，最后访问日期：2019年12月7日。

类别/时间	2013		2014		2015	
	项目数	资金投入	项目数	资金投入	项目数	资金投入
公益行业发展	49 (3.30%)	7304.41 (0.55%)	34 (1.85%)	10289.98 (0.76%)	48 (2.43%)	21289.67 (1.56%)

资料来源：基金会中心网。

万元，占比均低于0.1%。对公益行业发展的关注度相对较高，2013～2015年，在公益行业发展方面开展的项目数量占比在3%左右，资金投入占比从2013年的0.55%升至2015年的1.56%。

慈善基础设施是慈善领域的公共物品，建设周期长、投入规模大、见效慢，需要长期建设和连续投入。目前中国的慈善基础设施建设尚处于初级阶段，建设者少，经验更少。此前，境外在华组织在这方面的投入较多，也较有策略，行动也较为系统，如福特基金会、亚洲基金会等开展的能力建设和行业发展项目，美国麦克利兰基金会支持的慈善行业及慈善组织的公信力、治理、领导力、资金发展的系列培训。实际上，时下正在热热闹闹进行的行业基础设施建设，并未超越早期国际组织开展的同类活动。好在还有为数不多的机构，多年来一直尝试建设"局部性"的基础设施，有的集中于某个领域，有的集中于某个地区（见例10-6、例10-7）。

例10-6 "爱佑益+"项目拥有"益+创想""益+创客""益+伙伴""公益VC支持计划""协同支持计划""创新公益领袖支持计划"六大资助产品。项目最早启动于2013年。资助覆盖领域广泛、多元（目前覆盖8个公益大类，97个子领域），致力于为社会组织提供定制化资金、资源拓展、战略指导、管理（人力资源、财务、IT）辅导、品牌活动等多方面支持，帮助建立更有效的组织，产生更为深远的社会影响。其中，"益+创想"计划是资助期的第一个阶段（入口阶段），资助金额3万元～5万元/年，资助周期3年；资金使用非定向。资助对象中优先资助：新兴领域、技术创新、模式创新者。其中，"益+创客"资助金额10万元/年，资助周期3年；资金使用非定向。资助对象中优先资助：业务领域覆盖行业空白，或与公众生活贴近；业务模式创新，业务范围可延伸至轻公益属性；公众动员能力强，或持续活跃在公众视野；公益绩效表现良好。而"益+伙伴"资助金额30万元/

年，资助周期 3 年；资金使用非定向。资助对象中优先资助：在某一公益领域内具有巨大的社会影响力；组织主营业务属于需求巨大的空白领域，前期时间已收到良好效果；组织业务模式清晰，可复制。①

例 10-7　成立于 2008 年的阿拉善 SEE 基金会致力于资助和扶持中国民间环保 NGO 的成长，打造企业家、NGO、公众共同参与的社会化保护平台，可持续地保护自然生态环境。基金会自成立以来，已开展"绿色领导力培训""机构资助""创绿家""劲草同行"等项目。例如，创绿家项目从 2012 年起启动到 2018 年 8 月，共资助了 277 个初创期环保公益组织，资助总额超过 2700 万元。这些创绿家们分布于全国 31 个省份和地区，活跃于生态保护、污染防治、环境教育、食品安全与环境、企业 ESG 可持续发展、绿色金融、垃圾减量等多个环保议题，项目对组织发展、行业建设发挥了重要作用。②

毫无疑问，慈善行业建设十分重要，但是对于慈善行业的资助，还是要把钱花到正地方，要"省吃俭用"，不能"大手大脚"。慈善行业是慈善资源的"传输者""转换者"，把慈善服务和慈善产品高效率地传送到受益者手中是其基本职责。如果"利用职务之便"将"过多的"资源用于自身消耗，尤其是一些毫无必要的活动，那就违背了慈善的宗旨，势必严重损害慈善行业、慈善组织和从业者的声誉及合法性根基。例如，近年来自娱自乐式的评选、颁奖、庆典越来越多，场面越来越光鲜华丽，对铺张浪费不以为然，而且行业内部毫无反省，更谈不上警醒。再如，一些面向慈善机构高管的培训项目收费越来越高，华而不实，于组织和行业发展实无大用，但是，由于高管们可以自己给自己批学费，用慈善资金修饰自己的履历表，此类实为劳民伤财的项目反而势头强劲，前景十分看好，这不能不说是一种本末倒置。回归正途，避免舍本逐末、自我循环、自娱自乐，不断提高慈善系统运行效率，才是慈善行业资助自身建设的正确目标和正确道路。

---

① 爱佑益+多维度公益资助项目，http://www.ayfoundation.org/cn/gongyi/106，最后访问日期：2020 年 6 月 22 日。
② 阿拉善 SEE 基金会，http://www.see.org.cn/Foundation/Article/Detail/26，最后访问日期：2020 年 6 月 22 日。

（四）评述

什么样的人应该得到帮助？哪些问题应该得到解决？此类问题的答案，取决于社会的价值观、社会分化的程度、社会冲突的烈度、各阶层力量对比关系，也取决于经济发展水平以及政府的政治意愿和财政能力，还与慈善系统的能力密切相关。

过去十年，中国慈善的受益对象呈现了明显的变化趋势，反映了中国慈善事业的心胸、抱负、视野、能力的全面发展。其一，受益人群丰富多样，囊括了困难家庭成员、学生、教师、大病与疑难病患者、残疾人、灾民、见义勇为者、警察、婴幼儿、儿童、青年、妇女、社区居民、老年人、外来务工者、科技人员、医务人员、农村居民、志愿者、第三部门从业者、同性恋群体、少数族裔、宗教人士、服刑人员、艾滋病毒感染者、企业经营者、文化工作者、党政干部、侨眷、境外人员等多元群体。受益人群也在不断扩大，诸如服刑人员、同性恋、抑郁症患者等特殊的、小众的群体也被纳入受益者的范围。但是，首要的受益人群还是社会公认的"弱势群体"。政府引导的慈善侧重于为特殊困难群体提供最基本的生存保障。其二，对生态环境的关注和投入持续增加。随着空气、水、土地等污染的加重和生态环境的整体恶化，中产阶层的崛起，以及国家发展战略的改变，"生态环境"受到越来越多的重视。其三，对慈善体系的关注和投入增加。以慈善从业人员、专业慈善组织、慈善行业为直接受益对象的项目，受到的关注、得到的投入都在逐年增加。

中国慈善的受益对象的界定与选择还将持续改变。受益人群的范围还会继续扩大，原来被忽视、被排斥的人群将不断被纳入其中。对生态环境的重视程度将会越来越高，越来越多的资金、物资以及公众的关注、参与和志愿服务会投入其中。随着慈善行业的发展壮大，对慈善行业的投入也将加大，慈善行业基础设施建设、慈善组织专业能力建设、慈善行业从业人员待遇改善将会得到更多的关注和投入。

十一　行动主体

本书根据三个维度对主体进行分类，一为组织化程度，二为注册身份，三为注册地。根据主体的"组织化程度"，将其分为"组织类主体"和"非组织类主体"。根据主体的"身份"，将其分为"民间主体"和"官方主体"。根据主体的"注册地"，将其分为"境内主体"和"境外主体"。"非组织化/组织化"体现传统与现代的分野，也体现互联网革命的成果；"民间/官方"反映中国政治的独特影响；"境内/境外"显示全球化的现实（见表 11-1）。

表 11-1　行动主体分类

分类维度	境内（中国大陆）		境外（港澳台及国外）	
	民间	官方	民间	官方
非组织类	志愿者 社会精英 普通公众	官方注册志愿者 公务员 党员 军人 国企员工 事业单位员工	境外志愿者 宗教人员	驻华外交官 来访官员
组织类	专业慈善组织 社区服务组织 中层组织 联盟 伞型组织 孵化器 平台 虚拟组织 本土企业	枢纽型组织 官办慈善组织 基层社区组织 基层党组织 国企 事业单位 政府机关	INGO 跨国公司	外国政府 驻华使领馆 外国政府支持的 INGO 政府间组织

（一）个体行动者

个体参与慈善活动的主要形式，一是捐钱、捐物；二是无偿提供服务，即捐献时间和技能；三是策划、组织、实施完整的慈善行动。需要说明的是，他们与慈善组织中的"从业者"不同，他们是"业余的""兼业的""不领工资"的慈善行动的参与者。

个体化的、自发的慈善活动非常广泛，民间慈善组织和政府都希望将其纳入自己的组织体系之中，而且为此持续付出努力，并取得了显著的成效。有鉴于此，本书将个体行动者分为"自发行动的个体"和"官方动员的个体"。

参与慈善活动的个体，各自拥有的影响力差异巨大，考虑到这一点，本书将他们分为"志愿者""社会精英""普通公众"。其中，志愿者指在专门的注册平台正式注册并获得正式志愿者身份的个体；社会精英主要包括明星、意见领袖、企业家等社会影响力较大的个体；普通公众指没有正式注册为志愿者、非精英、积极参与慈善活动的人们。

1. 自发行动的个体

志愿者

不少民间慈善组织均开通了独立的志愿者招募和注册平台。这些独立平台，有的组织化程度高（见例11-1），有的近乎无组织；有的有政府背景，有的是纯民间的（见例11-2）；有线上的，也有线下的（见例11-3）。这些平台均有一套志愿者管理、培训的制度，帮助志愿者更好地提供服务，同时也促进志愿者个人能力的提升（见例11-4）。不同的平台围绕其特定的组织目标，吸引、招募不同类型（兴趣、专长、专业性程度等）的志愿者，服务的对象及领域（扶贫济困、救援、心理、教育、环保、文化、体育、劝募等）也不同（见例11-5）。

例11-1　传化慈善基金会安心驿站项目是国内首个面向3000万卡车司机的公益产品，助卡车司机"车安·家安·心安"。根据卡车司机98%使用智能手机、活跃在线上的特征，安心驿站创建"互联网+

社区运营"模式，开发专属App"传化安心驿站"，为卡车司机中的公益领袖、骨干实现自我组织、自我管理和自我发展以及公益资源配置、赋能搭建综合性公益平台，构建了以互助为核心、线上线下联动的公益网络。至今，在全国28个省、自治区、直辖市，已累计组建驿站412个，覆盖和影响卡车司机20万；已有435万+次线上互助，4000+人次线下救援，4800+人次公益行动。[①]

例11-2　和众泽益志愿服务中心主要推动企业志愿者服务，一方面通过倡议企业成立企业内部志愿者协会/团队，一方面通过企业志愿家庭模式倡导企业员工志愿者及其家庭参与到当地的志愿服务活动中，如迪士尼、强生等企业员工在参加"爱在后备箱"等志愿服务活动中很多都以"志愿家庭"的形式出现。每年约有30万名志愿者，通过中心的支持开展千余次志愿服务活动，直接受益人约100万人次，间接受益人达1000万人次，贡献志愿时长约200万个小时，创造年度社会价值约折合人民币5000万元。[②]

例11-3　越野e族是一个全国性的超级俱乐部，志愿者主要由俱乐部会员组成。凭借独有的群体文化，越野e族吸引了上百万事业成功、向往自由、推崇挑战与团队精神的高端人群加入。越野e族从论坛起家，是论坛互动加线下活动模式。该论坛属性为自治的、非营利的、互益型车友俱乐部——网络平台（组织）。互联网+之后，越野e族App为越野爱好者提供了互动平台，这里除了丰富多样的资讯内容之外，还为用户设计、组织、链接了各种有趣的活动，用户可以参加自己喜欢的活动，与大家一起分享越野的乐趣。每年越野e族会员发起的活动超过万场。已拥有600万活跃用户，辐射人数超过6000万。影响力遍及全球。俱乐部成员组成"e族救援队"，队员之间通过网站、车载电台、App等方式建立联系，在全国各地开展应急救援、救灾、为贫困学校捐赠、运送爱心物资等救援工作。自2005年后，越野e族每年有

---

①　传化慈善基金会，http://transfarfoundation.org.cn/，最后访问日期：2019年11月9日。
②　《中国发展简报》，http://www.chinadevelopmentbrief.org.cn/org519/，最后访问日期：2019年11月9日。

规模有记载的活动超千次，成为中国影响力最大的自发性民间组织。[①]

例 11 - 4　北京红枫妇女心理咨询服务中心定位为以志愿者为主体的组织。红枫中心开展的主要研究和服务，都是在志愿者的参与下完成。红枫中心于 1992 年开通中国第一条妇女热线，热线咨询员主要由志愿者组成，其中也包括一些专家、学者等。他们都是经过申请、培训、实习等阶段后成为咨询员的。志愿者获得督导的支持与指导，每月在督导的带领下，分成小组参与案例研究、朋辈相互帮助的活动，实现助人自助、不断成长。[②]

例 11 - 5　"友成常青义教"项目是由友成基金会发起，动员组织城市优秀退休教师以志愿者身份到贫困地区学校进行教育管理和教学水平提升的造血志愿者服务项目。"常青义教"依托友成志愿者驿站和各地合作的组织及单位，撬动"老""富""闲""能"社会资源服务于贫困地区教育事业。从 2011 年至 2016 年 11 月，常青义教造血型支教项目点从广西扩展到内蒙古、云南、安徽、河北、重庆、陕西、江西 8 个省（区、市）22 个县，共招募志愿者 3814 人，定点在 494 所乡镇学校开展常青义教活动，共开展志愿服务 433090 个小时，受益教师 94826 人次，受益学生 1347699 人次。[③]

在志愿者中，青年人群尤其是大学生群体热情高、积极性高，在志愿活动中发挥着越来越重要的作用（见例 11 - 6）。大学生不仅参与其他社会组织发起的项目，而且越来越多地自己发起项目，从项目设计到项目实施，都由大学生自主独立完成（见例 11 - 7）。

例 11 - 6　中国扶贫基金会的"善行 100"是全国性志愿者倡导活动，倡导大学生志愿服务 100 小时、商场提供场地 100 小时、公众捐赠

[①]　越野 e 族论坛，http://bbs. fblife. com/forum. php，最后访问日期：2019 年 11 月 9 日。

[②]　北京红枫妇女心理咨询服务中心，http://www. maple. org. cn/index. php？s =/Content/view/navno/10. html，最后访问日期：2020 年 6 月 22 日。

[③]　友成基金会，http://www. youcheng. org/project_ detail. php？id = 151，最后访问日期：2019 年 11 月 9 日。

善款 100 元。大学生志愿者利用周末到邮局和商超等公共场所开展公益宣传和劝募，汇聚全社会爱的力量，关爱贫困地区小学生。截至 2019 年 6 月，"善行 100" 已经开展活动 15 期，全国 126 个城市、297 所高校、39.4 万大学生志愿者参与，累计为贫困地区、灾区小学生筹集善款 7566.24 万元，60 万名小学生受益。①

例 11 - 7 那山成长营起源于 2008 年 "5·12" 地震后的帐篷学校，由最初的课业辅导和简单的素质拓展活动发展为提升北川困境留守儿童综合素质的教育项目。10 年时间，那山成长营招募来自全国各地 2000 多名志愿者服务北川困境留守儿童 3000 人次。1000 多个困境家庭受益，营员覆盖北川 36 所学校，400 多位爱心人士通过营会为北川困境留守儿童提供资助。该项目获得第三届中国青年志愿服务项目大赛金奖。②

社会精英

无论是企业家、明星（见例 11 - 8），还是意见领袖、科学家（见例 11 - 9），社会精英的共同特点是拥有更高的社会地位和社会关注度，占有资源丰富、曝光度高、影响力大，其社会奉献意识、情怀以及对民生的关注和对社会的思考会产生普通人不可比拟的影响。社会精英做慈善，有利于传播慈善理念，影响舆论，推动议题设立，激发人们参与慈善的积极性。社会精英参与慈善的方式，不限于捐款、捐物、捐时间、成立慈善组织，更为重要的是利用他们的影响力影响大众、撬动资源（见例 11 - 10）。一些发达地区和城市（如北京、上海、广东、浙江）是社会精英最为集中的地方，也是社会精英参与慈善活动最活跃的地方。近些年，社会精英参与公益日渐普遍，也日渐专业，为慈善领域引入了新的视角、思维、策略与方法。

例 11 - 8 姚明和好友纳什 2007 年在中国携手举办 "姚纳慈善赛"，第一次把篮球慈善义赛的创新方式带入中国，取得了轰动的社会公益效应。2008 年 5 月 14 日，姚明发起姚基金，在中国青少年发展基

---

① 中国扶贫基金会，http://www.cfpa.org.cn/project/GNProjectDetail.aspx? id = 43，最后访问日期：2019 年 11 月 13 日。

② 《那山成长营丨那人·那山·那些事》，http://zgzyz.cyol.com/content/2017 - 08/03/content_ 16359087.htm，最后访问日期：2020 年 1 月 10 日。

金会架构下设立专项慈善公益基金，致力于助学兴教，促进青少年的健康与福利。《2017 姚基金年度总结报告》显示，姚基金截至 2017 年组织开展的"篮球季"公益活动已连续 6 年举办，与全国 13 所高等院校合作，在全国 25 个省 447 所学校开展为期 2~3 个月的校园篮球支教活动，并教授体育课，指导篮球技术，同时捐赠了篮球器材、运动装备等硬件。2018 年，北京姚基金公益基金会成立。①

例 11-9　由 12 位中国科学院、中国工程院院士于 2019 年 2 月共同捐款发起的"院士博爱基金"在北京成立。这是中国首个由两院院士集体发起成立的专项公益基金。首倡者是清华大学教授、中科院院士、南开大学前校长饶子和。"院士博爱基金"的成立意味着中国知识界作为一个群体和慈善事业联合起来，"院士博爱基金"的成立是中国公益事业的一起标志性事件。"院士博爱基金"重点支持儿科、老年医学以及罕见病治疗、灾难医学、急救医学的建设和发展，加强红十字会"人道公益服务供给侧能力建设"。②

例 11-10　凤凰网公益主编孙雪梅与全国百名女记者联合多家媒体单位于 2013 年 6 月 1 日发起"女童保护"公益项目，致力于普及、提高儿童自我保护和防范意识，保护儿童，远离性侵害。截至 2019 年 4 月，孙雪梅等人发起的"女童保护"面对面授课覆盖儿童超过 293 万人，家长超过 52 万人。定期进行的线上培训和讲座，各个平台上有上千万网友参与。③

《2019 中国慈善企业家榜》显示，许家印捐款金额高达 40.7 亿元，排名第一。马化腾以 10.8 亿元位居第二。紧随其后的是杨国强家族、李彦宏马东敏夫妇。榜单中有 42 位企业家捐款过亿元。其中，广东的企业家数量

---

① 《中美明星球员亮相 2019 姚基金慈善赛》，http://sports.cctv.com/2019/08/04/ARTIiY4NMfVOO79KLT7rgMpF190804.shtml，最后访问日期：2020 年 6 月 22 日。
② 《科学家客串慈善家为公益事业带来"院士+"》，http://news.sciencenet.cn/htmlnews/2016/4/342669.shtm，最后访问日期：2019 年 11 月 7 日。
③ 《孙雪梅在"女童保护"六周年讲话：梦想，与你同行》，https://gongyi.ifeng.com/c/7mzxCVAzizo，最后访问日期：2020 年 6 月 22 日。

和捐赠总额持续保持第一位，共有 26 位入选，捐赠总额 88.13 亿元，占榜单捐赠总额的 54%；企业家地区分布其次为北京、上海，分别有 17 位、9 位。[①] 广东的企业家捐赠大多有浓厚的回馈家乡的传统。另外，房地产、互联网行业的企业家是近些年新兴的捐赠者。企业家们的捐赠主要用于扶贫、教育等传统慈善领域。

近些年，影视明星参与慈善成为时尚，并形成了独特的策略和效益。作为广受普通大众关注的群体，他们充分利用各种媒介参与、传播慈善，无论是动员能力、行动能力、捐赠额度，还是他们背后数以亿计的粉丝响应和支持，都进一步推动慈善进入大众视野，正面引导和示范效应明显。影视明星慈善也大多与成熟的慈善组织合作，借助慈善组织的专业性、组织体系、公信力，提升项目的实际效果和自己的社会形象。此外，明星慈善也日渐步入组织化、专业化，如韩红发起成立北京韩红爱心慈善基金会，袁立发起成立针对尘肺病患者进行救助的上海袁立公益基金会。

普通公众

传统文化塑造了中国人的慈善基因。对中国慈善事业贡献最大的，不是那些耀眼的社会精英，而是普普通通的中国人。作为群体，他们贡献最大比例的捐款、最大份额的志愿服务时间，同时也在最大限度地传播着中国的慈善文化。作为个体，他们默默无闻，名字不见于媒体，也难以被慈善历史所记载，但他们是支撑慈善森林的最坚实的大地。参与公益的普通公众，也许互不相识，但他们并不孤立，他们因利他、经由各类慈善活动而连接起来，彼此信任，甚至相互协作。他们拉近了人与人之间的关系，建立了无形的社会信任网络。他们也以自己的行动在影响、感染着周围的每个人（见例 11 - 11）。无论是重大灾难中社会捐款的暴发性集聚，还是日常生活中人与人之间的关爱（见例 11 - 12），都是大众慈善参与和贡献的"显著"证明。实际上，正是因为有了这些具有利他精神和奉献意识的普通个体的支撑，慈善事业才能兴旺发达，行之久远。在传统慈善模式中，普通公众参与慈善的"圈子"局限于地缘、业缘等，互联网时代，普通个体通过网络可以随时随地为远在天边的陌生人捐献爱心，也能够通过网络组

---

① 《2019 中国慈善企业家榜》，http://finance.sina.com.cn/roll/2019 - 04 - 16/doc - ihvhiqax
3032514.shtml，最后访问日期：2019 年 4 月 16 日。

织团队，为需要的人提供力所能及的帮助。这些行动有时会产生广泛的影响（见例 11 - 13）。

例 11 - 11　2013 年 1 月初，北京一群因参加培训而结缘的来自金融、广告、保险行业的中青年人组成 IN_ 33，其中三位成员生发出号召："从我做起，今天不剩饭"。1 月 10 日，提议设"光盘节"，"光盘"成为代号。16 日"光盘行动"在某餐厅举行启动仪式，通过发微博、发放宣传单，短短一周影响千万人。之后，"光盘行动"蔓延全国。商务部、中央文明办联合发文响应，引导全社会大力倡导绿色生活、反对铺张浪费。①

例 11 - 12　陶玉珍，北京市朝阳区团结湖街道团结湖三四条社区居民，原朝阳区工会干部。退休 20 多年的陶玉珍几十年如一日地投身于助人为乐、关爱"空巢老人"的事业。她的日记本上写的都是空巢老人的病情、心情，记录的都是她照顾老人的故事、细节。退休后，陶玉珍成为"司堃范爱心工作室"第一批志愿者，30 年间为 10 余位空巢老人带去温暖；她担任社区"帮困助学"互助会骨干成员，积极参与扶贫济困献爱心活动，十余年来陆续为灾区、贫困户、帮困助学捐资 5000 余元。②

例 11 - 13　钢子（新浪微博名称）被称为全民慈善的示范者、推动者。他自始至终没有公开过自己的真实姓名和身份。自诩为无声的行善侠客，助困济贫毫不吝啬。他在微博出现的时间并不长，却在微公益平台上成为第一位单次捐款超过 100 万元的人，该平台上显示他的捐款达 550 多万元。他也是支付宝早期公开寻找的最神秘的"网络首善"。他所使用的支付宝账户几年来每天一直持续一个行为：为山区儿童和孤寡老人捐款。他相信，永恒的善良是社会稳定与国家富强的基本因素，"中国慈善需要的不是神，而是广大社会公众的点滴参与"。他发起"壹起捐"行动，还发展创建了"善行团"。2018 年，"善行团"已经拥

---

① 相关资料整理自网络。
② 《好人 365 |"好党员"陶玉珍从青丝到白发她要将志愿服务进行到底》，http://www.so-hu.com/a/124999970_349719，最后访问日期：2017 年 8 月 20 日。

有数百万成员，在全国各省市建立了百余个网络委员会，在美国、日本、韩国、非洲、意大利、俄罗斯、西班牙等国相继成立了相应国家的善行团总会。2016 年 5 月与中国华侨公益基金会合作成立善行团公益基金及国际善行团联络委员会。①

2. 官方动员的个体

群团组织动员的志愿者是中国慈善的一大特色。各群团组织自上而下利用自有的垂直体系，建立明确的招募机制、注册平台、组织机制、培训机制、激励机制，以期实现系统化、体制化。志愿者所参与的慈善活动均具有明显的官方色彩，一方面帮助政府有效地服务社会，另一方面也为慈善领域注入有生力量。

《中共中央关于加强和改进党的群团工作的意见》的发布为加强和改进党的群团工作制定了明确的法规，指明了群团工作的方向和目标。《意见》进一步深化群团改革，增强政府服务能力，群团组织的职责之一是切实保持和增强党的群团工作和群团组织的政治性、先进性、群众性，组织动员大众紧密团结在党的周围。政府政策明确指出，要从政府、市场、社会三者关系中正确把握志愿服务组织的发展定位，充分发挥志愿服务领域宽、渠道广的特殊优势，壮大志愿者团队。各群团组织利用自己遍布全国的组织体系，如工会、妇联、共青团充分动员各基层工会、妇联组织、团组织发展和招募志愿者，鼓励志愿者参与和群团组织自身职责相关的各类慈善活动。例如，工会动员职工志愿者送教、送医；妇联动员女性志愿者（"巾帼志愿者"）深入社区服务基层妇女儿童、家庭；共青团动员青年志愿者参与"关爱行动""西部计划""阳光行动""海外计划""暖冬行动""节水护水行动"。由群团动员的个体志愿者大多在其自有的体系和平台上登记注册，同时也与中国志愿服务网进行链接。

在社区层面，政府进行横向拓展，动员社区范围志愿者，通过扁平化、网络化的机制将志愿者组织起来。社区志愿者在社区实行的网络化管理中扮演着辅助社区干部开展工作的重要角色。各社区建立的网格化综合管理

---

① 《记"壹起捐"钢丝善行团创始人——钢子先生》，https://www.sohu.com/a/236419236_117600，最后访问日期：2019 年 11 月 18 日。

包括多个子网格，社区志愿者成为网格中的社会力量，主动辅助社区干部承担起布置社区网格阵地、宣传政策、服务社区的工作，成为社区的"好帮手"。社区可通过志愿者们第一时间发现问题、处理问题。例如，平安志愿者负责日常巡查、宣传工作，帮助收集居民意见；"尊老爱幼"社区志愿者服务社区孤寡老人；还有环保志愿者向社区居民宣传垃圾分类的理念，普及垃圾分类的方法，监督居民遵守垃圾分类的规定。社区志愿者在回应社区需求、改善社区服务质量、有效利用社区资源等方面具有独特的优势，他们在扶贫济困、教育、科学、文化、医疗卫生等领域，为困境家庭和弱势群体提供了有效的帮助。近年来，社区志愿服务发展呈现强劲势头，活跃在大街小巷的社区志愿者队伍在提升社会文明水平，满足社会服务需求，维护社会安全稳定、推动社会治理创新、加强精神文明建设、促进个人成长等方面作用日益突出。[①]

基层是志愿者与志愿组织的重要活动场域，中国按照培育发展和管理监督并重原则，积极推动多层次、多类型社区志愿者组织的孵化与发展。各地区的各区、街乡和社区基本建立起了社区志愿者协会、分会、工作站。以北京市为例，有8个区成立了社区志愿者协会或联合会，并在街道（乡镇）设立了分会。东城区和西城区的社区志愿服务组织（服务站）数量均超过1000家，其次为海淀区、房山区、门头沟区，社区志愿服务组织（服务站）均在500家以上。整体而言，在北京市民政局、市社区服务中心统筹下，北京已构建起市、区、街、居四级社区志愿服务工作体系，初步形成了覆盖城乡的社区志愿服务组织网络（见表11-2）。[②]

表 11-2　2015 年北京市部分区社区志愿服务组织建设情况

单位：家

区名	区级志愿者协会	街道（乡镇）志愿者协会（分会）数量	社区志愿服务组织（站点）数量
东城区	东城区社区志愿者协会	18	1287
西城区	无	16	1548
海淀区	海淀区社区义工联合会	29	570
丰台区	正在筹建中	16	313

---

① 北京市社区服务中心：《北京市社区志愿服务现状、问题及对策研究调研报告》，2017 年。

② 北京市社区服务中心：《北京市社区志愿服务现状、问题及对策研究调研报告》，2017 年。

续表

区名	区级志愿者协会	街道（乡镇）志愿者协会（分会）数量	社区志愿服务组织（站点）数量
石景山区	石景山区志愿者协会	9	156
门头沟区	门头沟区社区志愿者协会	13	542
房山区	房山区社区志愿者协会	24	576
顺义区	顺义区社区义工联合会	25	359
昌平区	无	16	192
怀柔区	怀柔区社区志愿者协会	1	319
延庆区	延庆区志愿者协会	17	46

资料来源：北京市社区服务中心《北京市社区志愿服务现状、问题及对策研究调研报告》，2017年。

政府对志愿领域的深度介入，既推动了志愿服务的发展，也带来了一些负面影响。《志愿服务条例》的颁布、全国志愿服务信息系统的建立、志愿服务发展纳入文明城市创建指标等举措，都有力地推动了志愿组织与注册志愿者数量的增长。但与之相伴而生的是志愿服务发展过程中的"注水""虚胖"现象，最典型的如注册志愿者数据，许多政府部门和事业单位的职工、各级学校的学生都在毫不知情的情况下"被注册"为志愿者。调查显示，官方的"注册志愿者的活跃率维持在20%～30%，而非注册类的志愿者活跃率反而更高，达到70%～80%"[1]。与此同时，还存在政府对志愿者的过度使用现象，官方举办的大型活动频繁使用所谓"志愿者"。近年来，"志愿者"名号被滥用的现象愈演愈烈，企业也不甘落后，例如"水滴筹"的"地推"人员，在医院"扫地"时，就穿着公司为他们专门制作的印着"志愿者"的工服。更有甚者，就连诈骗团伙的成员都披着"志愿者"马甲四处招摇撞骗。

随着社会大环境的转变，围绕社区志愿服务"政治化"、社区志愿者动员机制存在的动员主体行政化问题，政府部门进行了渐进式改进，以行政化＋社会化的模式推进社区志愿服务。例如，上海市政府针对社区志愿者提出强化顶层设计，明确社区志愿服务体系建设的目标定位：以制度化建设为根本，以实体化、社会化、专业化运作为导向，以信息化技术为支撑，

---

① 《1.2亿："虚胖"的注册志愿者——数量很多，参加活动者少之又少》，http://www.infzm.com/content/156990，最后访问日期：2019年12月14日。

逐步实现横向上站点建设全覆盖、纵向上四级网络全贯通，运行管理更高效、群众更受益的社区志愿服务体系。

（二）民间组织

参与慈善的民间组织，数量庞大、种类繁多，包括专业慈善组织，也包括联盟、平台、伞型组织等中层组织，也包括"有组织之实、无组织之名"的未正式注册的"组织"，还包括非国有企业。根据组织形态又可以分为实体组织和虚拟组织。

1. 社会组织

社会组织，包括社会团体、基金会、民办非企业单位三种登记类型。社会组织是非营利组织，有清晰的治理结构和组织构架，有明确的组织定位、使命、服务对象及服务领域。对在各级民政部门注册的社会组织的数量统计结果显示，近10年来，中国社会组织数量呈现稳定增长趋势，2019年基金会的数量是2010年的3.88倍，社会服务机构的数量是2010年的4.40倍，社会团体的数量是2010年的2.83倍（见图11-1）。

图11-1　2010～2019年在各级民政部门登记注册的各类社会组织数量

注1：2016年9月1日起施行的《中华人民共和国慈善法》将民办非企业单位改为社会服务机构，民政部统计时将"民办非企业单位"称为"社会服务单位"。

注2：该统计数据未包括免登记团体、未正式注册的组织，尤其是社区内、校园内存在的大量挂靠组织、兴趣团体，以及同乡组织等。

资料来源：《中国社会组织公共服务平台》，截止时间：2019年12月31日。

2. 社区服务组织

社区服务组织，既包括正式登记注册的社区社会组织，也包括不具备法人登记条件，而由街道办事处或者乡镇人民政府民政部门负责审查、备案的社区服务机构、志愿组织等。

近年来，在政府推动下，中国社区社会组织数量快速发展。《民政部关于大力培育发展社区社会组织的意见》规定，符合法定登记条件的社区社会组织，可以到所在地县级民政部门申请登记，其中符合直接登记条件的可以直接提出申请。民政部门要通过简化登记程序、提高审核效率、结合社区社会组织特点制定章程范本等方式优化登记服务。[①] 该规定为大量在社区开展慈善工作的社会组织提供了良好的发展环境。该文件还提出，"力争到 2020 年，实现城市社区平均拥有不少于十个社区社会组织，农村社区平均拥有不少于五个社区社会组织，并将支持社区社会组织承接社区公共服务项目"[②]，与之配套的举措包括"三社联动"、政府购买服务等。各地政府紧随其后，大力发展社区社会组织。数据显示，截至 2015 年底，全国共有社区便民利民服务网点 24.9 万个，社区服务志愿者组织 9.6 万个。社区服务机构、社区服务志愿组织的快速发展，极大地促进了中国慈善事业的发展和繁荣。[③] 一些地方的社区服务组织也发展迅速，截至 2017 年 4 月底，北京市有备案的、从事慈善活动的社区服务组织达 22035 个；截至 2019 年 2 月 19 日，浙江省在民政部门登记备案的社区社会组织超过 15 万个，平均每个城市社区有 13 个以上，农村社区有 4 个以上。[④]

近年来，社区基金会日渐兴起。2009 年，国内首家以"社区基金会"命名的千禾社区基金会在广州成立。此后，上海、深圳、南京等多地相继开展试点，社区基金会发展势头强劲。截至 2019 年 10 月，国内登记注册的

① 《民政部关于大力培育发展社区社会组织的意见》，2017 年。
② 《〈民政部关于大力培育发展社区社会组织的意见〉发布，2020 年每个城市社区社会组织不少于 10 个》，http://www.gongyishibao.com/html/zhengcefagui/13221.html，最后访问日期：2019 年 12 月 7 日。
③ 民政部等：《关于印发〈城乡社区服务体系建设规划（2016 - 2020 年）〉的通知》，2016 年。
④ 《浙江省重点培育四类社区社会组织》，http://www.chinanpo.gov.cn/3501/117055/index.html，最后访问日期：2019 年 12 月 19 日。

社区基金共有 158 家，大部分在上海、广东和江苏等沿海地区。[①] 社区基金会立足于本社区，运用本地资源解决本地问题，被视为社区"慈善枢纽"和"公益引擎"。它们以独立开展社区公益为路径，以公益资源调配为手段，推动社区居民和社会组织参与社区公共事务，提高社区居民生活质量、提升社区社会资本，实现社区美好生活。[②] 与之类似的还有设在街道和社区的"慈善专项基金"。以北京市民政局 2017 年发布的《北京慈善事业发展状况概述》为例，数据显示，全市 150 个街道全部建立慈善救助专项基金，181 个乡镇中 144 个已建立专项基金，覆盖率为 79.56%；全市 13 个区已实现所属街镇慈善专项基金全覆盖，其他各区也在稳步推进；全市各区专项基金 294 个，资金数额 12265.85 万元。[③]

由于社区本身行政色彩浓，政府对各种资源有极强的控制权力，社区缺乏有效的社会培育，从而尽管社区社会组织大量出现，它们在社区居民利益表达、开展慈善项目或活动，提供社区公共服务、构建社区居民的人际关系、信任网络方面发挥了积极作用，但是，社区社会组织更多在辅助政府开展工作。社区社会组织形式上的"非政府"身份的确与"政府"之间有着明确的界线，但是，其独立性、自主性、自治性不强，组织地位尴尬。再加上自身生存能力不足、主动发展的积极性不强，生存境地艰难。此外，其自身的社会公信力也有限。

在农村，社会组织数量很少，相对而言，根植在农村社区的社区服务组织更易成为农村社区的主要慈善主体，它们对农村的政治、经济、文化、社会的全面发展的重要性日益突出。然而，由于农村社区的独特性（村民自治意识比较薄弱、社区行政化明显），农村社区服务组织也存在独立性不强、资金/资源有限、组织自身发展的动力不足、社区成员参与不足、对社区需求回应不足的问题。

3. 中层组织

联盟、伞型组织、孵化器、平台等非营利组织形式，基本上可视为"组

---

① 《社区基金会"空壳"困境：数量快速增长，现实仍需培育》，http://www.infzm.com/contents/161273，最后访问日期：2019 年 12 月 19 日。
② 《社区基金会行业研究报告发布：147 家社区基金会，部分存在"空壳"现象》，http://www.infzm.com/contents/157983，最后访问日期：2019 年 12 月 19 日。
③ 北京市民政局：《北京慈善事业发展状况概述》，2017 年。

织的组织"。它们的"成员"、"服务对象"或"管理对象"均为慈善组织。

联盟是"结盟"的产物。联盟是由平等的成员自愿结成的组织。联盟也有"中心",一般经由某种民主程序产生,例如由联盟成员选举产生。联盟可以是正式的组织,也可以是非正式的组织(见例11-14、例11-15)。

例11-14 公益筹款人联盟由北京瑞森德筹款研究中心、南都公益基金会、深圳壹金公益基金会、中国扶贫基金会、浙江敦和慈善基金会等5家机构联合发起,是面向中国公益行业筹款专业人员搭建的交流平台。联盟致力于培养筹款专门人才;通过行业研究和倡导,提升筹款专业水平,推动筹款职业化发展。其中,每个成员之间的关系平等,均是筹款知识的生产和分享人,共同组成了一个专业筹款人的社群。[1]

例11-15 中国孤独症家庭支持志愿者联盟是由五矿集团志愿者团队等爱心企业、北京邮电大学等高校、社会知名人士、各界爱心人士和孤独症家长联合组成的联盟组织。其中,家长志愿者发起和捐助成立了北京市海淀区康纳洲孤独症家庭支援中心,长期为孤独症家庭提供志愿服务。该中心目前已有三个基地,搭建了孤独症生命全程支持框架,直接服务90多名常年在训的孤独症儿童和青少年,培训了全国100多位专业教师。同时,五矿集团专门成立了定向支持康纳洲的志愿者团队,集中研究世界范围内的孤独症著名网站,搜集翻译和整理1000多份中英文资料,并与中国残联信息中心合作创办了中国孤独症家庭支持网,为全国孤独症人群及相关工作者提供信息平台。此外,康纳洲雨人烘焙坊提供大龄孤独症职业技能培训和就业支持。孤独症家庭支持志愿者联盟以此为平台,组织各界名人和爱心人士提供了多次义卖和宣传倡导活动。[2]

伞型组织是组织的集团。伞型组织结构是比联盟联结程度更高、制度

---

① 《国内首个"公益筹款人联盟"在京启动》,http://gongyi.sina.com.cn/gyzx/2015-04-03/190552252.html,最后访问日期:2020年6月22日。
② 中国残疾人联合会,http://www.wenming.cn/specials/zyfw/4g100/zjzyfwzz/201601/t20160122_3105384.shtml,最后访问日期:2019年11月17日。

化水平也更高的联合管理机构。伞型组织的中心是一个"组织"，往往是先有"中心组织"再有"下属组织"，成员之间存在协调性行动，并共享理念、资源、制度等。① 中国慈善领域也建立了一些伞型组织结构，这些组织会员之间相对独立，又围绕着同一个目标有序地分工合作（见例 11 - 16）。

例 11 - 16　"古村之友"全国古村落志愿者网络（简称"古村之友"）是古村镇保护领域规模最大的伞型组织。以保护与活化古村落为目标，古村之友的组织架构分为引擎组织、自组织和松散志愿者三层体系，在实践中通过强化引擎组织，推动自组织脱离，指数化感染松散志愿者。截至 2017 年 7 月 18 日，引擎组织以提供思想和模式研发以及行动动员为主要任务，现有 20 余人的规模，团队相对稳定；自组织在全国有近 1000 个自组织核心，由自组织核心在思想和模式的带动下独立发展；松散志愿者以具有共同心愿为特征，规模较大，人数达数十万。②

孵化器是指提供特定的场所和空间，通过资金支持、服务提供和能力提升等多种方式，以培育和扶持初创期非营利组织为目标的支持系统。③ 孵化器既有由政府建立的，也有民间自发建立的（见例 11 - 17），还有由政府通过购买服务的方式和民间力量合作建立的。

例 11 - 17　恩派公益组织发展中心是中国著名的支持性公益组织，由其建立的"公益孵化器"成为社会建设领域的重要制度创新，迄今已孵化超过 600 家社会组织及社会企业，其他各项业务资助及支持了超过 3000 家公益机构，培训公益人才数万人，涵盖养老、教育、环保、青少年发展、扶贫、助残、社区服务、社会工作等诸多领域。恩派扶植的多家机构，如"新途""手牵手""青翼""歌路营""乐龄""百

---

① 王瑾：《"伞状结构化"及其基础上的专业化——法国第三部门经验对中国 NGO 发展路径的启示》，《行政论坛》2012 年第 2 期，第 63 ~ 66 页。
② 《古村之友：互联网公益如何助力乡村复兴？》，http://www.chinadevelopmentbrief.org.cn/news - 19779. html，最后访问日期：2019 年 12 月 14 日。
③ 王世强：《非营利组织孵化器——一种重要的支持型组织》，《成都行政学院学报》2012 年第 5 期，第 83 ~ 88 页。

特教育""瓷娃娃""雷励""爱有戏""益众""十方缘""绿主妇"
"益宝""翠竹园""益修"等已成中国公益领域的知名品牌。[①]

　　近年来，各地政府开启了"行政推动型"社会组织孵化模式，主推、建立孵化器，投入较多。社会组织是开展社会工作的主要载体，在政府职能转变、整合社会资源、满足社会公共服务需求、缓解社会矛盾、促进社会和谐中发挥着重要作用，特别是慈善捐赠、就业指导等公共服务类，如扶贫济困、助残帮扶、为老服务等居民生活服务类，社区矫正、青少年帮教等。国家强调重点培育、优先发展公益慈善类社会组织。上海、广东、北京、浙江等地的政府在建立公益组织孵化基地方面探索较早、较多。如上海浦东新区公益服务园于 2008 年试运行，2009 年 12 月正式开园，面积3200 平方米，有 26 家社会组织入驻。服务园为社会组织提供场地设备、小额补贴、注册协助等服务，成为社会组织面向社会开拓资源、机构孵化和运作、开展多方合作的平台和窗口。浦东新区 2007 年就制定出台了《关于政府购买公共服务的实施意见（试行）》，当年新区民政局安排 3000 万元资金将 30 多个公共服务项目委托 100 余家有资质的社会组织承接。[②] 然而，一些地区在"行政推动型"模式下，孵化器重数量、轻质量问题较为明显，孵化器自身专业性低、行政化严重，对社会组织的功能、专业性、自治性支持弱，保障社会组织的自主性、独立性方面不足。

　　平台是高度开放的服务型组织。平台可以视为慈善领域的"准基础设施"，通过促进组织间的交流与合作，使同类组织形成合力，强化不同类组织之间的联系，推动公益行业的整体发展（见例 11 - 18）。

　　例 11 - 18　社会组织服务发展平台（HUB）由北京惠泽人公益发展中心与北京师范大学公益与社会发展研究中心联合开展，试验三年，研发了"1 + N"社会治理多元合作机制，并取得一定的成效。2015 年6 月，与东城区崇文门外街道合作开展"崇外街道社区治理与社会组织培育项目"计划用三年时间建立崇文门外街道和社区二级社会组织平

---

① 恩派，https://www.npi.org.cn/about/synopsis，最后访问日期：2019 年 12 月 24 日。
② 《依托社会组织，提供多元化公共服务》，http://www.chinanpo.gov.cn/1938/31497/preindex. html，最后访问日期：2019 年 12 月 24 日。

台体系，通过参与式行动研究和社区能力建设，共同探索和开发社区治理创新与社会组织培育机制。①

4. 虚拟组织

就组织存在的形态而言，虚拟组织对应于实体组织。虚拟组织是互联网时代的产物，其组织管理、业务运营等均依托互联网完成。现存的虚拟组织，有的是早期基于互联网 1.0、2.0 建立的，有的是近年基于移动互联网建立的。虚拟组织几乎渗透了所有的组织类型，从一般的组织（见例 11 - 19），到联盟、伞型组织、平台（见例 11 - 20）。虚拟组织的功能或提供的服务，几乎覆盖了慈善活动的所有环节，从发现问题、设置议题，到募集资金、招募志愿者，再到组织行动，以及信息披露、公开问责。

例 11 - 19　星光公益联盟由国内外有较好的社会公众影响力的知名艺人、经纪传媒集团共同组成。联盟依托微博社会公益传播平台，将活跃在微博上的众多明星和名人凝聚起来，通过名人、明星与粉丝的联动力量，吸引更多普通人加入公益事业中去；同时借助具有广泛社会影响力的强势媒体、经纪公司、企业等，致力于推进全球慈善公益事业的发展。联盟中的 150 位力践公益行动的名人累计的公益微博阅读量超过 281 亿，影响力覆盖了全国，有效推动了中国公益事业的发展。②

例 11 - 20　公益慈善论坛采用"网站 + 微博 + 微信 + QQ 群"联动的运营模式，搭建了公益传播与交流平台。论坛通过发布各类公益慈善资讯，组织话题讨论，向个人、企业和公益团队提供咨询顾问服务等方式，积极传播现代公益慈善文化，普及公益慈善常识，以增进人们对公益慈善的认识和了解，进而更加理性、持续地参与公益慈善事业，促进中国公益慈善事业向更加高效、专业、规范的方向发展。③

---

① 相关资料整理自网络。
② 《星光公益联盟助推全民公益时代到来》，http://news. xinhuanet. com/gongyi/2016 - 02/23/c _128741130. htm，最后访问日期：2019 年 11 月 13 日。
③ 公益慈善论坛，https://weibo. com/loongzone？nick = 公益慈善论坛 &noscript = 1&is_ all = 1，最后访问日期：2020 年 6 月 22 日。

虚拟组织开展的活动，不限于线上，也在线下开展活动，或者线上和线下相结合（例 11 - 21）。

> 例 11 - 21 "自强学堂"是发起于杭州的创业公益社群组织，致力于成为中国最强的创业学习和资源互助服务平台之一。2013 年 11 月在杭州发起，发展至今已在 5 省 8 市成立分堂，汇聚国内一线电子商务服务团队、战略专家、实操高手、实力雄厚的风投基金，包括各类型互联网精英企业，产业园、政府机构相关负责人等在内的超过 1 万名企业会员。在广大学友的支持之下，学堂启动的开放式创业服务对接平台已签约入驻超过 100 家精选优质服务公司，涵盖人才、电商运营、营销推广、供应链整合、管理培训等关键环节，并组织多家创投专为学堂学友开通自强超级 VC 直通车对接融资。学堂组织了丰富的线上线下活动，包括有线上沙龙、分享会、企业走访、游学户外和专题沙龙等等。①

与实体组织不同，虚拟组织具有一定的临时性、灵活性，组织成员可以随时离开。大多数虚拟组织早期发起成立时是以某项慈善活动为中心而建立起来的，组织通过互联网技术将人力、物力整合起来以完成此项活动。一旦任务完成，有的虚拟组织解体，不再存在，有的虚拟组织则会继续存在开展别的活动。

虚拟组织的结构相对扁平化，组织成员基于认同组织属性和慈善目的而加入其中，与组织的关系看似不紧密，却因信任而承诺。尽管虚拟组织的成员不是固定不变的，但是组织建立的协作机制、信任机制，将各成员的核心能力和资源调动起来，彼此互补，对资源进行优化配置，使组织对各种变化具有较强的适应性、调节能力和强大的生命力。其决策机制、管理机制、高效的传播机制也使其能够跨越时空限制、对慈善需求快速地做出响应，并联合、撬动各方资源。有时，其开展某项行动比实体组织有更高的效率。

为了吸引更多志愿者参与慈善活动，有的虚拟组织努力塑造组织的社会公信力，力求自律。一些运行比较成功的虚拟组织，也由线上开展活动发展为线下组织。

---

① 相关资料整理自网络。

近年来，虚拟组织发展迅速，吸引了大量热心公益的志愿者在各种慈善领域开展活动，填补了实体组织无法回应或迟滞回应社会问题的空白，也回避了"注册难"问题，在没有官方注册资格的条件下可以迅速成立，开展活动，虚拟组织已成为慈善事业发展进程中不可忽视的力量。

5. 民营企业及跨国企业

参与慈善活动的企业包括国有企业、民营企业、跨国企业。其中，国有企业参与慈善具有明显的官办色彩，该部分的描述见"官方组织"部分。

企业是营利组织，从事慈善的目的比较复杂，有的是"为慈善而慈善"，即"目的性慈善"，有的是将慈善作为实施企业战略的工具，即"策略性慈善"，更多的是两者兼而有之。

相对而言，国有企业的慈善行为，更接近目的性慈善。民营企业和跨国企业的慈善行为更接近策略性慈善。国有企业、民营企业的慈善行为大多与国家政策密切相关（见例 11-22、例 11-23）。全国工商联是推动民营企业参与慈善的重要"推手"。2014 年，民政部、全国工商联下发意见，鼓励支持民营企业积极投身公益慈善事业。统计显示，2011～2017 年，民营企业捐赠占企业捐赠的比重始终维持在 50% 左右。民营企业广泛开展救助灾害、救孤济困、扶老助残等慈善活动，积极投身教育、科学、文化、卫生、体育、环境保护等公益事业（见例 11-24）。

例 11-22　茅台集团多年来持续参与扶贫、公益工作，"十二五"时期以来，茅台集团共出资 90 亿元用于捐资助学、兴办教育、扶贫济困、义赈救灾、环境保护、扶农兴农以及支持地方政府改善基础设施建设等。2012 年，茅台集团与中国青少年发展基金会共同发起希望工程圆梦行动，自项目发动以来，茅台集团每年向中国青少年发展基金会捐款 1 亿元人民币，8 年共计捐款 8 亿多元，帮助 16 万余名贫困学子走进大学校园，产生了积极的公益成效与广泛的社会影响。①

例 11-23　为了让更多的人关注到贫困地区孩子的温饱问题，

---

① 《茅台集团，公益助学点亮希望之路》，http://paper.people.com.cn/rmrb/html/2018-08/31/nw.D110000renmrb_20180831_3-20.htm，最后访问日期：2019 年 11 月 20 日。

2016 年 5 月，一下科技启动了公益义举项目。一直播联合微公益、中国社会福利基金会免费午餐基金共同发起了"爱心一碗饭"公益直播活动。活动共有姚晨、萧敬腾、陈乔恩、张杰、谢娜和李沁等超过 300 位明星参与直播，直播时长超 300 小时，直播视频累计播放量超 3.8 亿次，点赞数超 12 亿，微博话题阅读数 19.8 亿！为贫困地区儿童募集善款超过 147 万元，合 367500 份免费午餐。①

例 11-24 民营企业的公益模式、公益策略与企业创始人个人的理想、兴趣，以及企业自身的优势直接关联。腾讯集团创始人马化腾认为，"公益理应是一个开放与包容的场域，它不仅是少数人的权利，更应是多数人的福祉。贡献资金之外，让更多人卷入和参与，是一件特别了不起的事情。"与腾讯的战略方向一致，马化腾将腾讯公益在行业发展中所扮演的角色，定位为"连接器和创联者"。腾讯公益的发展历程经历了三个阶段：PC 端互联网公益阶段，移动社交化互联网公益阶段，轻量化互联网公益阶段。例如，"益行家"捐步数平台，也是"更轻量"这种全新公益形式的尝试。这个项目将网友捐步数、腾讯搭建平台、企业匹配捐赠资金，打造成了一个完整的生态系统。基于这一理念，越来越多的腾讯轻量级创意公益项目进入大众生活。如微信发起的为盲人读书项目，号召每一个网友捐赠 60 秒声音，给盲胞制作有声读物；QQ 创立的"全城助力"项目，为所有找不到回家路的孩子，在黄金 72 小时内，提供精准的全民救援。②

今天，基于互联网平台开展业务的企业大量产生，有的最初以公益、互益社群的形式存在，如丁香医生（见例 11-25）、大象公会、"王凯讲故事"（见例 11-26）。随着用户数量的增加，平台具有了"变现"能力，转为营利模式。这是近年来需要靠大量用户生存的平台企业的普遍现象。他们为保持用户的好感和黏性，也纷纷启动公益项目，或者为用户提供具有"附加值"的产品。"公益铺路，商业跟进"是这类企业经营的基本策略之

---

① 《案例｜这几年刷屏的公益活动，竟然都出自这家公司？》，https://www.sohu.com/a/167101209_650067，最后访问日期：2019 年 11 月 20 日。

② 相关资料整理自网络。

一。但它们不是慈善组织，它们是实实在在的企业。

例 11-25　丁香医生由医学网站丁香园团队研发，是丁香园旗下专门针对 PC 端普通大众人群的健康问诊及科普资讯服务的品牌。目前主要产品有专注在线问诊服务的丁香医生 App 和小程序，有专注科普资讯、知识付费及电商的丁香医生微信公众号为主打的媒体矩阵（还有丁香妈妈、丁香健康等）。丁香医生 App 日用户咨询量早已经过万，丁香医生微信公众号矩阵用户粉丝数已经超 2000 万。丁香医生商业模式已形成闭环，其中盈利靠提供 3000 万的健康人群的品牌营销服务，主要包含硬性广告、冠名赞助、内容定制、栏目共建、产品分销、整合营销等服务。丁香医生通过一些免费服务吸引用户，更好地满足用户的痛点。例如，长春长生疫苗事件爆发之后，丁香医生迅速展开长生疫苗应急科普公益行动，第一时间传播正确信息。为此，获得 2018 南方公益传播奖年度奖第一名，成为企业推动社会议题解决的典型案例。①

例 11-26　王凯曾是 CCTV2《财经故事会》栏目的主持人，从央视辞职后，下海运营"凯叔讲故事"微信公众号，2016 年，"凯叔讲故事 App"正式上线。今天已运营为中国儿童内容领域的知名品牌。App 设置了儿童内容、亲子课程、优选电商等板块。微信公众号赚钱的方式是：随着公众号越来越多，自媒体的市场越来越细分，用户的注意力越来越分散，完全靠广告发不了财，可能会影响用户体验；此 App 注重社群运营：爱听故事的家庭有很多，把他们吸引到公众号里。目前，仅讲故事模块，公众号故事分免费和付费两种。用户（多为儿童）听了免费故事后，喜欢上节目后会想要听付费的。2011 年王凯讲了全本的《西游记》，卖出去 7000 多套，赚 100 多万元。2017 年 4 月，"凯叔讲故事"启动了"城市合伙人"计划。不但销售凯叔造物实体产品，还打造出"实体店售卖虚拟产品"的新模式。2019 年 7 月 22 日，"凯叔讲故事"完成由百度领投，新东方、好未来、坤言资本跟投的 C 轮

---

①　《理性公益激发传播"聚变"》，http://app. myzaker. com/news/article. php? pk = 5cc25ed 277ac 6445397fd560，最后访问日期：2019 年 11 月 20 日。

融资，融资规模超 5000 万美元，泰合资本担任独家财务顾问。其中，新东方和坤言资本分别是 B 轮和 B + 轮的领投方。①

跨国企业的慈善行为更加成熟，紧扣企业战略，追求经济利益和社会利益的"双赢"。跨国企业依靠其全球网络开展慈善活动，为中国慈善组织和项目带来了全球领先的理念和模式。相较于国有企业、民营企业，跨国企业参与公益活动资金投入少、做事多、技能及方法投入多，并且热衷于能够带来长远效益的公益项目，它们在需求识别、项目设计、筛选、执行、监督、评估等方面都更具专业性。为了降低执行项目的成本和风险，它们多与成熟的大型公益组织合作（见例 11 - 27、例 11 - 28）。而在中国，成熟的、大型的公益组织几乎都是具有浓厚官方背景的公益组织。这也使跨国企业能够与政府建立良好的关系，赢得消费者的好感，提升企业的品牌形象和影响力（见例 11 - 29）。

例 11 - 27 宝洁公司是世界最大的日用消费品公司，各品牌在其产品领域中处于领先的市场地位。2005 年，宝洁正式确定其全球公益活动的关注点为帮助 0 ~ 13 岁需要帮助的孩子"生活、学习、成长"。宝洁公司以"创造共赢的公益"投入公益事业，公司不但自身投入公益，还号召其商业伙伴、员工及消费者共同加入公益项目中。宝洁公司与中国青少年发展基金会合作支持希望工程，与中国教育发展基金会开展全国性学校健康教育获得、致力健康教育。此外，宝洁公司将"宝洁儿童安全饮用水"（其全球公益"生活，学习，成长"的旗舰项目）引入中国，该项目由宝洁公司与美国疾病预防控制中心联合开发。2009 年，宝洁儿童安全饮用水项目在云南省新平县宝洁希望小学试点，该校和周边 10 个村子近千户人家得到了宝洁公司捐赠的 2 万袋净水剂，可以为学校师生和当地居民提供 20 万升安全的饮用水。② 截至 2018 年，宝洁公司累计捐款捐物超过 1 亿元，带动地方政府匹配资金 1.42 亿元，共筹建希望小学 200 所，遍布全国 28 个省、自治区、直辖市，受益儿童

---

① 《凯叔讲故事完成超 5000 万美元 C 轮融资 百度领投》，http://www.bjnews.com.cn/finance/2019/07/22/606267.html，最后访问日期：2019 年 11 月 20 日。

② 宝洁中国，http://www.pg.com.cn/Csr/Public.aspx，最后访问日期：2019 年 11 月 20 日。

超过 30 万。①

例 11-28　SAP 公司是德国软件公司，是全球最大的企业管理和协同化商务解决方案供应商，世界第三大独立软件供应商，全球第二大云公司，1995 年进入中国。SAP 与中国妇女发展基金会达成战略合作，支持@她创业计划，实施@她责任梦想项目。项目通过针对女企业家的调研，了解她们对数字化运营的状况和需求，提出推动女企业家数字化转型的政策建议；通过培训，开展数字化转型；启迪并赋能女企业家提升领导力、增强企业社会责任感和解决社会问题的能力。希望打造一个助力女性创业、就业，促进女性发展的开放、多元、互利多赢、可持续的公益生态。②

例 11-29　梅赛德斯-奔驰公司携手联合国教科文组织开展长期合作，于 2007 年启动"自然之道　奔驰之道"中国世界遗产地保护和管理项目，成为首家向中国世界遗产地捐资的汽车厂商。2010 年 6 月，梅赛德斯-奔驰公司与中国青少年发展基金会携手全国经销商伙伴设立"梅赛德斯-奔驰星愿基金"，在环境保护、驾驶文化、教育支持、艺术体育和社会关爱五大领域开展工作。截至 2017 年底，梅赛德斯-奔驰公司向星愿基金累计投入已超过 1 亿元。2012 年，梅赛德斯-奔驰公司将全球最早、影响范围最广的儿童道路安全项目——"安全童行"正式引入中国。这个项目是戴姆勒汽车集团于 2001 年开始在全球范围内开展儿童道路安全普及和教育的项目，旨在帮助儿童适应现在及未来的道路交通环境。在十年积累的基础上，梅赛德斯-奔驰公司继续公益创新，整合优质资源，延伸公益项目内涵，2017 年积极响应中国政府"精准扶贫"倡议，推出了世界遗产地可持续生计项目和支教助学计划，探索教育扶贫、生态脱贫的新路子。③

企业参与慈善除了直接捐赠资金，还专门设立、实施员工志愿服务计

---

①　相关资料整理自网络。
②　相关资料整理自网络。
③　《中国汽车报企业公益活动案例》，http://www.cnautonews.com/jrtt/201712/t20171225_567238.htm，最后访问日期：2019 年 11 月 20 日。

划；贡献专业技能与渠道；深度参与慈善组织的活动，包括项目设计、执行、评估、改进，而不是简单地、被动地提供资源（见例11-30）；承担企业社会责任；成立企业基金或企业基金会，通过企业基金会做慈善，如今大企业几乎都成立了自己的基金会。

例11-30 韩国三星公司1992年进入中国开展业务，至今已有28年的发展历史。为了融入中国社会，三星公司积极承担企业社会责任，支持中国开展公益项目。最早是在各个法人组织的注册地开展公益活动，涉足的公益领域包括环境、教育、社区志愿服务、儿童陪伴、赈灾等。2000年前后，三星公司为了打造世界品牌，开始对企业公益活动进行重新定位，最终梳理出"绿色环保"与"青少年发展和教育"两大公益命题，并以此作为全球定位开展公益实践。截至2018年底，三星公司在希望工程项目上累计投入达到2.4亿元，在全国范围内共建成168所希望小学（官网公布150所），成立了"三星希望基金"，陆续开展了"三星智能教室""三星梦想课堂""三星智慧教师培训"等系列活动，帮助乡村教师掌握信息化的教学方法。①

作为社会创新的一种明星模式，"社会企业"受到广泛关注，吸引了一些慈善资源，也产生了几个值得称道的样板，其中最杰出的非中和农信莫属（见例11-31）。

例11-31 中和农信是一家专注农村草根金融的社会企业，在企业化运作体系下服务社会底层缺乏信贷服务的农户，企业不以营利为目的，以农村中低收入农户和微型创业者为目标客户，助力其脱贫、发展。中和农信通过无须抵押、上门服务的小额信贷方式支持贫困地区中低收入家庭开展创收性活动，同时还提供多种形式的非金融服务，全面提升客户的综合能力，从而实现可持续脱贫致富。截至2017年8月，中和农信已在全国21个省区设立249家分支机构，覆盖全国21个省区的8万多个乡村，其中81%的项目区为国家级或省级贫困地区。

---

① 《三星·企业社会责任》，https://www.samsung.com/cn/aboutsamsung/sustainability/development/strategy//，最后访问日期：2020年6月22日。

中和农信全国员工总数超过 3700 名；累计发放贷款 190 多万笔，240 亿元，支持帮助了超过 400 万农户，户均余额 1.3 万余元，30 天以上风险贷款率不足 1%。[1]

（三）官方组织

官方组织是官办社会组织和政府机关的合称。境内的官方组织，首先指官办社会组织。它们由人民团体或政府机关发起成立，属于纯粹的慈善组织，没有政府职能，也没有相应的权力，最著名的有中国青少年发展基金会、中国妇女发展基金会、中华慈善总会（见例 11 - 32）等。它们在资源动员、项目实施、品牌传播等方面能够获得政府有形和无形的帮助。它们依托发起机关建立了与发起机关"同构"的遍布全国的组织体系，在日常运营中还可以无偿使用其业务主管单位的全国性组织体系、庞大的高素质的人力资源、与政府机关的良好关系。

例 11 - 32　中华慈善总会是经中国政府批准依法注册登记，由热心慈善事业的公民、法人及其他社会组织志愿参加的全国性非营利公益社会团体，目前在全国拥有 385 个会员单位。近年来，中华慈善总会开展了救灾、扶贫、安老、助孤、支教、助学、扶残、助医等八大方面几十个慈善项目，逐步形成了遍布全国、规模巨大的慈善援助体系。截至 2017 年 4 月，中华慈善总会直接募集慈善款物共折合人民币 600 多亿元，数以千万计的困难群众得到了不同形式的救助。中华慈善总会与港澳台和海外的许多公益慈善机构建立了良好的合作关系，并共同实施了多项合作项目，已渐成为联系海内外华人和国际友人，共同促进中国慈善事业稳步发展的一条重要纽带。[2]

其次是人民团体和免登记社团，如共青团、妇联、工会、工商联、残疾人联合会、红十字会等。它们拥有自上而下的组织体系，能够直接触

---

[1]　中和农信，http://www.cfpamf.org.cn/? c = about&id =1，最后访问日期：2017 年 9 月 10 日。
[2]　中华慈善总会，http://www.chinacharityfederation.org/NewsShow/2/800.html，最后访问日期：2019 年 11 月 24 日。

达国家机体的神经末梢，具有强大的渗透力和执行力。它们本身会"直接"参与慈善活动，还通过发起成立并直接管理社会组织"间接"参与慈善活动。

第三类是政府的基层组织，城市的街道办事处和居委会，农村的村级组织党支部和村委会。近年来，它们在慈善系统中的地位越来越重要，所发挥的作用也越来越大。以城市为例，在政府构建的慈善体系中，慈善活动的最终落脚点是"社区"，所以，政府管理慈善的"触角"要延伸到街道和居委会（见例11-33）。街道和居委会通过购买社会组织服务推动社区慈善发展。实际上，相当大一部分政府购买社会组织服务的经费就直接用于基层社区。街道和居委会还要管理进入社区的社会组织，从准入、日常运营监管、协调各类社会组织的关系，到处理它们与居民的纠纷。许多街道和居委会已经建立了社区服务中心，还有爱心超市、社区基金等等，以及各种对接上级政府机关的"工作站"。此所谓"寓管理于服务之中"。以北京市为例，社工委、文明办、民政局、综治办、团市委、残联、妇联等，在基层社区均建有自己的"工作站"，截至2015年，综治办建立了63860个治安巡逻服务站（岗），团市委依托全市502个社区"青年汇"建立了青年志愿服务阵地，市残联依托386个"温馨家园"建立了助残志愿服务阵地。[1]截至2017年，北京市建有426个一级志愿服务组织、4174个首都学雷锋服务站（岗）、2442个社区志愿服务站。[2]

例11-33 北京市朝阳区团结湖街道在朝阳区慈善协会的支持下，开展了内容丰富、形式多样的慈善活动。包括：针对困难老人的"朝阳慈善情——百姓新春大联欢"和"关爱失能老人"，针对贫困学生的"爱心成就未来筑梦行动""阳光温暖回家路""学叶堂"，针对家庭的"幸福一辈子"杯子、枕头赠送和"我爱我家"全家福拍摄，针对困难女性的"双丝带"活动，冠名捐助的特色品牌项目"助学筑梦"等。在团结湖地区关爱老年人的项目中，老龄委、老干部管理部门、民政部门、教育部门等多部门结合，同时引进社会组织，把老年照护与老

---

① 《郭新保：加强志愿服务制度化 推进志愿服务走进百姓生活》，http://app.71.cn/print.php? contentid=849413，最后访问日期：2019年11月19日。

② 贾晓燕：《志愿服务纳入社会信用记录》，《北京日报》2017年3月5日，第3版。

年人自我组织、自我服务结合起来，尽可能满足老年人的多元需求，提升老年人的生活质量。团结湖街道作为"站点"和"平台"对慈善发展给予了积极的支持。[①]

第四类是事业单位和国有企业。对政府来说，它们"叫得动""听使唤"，而且有资源，有能力，因此也很有战斗力（见例11-34）。

例11-34　中国石油化工集团公司曾在2014年位列《财富》世界500强企业第三。中国石化积极参与政府号召的产业扶贫、消费扶贫、就业扶贫、教育扶贫、健康扶贫等行动。参与公益广泛、服务对象多元。例如，在社会公益方面，开展"中国石化光明号"健康快车、"情暖驿站·满爱回家""爱心加油站·环卫驿站"；品牌公益有"易捷·卓玛泉"、长城润滑油等产品公益。中国石化也积极参与抢险救灾、服务国家重大活动，激励志愿服务。在环保方面，中国石化所属企业开展多种多样的环保公益项目，在香港开展义务清洁沙滩活动和海洋保护教育项目。从1988年开始，中国石化就开始承担扶贫工作任务，总部和所属67家企业承担758个县、村的扶贫任务，2018年投入扶贫资金2.3亿元，相关扶贫干部1994人，形成了覆盖产业、消费、健康、教育、救济救助、基础设施建设多维度扶贫模式。[②]

第五类是活跃于社区的非正式组织，无须登记、在街道备案，严重依附基层机关。它们的成员被当作基层社区管理的廉价劳动力，如今都披上了志愿者马甲，功能不可小觑。

最后，也是最重要的，是政府机关本身。从理论上说，它们不是慈善组织，而是慈善组织的管理者。实际上，它们也直接参与慈善活动，尤其是在发生重大公共危机之时会直接向社会募捐，并亲自使用捐款。承平之时，政府机关也会利用自己的影响力，"劝说"有钱的企业或个人，给自己中意的慈善组织或慈善活动捐款。

---

① 整理自对团结湖街道的访谈。
② 中国石化，http://www.sinopecgroup.com/group/shzr/hksh/，最后访问日期：2019年11月19日。

（四）境外行动主体

1. 志愿者

一些长居中国的外籍人士也自发提供志愿服务，运用自己的语言特长和专业技能在交流、旅游、服务、文化、教育、环保、涉外、法律、安全等方面提供服务。服务对象有中国人，也有外国人（见例 11 - 35、例 11 - 36）。

例 11 - 35 第四届"广东志愿服务金奖"获奖者 Jeremy John Grey 和他的妻子团结了一批外籍人士，积极投身中山市青年志愿服务事业。2005 年发起"牵手慈善夜"筹款晚会，持续举办至今，筹得善款逾百万元，用于支持"晨曦行动"助学活动，"阳光伴你行"重度贫困残疾人家庭帮扶项目等。他还和妻子跟随志愿者远赴广东、广西等地的边远山区助学，前往个案家庭探访，2010 年，他和中山市青年志愿者协会助残总队共同发起了"阳光伴你行"中山市重度贫困残疾人家庭帮扶项目。该项目自 2010 年成立以来已筹得善款 75 万元，中山市 160 多户重度贫困残疾人家庭受惠，其中 55 户家庭受助于以他为首的外籍人士。2014 年，他从珠海骑行至乌鲁木齐跨越 5000 公里，为"阳光伴你行"筹款。Jeremy John Grey 荣获 2009 年广东省志愿服务银奖。[1]

例 11 - 36 在"2006 北京十大志愿者颁奖典礼"上当选"北京十大志愿者"的杜大卫，1942 年出生，曾任美国陆军上校、美国南加州大学教授。2001 年起在北京第二外国语学院国际经贸学院任教。2002 年，他就走访街头寻找错误英文并告诉负责人要求修改。他受中国多个政府外事办公室、旅游、文物机构邀请参与北京市以及全国其他省地的双语标识、景点解说牌纠错规范活动。[2]

---

[1] 《Jeremy John Grey：热衷 party 不为玩乐为公》，https://www.gdzyz.cn/article/detail.do？pageno = 457132424422，最后访问日期：2019 年 11 月 15 日。

[2] 《2006 北京十大志愿者揭晓》，http://news.sohu.com/20070329/n249045356.shtml，最后访问日期：2020 年 6 月 22 日。

在全国各大景区，或者机场、火车站，人们有时会看到外国志愿者进行多种外语服务讲解和指引服务；在街道、社区、学校等也能看到志愿者的身影。他们之中，有专业志愿者，也有非专业志愿者。随着来华外籍人士数量的不断增加，街道、社区相关工作压力增大，社区尝试引入外籍志愿者提供服务。例如，2016 年 10 月初，武汉市武珞社区警务室被确立为全市首个标准化涉外警务室，社区引入外籍志愿者协助民警工作。① 2019 年，湖北武当山首支外国人志愿者服务队由武当山特区公安局出入境管理大队牵头组建成立，首批成员共 8 人，他们致力于文化交流、涉外法律法规宣传等志愿服务。在广州，"外国人服务外国人"模式有效帮助外籍人士融入中国生活，顺利就业、学习、生活。广东省有上百家外国人管理服务工作站（外管站），外国志愿者们协助社区干部开展工作，协助辖区外籍人士办理各种手续，克服语言障碍和文化差异，解决各类误解、纠纷和冲突，甚至有效地降低了辖区内外籍人士的犯罪率。2018 年 7 月，浙江省湖州市环渚街道玉堂桥社区组建了社区外籍"家园志愿者"，由来自俄罗斯、哈萨克斯坦、乌兹别克斯坦、巴基斯坦、摩洛哥等国家的 30 多名留学生组成，这些留学生大多在附近高校上学，他们定期来到社区为居民提供包括英语教学、日常陪护、维护社区治安及卫生等志愿服务。②

官方也动员海外志愿者参与中国慈善事业。2008 年北京奥运会期间，北京奥组委建立奥运会志愿者行动项目体系，包括志愿者的招募、培训、组织、管理体系。北京高校学生、市民、全国各地各民族群众、在京外国留学生、在京外国人、港澳台同胞、海外华侨华人和国际友人等各届人士可以申请成为志愿者。志愿者按照岗位需求情况分为专业志愿者和非专业志愿者两类。北京奥运会共录用了来自 98 个国家和地区的 74615 名志愿者，其中来自中国内地的有 73195 人，来自香港的有 299 人，来自澳门的有 95 人，来自台湾的有 91 人，外籍志愿者有 935 人。③ 2008 年北京残奥会专门成立残奥会港澳台侨外赛会志愿者工作组，工作组向港澳台及海外招募残

---

① 《六位外籍志愿者当上"协警"》，https://www.sohu.com/a/118939572_119038，最后访问日期：2019 年 11 月 15 日。

② 《外籍志愿者服务社区居民》，http://www.xinhuanet.com/photo/2018 - 09/12/c_11234206 31.htm，最后访问日期：2019 年 11 月 15 日。

③ 《2008 年北京奥运会志愿者人数比计划增加近 5000 人》，http://www.gov.cn/jrzg/2008 - 07/ 16/content_1047053.htm，最后访问日期：2017 年 8 月 5 日。

奥会期间自愿提供服务的志愿者，共录用了 59 名残奥会港澳台及海外赛会志愿者。①

2. 境外民间组织

境外民间组织包括港澳台的组织、其他国家的组织、国际非政府组织（见例 11 – 37）。境外民间组织通过资助慈善组织的自身发展、行业培育及建构，以及资助慈善组织开展项目的方式对中国大陆慈善组织的价值、理念、功能、治理结构、管理方式、项目运作方式、筹资方式、责任意识、组织文化、监测、评估、培训、咨询、研究方法，甚至人力资源等产生了深远的影响。

> 例 11 – 37　绿色和平是国际非政府组织，总部设在荷兰阿姆斯特丹。组织的使命是保护地球、环境及其各种生物的安全及持续性发展，并以行动作出积极的改变。其行动策略或核心价值观是非暴力直接行动，即动员公众通过和平手段，采取直接的行动，表达对社会公平正义的要求，或是以此来达成促进社会变革的目的。绿色和平采取的行动也往往被称为环保运动（campaign）。在中国，绿色和平往往针对大型企业开展行动，基于严谨、独立的调查，通过舆论对目标企业造成压力。②

境外民间组织所涉及的领域极为广泛，从减贫、救灾、教育、医疗、卫生与健康、青少年发展、社会性别、女性发展、环保、劳工、法律、新闻、文化、艺术，到社区发展、学科建设、政府体制及公共政策改革。所覆盖的受益对象从幼儿、青少年、中老年，学生、教师、公务员、媒体人士、法官、律师、党政干部，外来务工人群、留守儿童、留守老人，残疾人，到社会精英等。工作方式包括能力建设、培训、研究、倡导、交流、访问、进修、研讨会、网络/平台建立等，强调对受益者赋权、赋能，强调受益者参与、自发、自主与独立，既满足个体和群体的生存性需求，也满足发展性需求（见例 11 –38）。

---

① 《残奥会境外志愿者全部抵达北京》，http://finance. sina. com. cn/roll/20080906/01222412415. shtml，最后访问日期：2017 年 8 月 5 日。

② 绿色和平，http://www. greenpeace. org. cn/，最后访问日期：2020 年 6 月 22 日。

　　例 11 - 38　盖茨基金会北京代表处成立于 2007 年，基金会相信所有生命价值平等。基金会以创新为核心战略，主要关注领域是健康与发展，工作重点包括艾滋病、结核病防治，烟草控制和慈善事业发展。基金会在支持中国加快实现自我健康与发展目标进程的同时，致力于推动中国利用技术、创新、资金和政策方面的优势，在全球健康和发展领域中扮演更重要的角色。基金会在开展工作的过程中，积极与中国的公共部门和私营部门建立重要的战略伙伴关系，帮助中国应对国内健康和发展挑战。例如，2009 年到 2014 年，盖茨基金会与中国卫生部合作开展"中盖"结核病项目，在中国投入 3300 万美元，支持中国采用创新方式防治结核病。① 盖茨基金会与国务院扶贫开发领导小组办公室合作开展针对扶贫政策的研究；与农业部建立农业合作伙伴关系，支持中国将农业发展资源、经验与技术与撒哈拉以南非洲分享，推动中国发挥全球领导力。此外，基金会还发起了中国社会化媒体与公益联盟，汇聚慈善伙伴和社交媒体平台的力量，推动公益慈善发展。②

　　境外民间组织的中国办公室大多设立在北京，其中国首席代表和项目官员经过严格的筛选，有着丰富的学科背景、深厚的理论及实践功底，有的曾是大学教授、研究人员，他们锁定的慈善议题，以及对慈善领域的"嗅觉"和敏感性对国内社会组织具有较大的影响。它们所开发、设计的资助活动或项目均具有短期、中期及长期规划，而项目策略强调专业性、资助的有效性，其活动地域通过所资助的机构及项目遍布中国。境外民间组织对中国慈善的影响体现在微观、中观和宏观各个层面，对中国慈善领域格局的形成发挥了至关重要的作用。它们通过对中国慈善施加影响，进而对中国公众与社会的各个方面产生着广泛的影响。

　　境外组织在中国的注册与活动开展依法受到政府部门的监管。境外组织在引入资源和援助的同时，也为中国的文化繁荣、社会进步和政治稳定带来了潜在的挑战和威胁。《环球时报》刊载的题为《警惕有境外政治背景

① 《盖茨再度访问中国，捐 3300 万美元防治结核病》，http://tech.163.com/09/0401/14/55QR8LU2000915BD.html，最后访问日期：2019 年 11 月 23 日。

② 比尔及梅琳达·盖茨基金会，https://www.gatesfoundation.org/zh/Where - We - Work/China - Office/China - Focused - Initiatives/Philanthropic - Partnership，最后访问日期：2019 年 11 月 23 日。

的非政府组织对华渗透》的文章指出，在中国长期活动的境外非政府组织约有 1000 家，加上开展短期合作项目的组织，据不完全统计，总数约有 7000 家（也有学者认为已接近万家），涉及扶贫、助残、环保、卫生、教育、救灾、乡村治理、劳动保护等 20 多个领域。该文介绍，在中国活动的境外 NGO 中，有政治渗透背景的达数百家。①

《中华人民共和国境外非政府组织境内活动管理法》的颁布，明确了相关管理部门的职责，使中国对境外组织的管理有法可依、有章可循。境外非政府组织在注册、活动、集资等环节，都比以前门槛高，难度大。该法律规定，管理境外组织的机关是公安部门，而非民政部门。根据境外非政府组织办事平台的信息公示，截至 2019 年 12 月 8 日，在中国境内登记的境外非政府组织代表机构共计 519 家，备案的临时活动共计 2372 个。② 此法颁布后，境外非政府组织在华数量减少，开展业务有限，投入资金大幅减少。不过，境外非政府组织的视野、创新思维、工作策略及专业性仍然对中国慈善产生着一定的影响。

3. 境外官方组织

境外官方组织如外国使领馆、世界银行、联合国开发计划署等国外的或国际性的官方机构，也是中国慈善的参与主体。境外官方组织主要以对话、倡议、投资、援助、技术支持和能力建设等方式参与中国慈善，重点关注教育、扶贫、生计、卫生与健康、环保、治理和社会发展等领域。这些机构以直接资助或合作的方式，以慈善组织和慈善项目为载体，有选择地参与中国的慈善事业。国外官方机构与国际性官方机构在中国大陆的慈善定位均与其自身功能直接相关，在满足其自身定位、功能与目标的基础上，促进中国的慈善事业的发展。但是，由于国外官方机构与国际性官方机构的功能与目标不同，因此，它们的慈善行为略有差异。

国际性官方机构

国际性官方机构参与中国慈善不仅为中国慈善领域注入大量资金，还

---

① 转引自《环球时报》，http://www.360doc.com/content/16/0614/00/152409_567561440.shtml，最后访问日期：2017 年 11 月 14 日。
② 境外非政府组织办事服务平台，http://ngo.mps.gov.cn/ngo/portal/toInfogs.do? p_type=1，最后访问日期：2019 年 12 月 8 日。

注重对中国公共政策、理念、价值观、制度设计以及各个关键利益相关者的能力提升，它们通过资金援助（无息或低息贷款或赠款）、技术援助、人力支持、基础设施建设、培训、能力建设、访问、交流、研究等方式，推动中国的发展，并且将中国慈善领域的视野提升至全球范围，将中国纳入国际行动中。慈善成为国际友好往来、深度交流、加深理解的路径，也成为中国加入世界发展进程的重要途径（见例 11 - 39）。

　　例如，联合国可持续发展目标（2015 - 2030 年）鼓励各国政府、企业及非政府组织采取行动，以综合方式彻底解决社会、经济和环境三个维度的发展问题，推动联合国目标的实现，倡议各国承担国家责任。例如，2016年联合国开发计划署发布《释放中国慈善潜力》，倡议中国社会各个领域参与慈善，同年与腾讯开展合作，探索数字时代的中国慈善。2017 年 1 月 6日联合国开发计划署驻华代表处（UNDP）与基金会中心网签署"慈善与可持续发展——中国行动"合作项目，并召开"可持续发展目标下的中国慈善"圆桌论坛①，旨在倡议中国的慈善领域能够在提供资金、专业知识和创新方面就联合国可持续发展目标作出历史性承诺并付诸行动。

　　促进公平、公正，为受益人群创造发展的机会、赋权、赋能等是国际官方机构的价值理念。因此，它们所资助的慈善项目在与关键的合作伙伴——慈善组织合作时，注重其能力建设、能力提升和公益创新，包括慈善组织的战略规划、组织管理、财务管理和领导力等能力的提升。与此同时，它们注重受助者的能力建设，比如重视女性的权利平等和政治参与、重视儿童权益保障、重视贫困者参与意识和参与能力的培养等。通过能力建设，提升中国慈善事业参与者的自主活动能力，同时向中国的慈善主体宣传、输送境外慈善项目的运作模式和价值观念（见例 11 - 40）。

　　此外，国际性官方机构所开展的项目较注重学术交流、研究，以及政策咨询、政策建议和法治建设。在项目选题、立项、执行的过程中，引入中央各部委、地方各政府部门、大学、研究所、智库的参与，影响中国的政策和法治进程，促进中国慈善生态的改变（见例 11 - 41、例 11 - 42）。

　　例 11 - 39　世界银行是经营国际金融业务的专门机构，有 189 个

---

① 《联合国开发计划署同基金会中心网联合发起"慈善与可持续发展——中国行动"》，http://news. xinhuanet. com/gongyi/2017 - 01/06/c_129435316. htm，最后访问日期：2019 年 11 月 23 日。

成员国。截至 2017 年 6 月 30 日，世行累计对华贷款（国际复兴开发银
行和国际开发协会贷款总和）累计超过 601 亿美元，实施项目 412 个。
项目主要集中在环境、交通、城市发展、农村发展、能源、水资源管
理和人类发展等领域。[1] 2015 年 7 月，世界银行行长金墉与中国时任财
政部部长楼继伟签署协议设立一笔 5000 万美元的信托基金，助力减少
贫困。信托基金将为全球和地区层面的投资项目、业务、知识开发和
人力资源合作提供资助，旨在进一步加强中国与世界银行的合作，撬
动资金和知识资源来帮助发展中国家实现包容性和可持续发展。[2] 早在
2005 年，世界银行在中国启动"发展市场"项目，发现和直接资助来
自基层和民间组织的发展创意和创新项目。2007 年，启动第二届中国
发展市场活动。活动在示范和引导中国 NGO 成长中发挥了更积极的作
用，从而推动中国市民社会的健康发展。[3]

例 11-40　亚洲开发银行是一个致力于促进亚洲及太平洋地区发
展中成员经济和社会发展的区域性政府间金融开发机构。自 1999 年以
来，亚行特别强调扶贫是其首要的战略目标。2000 年 6 月 16 日，亚行
驻中国代表处在北京成立，目前中国是亚行第三大股东国。早在 2005
年，国务院扶贫办、亚洲开发银行、江西省扶贫办和中国扶贫基金会
在北京启动了"非政府组织与政府合作实施村级扶贫规划试点项目"，
支持和鼓励 NGO 参与社会治理和从事社会服务。该项目被称为我国首
次试点通过公开招标、评标等规范程序选择 NGO 作为项目合作伙伴的
实例，也使 NGO 通过公开竞争，获得一定的资金保障，加强 NGO 的自
身建设，提升其执行力和公信力。亚洲开发银行通过此行动的开展，
也推动了中国政府面向 NGO 进行政府购买的积极而深入的尝试。2016
年，亚洲开发银行与中国扶贫基金会签署一项为期 5 年、金额为 5000
万美元的贷款协议，贷款将用于中国扶贫基金会下属中和农信项目管

---

[1] 《世界银行与中国》，http://www.shihang.org/zh/country/china/overview#2，最后访问日期：
2019 年 11 月 24 日。
[2] 《中国设立首个 5000 万美元世行信托基金助力减贫》，http://cn.chinagate.cn/news/2015-
07/17/content_36083915.htm，最后访问日期：2019 年 11 月 24 日。
[3] 《支持民间创新，共创和谐社会》，http://blog.sina.com.cn/s/blog_4fd19f3b01000brf.html，
最后访问日期：2019 年 11 月 24 日。

理有限公司（中和农信）开展小额信贷项目，为中国农村地区约 13 万个体农工商户提供支持，以提高当地收入水平，并改善就业情况。①

例 11-41　联合国开发计划署（UNDP）是世界上最大的负责进行技术援助的多边机构，其政策决策机构由 36 个成员国组成，共同致力于推动人类可持续发展，协助各国提高适应能力。UNDP 在华活动始于 1979 年 9 月，迄今为止，联合国开发计划署已经调动了超过 10 亿美元资金支持中国发展，共完成 900 多个项目，涉及领域包括减少贫困、能源与环境、南南与国际合作、治理、灾害管理、倡导和创新。② 2016 年 12 月，在中国科学院科学传播局的指导下，UNDP 和百度一同发起了极·致未来责任创新挑战赛，鼓励中国的社会创新力量运用技术应对社会发展领域的挑战。最终获胜者获得种子基金和由联合国开发计划署和百度联合颁发的证书，将想法付诸实际行动。③

例 11-42　联合国儿童基金会（UNICEF），旨在帮助世界各地的孩子实现生存、发展、受保护和参与的基本权利。1947 年，中国成为联合国儿童基金会在亚洲首个开展援助的国家，工作重点包括卫生与营养、教育、儿童保护、社会政策、艾滋病、水与环境卫生、灾害应急准备和响应 7 个方面。联合国儿童基金会和中国的大学高校、研究中心和政策决策机构合作，收集关于儿童的研究和科学实证资料，并支持政府采用这些数据以及试点项目的成果，制定以实证为基础的相关政策和法律。在此基础上，UNICEF 与政府部门合作在贫困农村地区和城市边缘化社区开发试点项目模式和方法。一旦某个项目做法经证实有效，就会支持政府投入预算，在更大的范围内予以推广和效仿。④

---

① 《亚行与中和农信签署 5 千万美元贷款协议》，http://intl. ce. cn/specials/zxgjzh/201608/22/t20160822_15126487. shtml，最后访问日期：2019 年 11 月 24 日。
② 《联合国开发计划署在中国》，http://www. cn. undp. org/content/china/zh/home/operations/about_ undp. html. 最后访问日期：2019 年 11 月 24 日。
③ 联合国开发计划署，https://www. un. org/zh/aboutun/structure/undp/，最后访问日期：2020 年 6 月 22 日。
④ 联合国儿童基金会，http://www. unicef. cn/cn/index. php？ m = content&c = index&a = lists&catid = 24，最后访问日期：2019 年 11 月 24 日。

国外官方机构

外国使领馆参与中国慈善,其功能主要是加深国家间理解、交流与互动,成为国家间外交的润滑剂(见例 11-43)。外国使领馆所关注的慈善领域大多是中国政府顶层所关注的领域,包括扶贫、环保、教育、公共服务与社会福利等领域,它们通过提供资金资助的方式,以项目资助或项目合作组织培训,进行能力建设,组织交流/研讨等(见例 11-44、例 11-45)。

例 11-43 外交部部长王毅夫人,钱韦女士,于 2009 年发起"大爱无国界"国际义卖活动,每年举办一次,驻华使领馆和国际组织驻华机构代表及国内企事业单位参展,所筹款项用于中国的减贫和援助欠发达区域。2019 年 10 月 27 日,"大爱无国界——用爱助力奔跑"国际义卖活动在国家体育场热身场举行。这已是义卖活动连续第 11 年举办。近 90 家驻华使馆、国际组织驻华机构及近 50 家中资企事业单位参加,共筹得善款 710 余万元。钱韦女士在致辞中表示,十年来,国际义卖活动硕果累累,已成为各国展示多元民族文化的窗口,中国民众近距离感知世界的平台,以及所有参与者共同奉献爱心的盛会。波兰驻华大使赛熙军代表驻华使团致辞表示希望"大爱无国界"不仅是义卖活动的主题,也能给各国处理国际关系以启迪。①

例 11-44 澳大利亚国际发展署(简称澳发署)是澳大利亚外交外贸部下设的一个独立机构,职责是负责管理澳大利亚政府对外援助计划。澳发署对华发展援助主要包括以下领域:卫生和艾滋病防治、教育、环境、农村发展和治理。其所有援助活动都强调参与式和性别赋权理念,强调机构能力建设的重要性。比如澳发署与中国国务院扶贫工作领导小组及国务院扶贫办开展合作,合作方式包括出国考察、研讨会、讲习班等,澳发署还出资支持国务院扶贫办编写并出版了有关教材,为培训扶贫系统工作人员及各级政府主管人员提供了重要保障。②

---

① 《第十届"大爱无国界"国际义卖活动在京举行》,http://www.gov.cn/guowuyuan/2018-10/21/content_5333287.htm,最后访问日期:2020 年 6 月 22 日。
② 《国际奖候选——澳大利亚国际发展署》,http://news.sina.com.cn/c/2006-09-06/120610937190.shtml,最后访问日期:2019 年 11 月 26 日。

例 11-45　日本驻华大使馆近年来资助了中国的教育、环保、助医助残等项目。2009 年，日本驻华大使馆向北京外国语大学捐赠了价值 81500 美元的同声传译教室专用器材，以促进优秀日语人才的培养。① 2011 年，为盲人提供有声服务的北京红丹丹教育文化交流中心的"心目图书馆"正式成立，日本驻华大使馆"利民工程"向红丹丹提供硬件援助，为其改造准专业级录音水平的录音间 4 个。② 2014 年 8 月，新疆盲人协会、新疆肢残人协会向日本驻华大使馆申请"利民工程——新疆维吾尔自治区多重残疾人等生活环境改善项目"并获得日本政府批准，该项目将为新疆盲人协会、新疆肢残人协会捐助价值 1000 万日元的盲道砖和辅助器具。③

国外官方组织有时会将本国的社会探索及社会发展的理念、经验和最佳实践引入中国，例如英国文化教育协会推进社会创新，尤其是社会企业、社会影响力投资（见例 11-46）。社会创新是在满足社会目标方面产生效果的新想法，或者是指受满足社会需求目标所驱使并主要由以社会目的为主的组织所从事和扩散的创造性行动和服务。④ 国外官方组织通过引进先进的理念、技术、设备等，带动中国社会创新力量的发展，促进慈善行业领导者、从业者以及社会企业的成长，并通过社会影响力投资激发中国本土力量的社会创新潜能。

例 11-46　英国文化教育协会是英国提供教育机会与促进文化交流的国际机构，在北京作为英国驻华大使馆文化教育处开展工作。协会通过在艺术、教育和社会领域开展项目，推进世界人民与英国之间的文化交流。其社会企业项目于 2009 年在中国启动，向那些希望解决社会问题或已经付诸实践的社会企业家、非政府机构从业者、社区领

① 《日本使馆向北外捐赠器材》，http://news.163.com/09/0323/06/552ORFJ20001121M.html，最后访问日期：2019 年 11 月 26 日。
② 《朗读者：解秘北京"红丹丹心目图书馆"》，http://www.china.org.cn/chinese/2013-01/24/content_27781311_3.htm，最后访问日期：2019 年 11 月 26 日。
③ 《日本捐赠新疆盲人设施器材》，http://news.ifeng.com/a/20150319/43373314_0.shtml，最后访问日期：2019 年 11 月 26 日。
④ Geoff Mulgan et al., "Social Innovation: What It Is, Why It Matters and How It Can Be Accelerated", Skoll Center for Social Enterpreneurship, workingpaper, 2007.

导者和年轻人提供技能培训、导师计划、英国的专业支持及对接社会投资机会。2016 年 3 月，社会企业项目在中国正式结束。其间，项目培训了 3200 多名社会企业家；携手合作伙伴向 117 家社会企业提供了 3700 万元人民币的社会投资机会；举办沙龙、巡回演讲和其他公众活动，共计超过 17000 位专家、慈善家和大学生参与；通过社交媒体促进社会企业理念在中国的传播，达 1200 万名受众；在中文媒体中形成超过 5600 个社会企业相关话题的专门报道。此外，英国文化教育协会推出《中英社会企业及社会投资名录》，在线分享社会企业项目多年累积的业内资源。名录收录了中英两国从事社会企业及社会投资领域的近两百家机构，主要包括社会企业项目历届获胜社会企业和社会投资方、学术组织等中英支持性机构，以期梳理并对接行业资源，继续推动中英双方在社会企业和社会投资领域的多元交流与合作。[1]

（五）评述

中国慈善的行动主体已经高度多样化了，正式慈善组织、个体行动者、松散的群体、非正式网络、虚拟组织、联盟、平台、孵化器等等。

慈善文化激励着行动主体投身慈善。多元化的慈善文化激励着多元化的行动主体。形形色色的行动主体，从各种各样的慈善文化中各取所需，为自己的行动赋予意义。在技术、经济、社会、政治力量以及全球化的协力支持下，现代慈善的行动主体成为当今中国慈善领域中最耀眼的行动主体。实力雄厚、强大有力的专业慈善组织是中国慈善不可或缺的中坚力量。前现代慈善的行动主体，无所不在，无时不在，显示了历史传承的力量。今日中国，传统型的行动主体极为活跃，数不胜数的业余的、兼职的、无偿的、非专门化、非组织化、非职业化的行动主体，从事着局部的、临时的、小规模的、去中介化的慈善活动。此类慈善行动，在中国大地上，从未退场，从未间断，时至今日还在我们每个人的身边发生着，我们每个人几乎都参与其中，只是因为太平常了，太普通了，以至于不能引起我们的注意。现代慈善理念、政府为了管理之便设立的法律和政策，也在有意无

---

[1] 《英国文化教育协会在艺术、教育及社会领域的工作》，https://www.britishcouncil.cn/programmes，最后访问日期：2019 年 11 月 26 日。

意地忽视它们的存在和贡献。经济与教育发展、产业结构升级、中产阶层崛起、后物质主义文化兴起推动了后现代慈善的发展。如今后现代慈善主体生机勃勃，方兴未艾。

活跃于中国大地的慈善行动主体的构成，深受国内和国际政治的影响。受国内政策调整的影响，境外行动主体的绝对作用和相对作用均大幅下降。这一趋势短期内不会改变。

市场化、经济发展、教育发展、中产阶层壮大、互联网革命、国际格局变化，改变了行动主体的构成，也改变了各种主体之间的力量对比关系——个体行动者相对于专业组织的作用上升了；小组织相对于大组织的作用上升了；虚拟组织相对于实体组织的作用上升了；民间行动者相对于官方行动者的作用上升了；本土行动主体相对于海外行动主体的作用上升了；互联网企业的权力上升了。

十二　实施方式

　　为了满足受益者的需求，行动者要制定解决方案，汇集慈善资源，通过一定的方式将"慈善产品"或"慈善服务"送达受益人群。本章就从慈善产品和慈善服务的"输送"入手考察实施方式。

　　现实世界中的"输送"，发生于两个空间——实体空间和虚拟空间之中。互联网革命戏剧性地开创了虚拟空间。慈善在虚拟空间里蓬勃发展，显示出不可估量的潜力。无论是在虚拟空间中，还是在实体空间中，"输送"又可以分为"直接"与"中介"，前者指行动者将慈善产品或慈善服务直接送到受益者手中，后者指行动者（往往是捐赠者或志愿者）经由作为中介的个人或组织将慈善产品或慈善服务送到受益者手中。由此可见，考察今日中国慈善的"实施方式"，应当充分考虑传统慈善与现代慈善并存这一事实，充分考虑互联网对慈善的巨大影响。所以，我们从两个维度入手，对实施方式进行分类，一为"直接/中介"维度，体现传统慈善与现代慈善的分野；二为"实体空间/虚拟空间"维度，显示互联网革命对慈善的深远影响。这种分类方法能够凸显当下慈善实施方式的最重要的特质和未来的最主要的趋势。

　　根据"直接/中介"与"实体空间/虚拟空间"两个维度对实施方式进行分类，可以区分出四种慈善实施方式：（1）传统慈善，发生于实体空间的"直接"输送方式；（2）现代慈善，发生于实体空间的经由"中介"的输送方式；（3）互联网传统慈善，发生于虚拟空间的"直接"输送方式；（4）互联网现代慈善，发生于虚拟空间的经由"中介"的输送方式（见表12-1）。

　　在慈善世界中，实体空间与虚拟空间并非互不搭界、相互分离的两个空间。实际上，许多慈善行动同时穿行于两个空间之中。慈善行动往往从线

表 12 -1　慈善的实施方式分类

分类维度	实体空间	虚拟空间
直接输送	传统慈善	互联网传统慈善
经由中介输送	现代慈善	互联网现代慈善

上活动与线下活动的互动中获益良多。

（一）传统慈善

"传统慈善"是指发生在实体空间中的行善者与受益者直接对接的慈善行为。这里的"传统"并不是时间的概念，而是特指无需专业的慈善组织为"中介"而进行的慈善活动。传统慈善依托血缘、地缘、业缘展开，既可以是熟人或陌生人之间的扶贫济困、安老扶幼，给予有形资源的援助，也可以是行善者为受益人带去无形的生活关爱和心灵慰藉。这种"有钱出钱、有力出力"的，基于熟人圈子的面对面"利他"行为在中国古已有之，是历史最为久远的慈善实施方式。一直到今天，这种形式仍然在我们的日常生活中随时发生，随处可见。

亲朋好友之间的互助互帮是现代社会容易忽视的慈善形式，却是日常中常见的慈善现象；发生在村庄、社区中的邻里互助也是传统慈善的典型形式（见例 12 -1）；除社区之外，机关、社会团体、事业单位、企业内部同事间的互助则是传统慈善的另一种重要形式。此类案例不胜枚举。这些"传统慈善"在我们的日常中随时随地发生，为普普通通的百姓解决了大量的实际问题，切实而有效地改善了他们的生活质量。

例 12 -1　中国志愿服务联合会在全国开展"邻里守望"志愿活动，号召广大志愿者从关爱做起、从身边做起、从你我做起、从日常做起，关爱空巢老人、留守儿童、农民工和残障人士，用志愿服务使每一个遇到困难、渴望帮助的人得到及时的关爱，在全国范围内掀起了邻里互助的热潮。[1]

---

[1]　《以"邻里守望"活动为例论邻里互助社区志愿服务的发展》，http://www.sohu.com/a/219599571_669645，最后访问日期：2019 年 11 月 26 日。

（二）现代慈善

所谓"现代慈善"是指在实体空间中以专业慈善组织为中介而开展的慈善活动。不同于资源提供者与受益者直接建立联系并实施帮助的传统慈善，现代慈善中的资源提供者不再直接实施救助，而是将资源交付给专业慈善组织，由它们负责与受益者对接并开展救助活动。

现代慈善是农业社会向工业社会转型过程中，伴随着社会流动的增强以及社会分工的细化而产生的。现代慈善中资源提供者与受助者分离，专业慈善组织作为相对稳定可靠的中介，既满足了流动性较强的社会中远距离慈善救助的需要，也使大规模的集体救助成为可能。

专业慈善组织是指专门从事慈善事业的组织机构，如基金会、社团、民办非企业单位等。与企业等非专业慈善组织相比，专业慈善组织在公益项目中不是捐钱、捐物式的局部参与，而是扮演着项目计划者、实施者、主要责任承担者的角色。专业慈善组织中往往既有专职工作人员，也会招募志愿者。不同于业余的、兼职的、不计报酬的志愿者，专职工作人员本身不是慈善家，既不捐款、捐物，也不无偿贡献时间和技能，而是以此为职业、靠在慈善组织就业获得收入的工薪劳动者（见例12-2）。

例12-2　北京歌路营慈善基金会（简称"歌路营"）是一家服务中国农村寄宿制学校和乡村儿童成长教育的公益组织，成立于2008年，前身是1991年成立的中国第一条青少年心理咨询热线——青春热线，2017年在北京市民政局注册为北京歌路营慈善基金会。歌路营致力于为农村寄宿制学校和乡村儿童提供专业成长教育内容，为乡村校长和老师赋能，探索农村寄宿制学校发展的路径和标准、改变教育软性环境、补充成长教育空白。歌路营在对102所农村寄宿制学校的调研中发现，寄宿留守儿童在入睡前想家、哭泣、做噩梦、尿床等现象频发，"睡前15分钟"成为一个学校管理的极端痛点，以及孩子心理问题暴发的时期。歌路营在2013年提出"新一千零一夜——农村寄宿留守儿童睡前故事"公益项目，开发适宜农村寄宿留守儿童心理特征和需求的疗愈性音频睡前故事。该项目已经成熟运作5年，截至2018年10

月，已覆盖全国 29 省 225 地市 786 区县，服务超过 6000 所学校 171 万人。①

在实施方式方面，现代慈善相对于传统慈善的独特之处在于倡导类慈善组织的出现以及倡导活动的大规模发生。其使命不在于为特定群体提供具体服务，而在于改变立法者或社会公众的观念与行为；不局限于回应生存性需求，也回应发展性需求。近年来，在中国，以改变社会观念、推动政策完善为核心目标的倡导活动也普遍在积极探索、创新实践，因此在此处需要对其做专门扫描。

总体来说，中国倡导类主体的行为特征主要表现在三个方面。其一，中国公益倡导非对抗性的特点始终比较突出。中国大多数社会组织希望与政府建立密切的合作关系。相应地，在倡导过程中，中国非政府组织的大部分工作都在政策允许范围内，其角色更像是在帮助政府解释、完善和执行社会发展议程。② 有研究者将中国民间组织的倡导方式归纳为以下类型：递交报告和建议书，在"两会"上提交议案，与政府共同发文举办活动，到行政部门反映情况，利用接访日、信箱、热线，向政府体系游说，进行行政诉讼及写请愿书，申请信息公开，表演行为艺术，等等。③

其二，专业组织倡导手段稳妥，同时不断更新，持续推进中国制度的完善与社会观念的变化。这些组织面对女性权利、环境保护、劳工维权（见例 12 - 3）、性少数群体（LGBTQ）等比较敏感的领域，不改其初衷，同时不停探索在中国情境下更为有效的倡导方式。

例 12 - 3　以北京义联劳动法援助与研究中心（简称"义联"）等为代表的 NGO，坚持以提供法律援助、开展普法活动、出版调研报告、维权指南等方式服务困难职工与农民工，得到了社会各界的广泛认可。义联是国内首家以困难职工、农民工等为主要援助对象的专业化劳动

---

① 《新一千零一夜——乡村儿童成长故事陪伴项目》，https://www.haogongyi.org.cn/home/product/detail/id/52.html，最后访问日期：2020 年 6 月 22 日。
② Robyn Wexler，徐莹，Nick Young：《非政府组织倡导在中国的现状》，《中国发展简报》，2006 年，第 12 页。
③ 刘海英：《民间组织倡导有效性研究》，《中国第三部门研究》2016 年第 1 期，第 56～83、202 页。

法律援助民间组织。2007～2017 年，义联团队代理了超过 8000 起案件，接受法律咨询的人次超过 13 万人。①

其三，包括受助者在内的社会公众也越来越多地参与倡导，在行为方式上也日益多元，能够快速引起广泛关注。比如，表演行为艺术是越来越被广泛采用的倡导方式。2012 年，"占领男厕所""受伤的新娘""上海地铁反性骚扰""光头姐抗议教育部"等产生广泛社会影响的性别事件相继发生，被媒体称为中国"女权行动元年"。② 互联网也助推了公益倡导中的公众参与，2014 年的 ALS 冰桶挑战与 2017 年的 Metoo 运动都是跨越国界，通过互联网平台在世界范围内引起广泛关注。散步抗议也是中国公众已经尝试使用的一种倡导方式，它比游行示威柔和，是群体在公共场合聚集以引起对自身诉求的关注（见例 12 - 4）。

例 12 - 4 2013 年 7 月，北京建行总部和工行总部爆发员工集体散步抗议，约 500 名被买断工龄的前员工聚集工行、建行北京总部门口，衣服上写着要吃饭、要生活。他们来自多个省份、多个单位，有的要求总行增加补偿，有的则要求回归原单位，主要通过围坐来施加影响。③

（三）互联网传统慈善

助人者与受助者在网络空间中直接对接，不经过慈善组织等"中介"环节的慈善是典型的"互联网传统慈善"。实际上，互联网本身就充当了慈善中介，通过电子化平台将传统慈善活动从好友、近邻之间拓展到散布在天南海北的素未谋面的陌生人之间。过去不可能的事现在成为可能，而且

① 《黄乐平：十年劳动公益维权路》，http://www.mzyfz.com/cms/benwangzhuanfang/xinwenzhongxin/zuixinbaodao/html/1040/2017 - 01 - 11/content - 1245562.html，最后访问日期：2019 年 12 月 7 日。
② 魏伟：《街头·行为·艺术——性别权利倡导和抗争行动形式库的创新》，《社会》2014 年第 2 期，第 94～117 页。
③ 《工行建行总行遭 500 员工集体散步抗议》，https://www.guancha.cn/economy/2013_07_29_161863.shtml，最后访问日期：2019 年 12 月 7 日。

效率和便捷性空前提高。网络社交平台、电子支付软件的开发为慈善活动开辟了全新的空间，一方面使慈善资源供给者和受益者能够直接建立联系；另一方面使捐钱能够在线上完成，比如支付宝、微信支付等 App 使"P2P"式捐助变得"易如反掌"，而"P2P"式捐助正是最基本的、最普遍的互联网传统慈善。有了互联网特别是移动互联技术的加持，实体空间中的传统慈善被搬到了虚拟空间，"面对面"和"点对点"的慈善行为进化为"不在场的在场"慈善，从而突破了实体空间中传统慈善活动时间和空间上的限制。但是，我们也必须清醒认识到的是，互联网毕竟不同于实体的慈善组织和个人等中介，对于需要现场参与的活动，如救灾、环保、文化传承等等，必须以实体的人或组织为载体才能完成。互联网能够凭借其在信息传递、资源聚集等方面优势，对这些活动提供辅助，但无法替代实体中介。

互联网传统慈善包括个人求助、公益众筹等形式。其中，个人求助发展得最为迅速，引发的争议也最为激烈。一方面，微信和微博以其低进入门槛和广泛传播力，而成为互联网传统慈善的重要平台。无论是受益者，还是捐助者，皆可借助该平台，主动讲述自身经历，直接寻求他人帮助。另一方面，互联网还催生出一大批个人求助平台，求助方提交基本信息、平台方简单核实后，便可上线其求助信息（见例 12 - 5）。其传播路径最初主要是由求助者的亲朋好友转发，通过"社交关系链"进行信用背书，利用社交媒体传播范围广、速度快的特点，即可在短时间内募集到所需善款（见例 12 - 6）。

例 12 - 5　大病救助项目是北京轻松筹网络科技有限公司（轻松筹）创立的救助项目，也是该公司的拳头项目，它将社交的强关系运用到大病筹款中，为求助者提供高效、透明、便捷的筹款渠道。轻松筹 150 人客服团队可保证每天 9 小时电话客服与 13 小时在线客服，全年无休。对于不擅长使用智能手机的用户可选择 1 对 1 顾问服务。轻松筹"智爱"系统的上线，在大数据和人工智能的加持下不仅加快了审核环节的速度，人机协作的方式让用户在更加高效、透明的模式下参与公益，保证爱心人士和求助者双方获得保障。要寻求帮助的大病患者，可通过轻松筹 App 发起大病求助项目。截至 2018 年 9 月，轻松筹体系在全球 183 个国家和地区的用户总数已经突破 5.5 亿，共帮助超过

253 万个家庭，筹集善款总额超过 255 亿元。①

例 12 – 6　腾讯 2017 年推出个人亲友间互助筹款平台"We 救助"。与"轻松筹"不同的是，腾讯"We 救助"在平台上不设有公开入口，用户打开手机微信，即可通过"We 救助"的官方微信号在页面发起筹款项目。通过输入身份证信息完成与微信支付实名认证的匹配，完善发起人基础信息即可上传包括诊断证明、所在医院等受助人信息资料，再进一步填写病情治疗情况、家庭背景信息，后台审核成功之后即可上线。"We 救助"主要通过个人朋友圈、微信群等私人关系链传播，这类救助建立在基本的信任关系上，筹款速度更快，信息安全也得到了一定保证。②

实体空间中的传统慈善依托于熟人网络，施受双方的情感维系与信任程度较高，传统熟人社会也约束着可能的"道德风险"，保证了信息的真实可靠，因此实体空间的传统慈善较少出现利用慈善谋求私利的情况。互联网传统慈善虽然在一定程度上也依靠熟人网络，但是互联网强大的传播能力使其极容易触达熟人网络之外的人群，这样一来，求助方信息造假的机会主义冲动大为增加，加之平台疏于审核且审核难度大、成本高，甚或为了流量、业绩等目的而推波助澜。在这种情况下，不仅捐助者会蒙受经济损失，更重要的是，公众爱心遭到滥用，社会信任遭受破坏，最终受损的将是整个社会和真正具有受助需求的人。

公益的要件之一是"不求回报"，而"免费"就是"不求回报"的一种表现形式，所以"免费"为商业与公益的融合提供了一个"结合部"。"免费"是交叉补贴的构成要素，互联网使交叉补贴大行其道，所以互联网促进了商业与公益的跨界融合。由此可见，水滴筹之类的商业与公益相互渗透的方式，具有相当大的普遍性，也预示了一种潜力巨大的未来趋势。

（四）互联网现代慈善

"互联网现代慈善"是指在虚拟空间中经由"中介"达成的慈善。作为

---

①　轻松筹，https://www.qschou.com/，最后访问日期：2020 年 6 月 22 日。
②　We 救助，https://ssl.gongyi.qq.com/weself/home.html，最后访问日期：2020 年 6 月 22 日。

"中介"的组织，可以是专业慈善组织，也可以是企业或媒体；作为"中介"的人，可以是熟悉的人，也可以是陌生人。借助网络平台的社交、图片视频传输以及支付等功能，中介可以高效率、跨时空地动员资源；也可以高效率、跨时空地对接行善者与受益者，甚至让行善者和受益者、受益者与受益者之间自行组织起来。

互联网与慈善的结合彻底重塑了中国慈善的行业生态。互联网对现代慈善的改变覆盖了慈善的各个方面。就资源动员而言，现代慈善组织与互联网相结合进行资源动员，其主要方式包括网络募捐（见例 12-7）、公益众筹、利用社交网络进行推广传播等方式。

例 12-7　根据一项针对 91 家全国性公募基金会的调查发现，其中 82 家的基金会建立了自己的官方网站，其中 32 家基金会的网站提供了网银、支付宝等在线捐赠方式，或 51Give、腾讯乐捐等第三方平台捐赠通道，占有官网的基金会总数的 39%；有 27 家基金会公开了银行账户、邮局汇款地址、现场或线下协议捐赠等传统的捐赠方式，占总数的 33%。专业慈善组织还尝试与门户网站合作。2005 年即有两家公益机构开始尝试在淘宝网开设"公益网店"。2006 年 5 月，中国红十字会和淘宝网发起"魔豆宝宝爱心工程"项目，帮助自强自立的困难母亲在淘宝网开店创业。在不到 4 个月的时间内，近 3500 万网友参与捐助，募得超过 49 万元善款，帮助 18 位母亲在网上创业。2008 年被视作中国网络募捐的"突破"之年。当年 5 月 12 日，汶川发生特大地震。当天 18 时，淘宝网开通了网络捐款快速通道，仅一周左右的时间（5 月 12 日 18 时至 5 月 19 日 12 时）就成功募集善款 1738 万元。此后，腾讯网络捐赠平台、新浪微公益、支付宝 E 公益平台等一批线上网络募捐平台先后上线，网络募捐进入了快速发展阶段。目前，不少全国性的公募基金会都把与门户网站合作开展募捐作为筹资的一种重要方式，它们或与门户网站合作联合开展公益项目募捐，或利用网络的第三方支付手段，开通网上捐款平台，为自有项目筹款。据该课题组对新浪微公益平台的"品牌捐"的调查，自该平台 2013 年 9 月上线至 2015 年 9 月 15 日，共有 13 家全国性公募基金会发起了 64 个品牌捐项目，筹得款项约 1815 万元。其中中国扶贫基金会的项目数量最多，为 11 个；

中国社会福利基金会募款额最高。①

国内现有三家规模最大、影响力最广的互联网公益平台：腾讯公益（见例 12-8）、支付宝公益（见例 12-8）和新浪微公益（见例 12-10）。

例 12-8　由于与微信结合，并具有移动支付功能，腾讯乐捐募款额迅速增长，成为最重要的移动募捐平台。2015 年 9 月，腾讯公益联合上百家慈善组织、数十家知名企业，发起首个中国互联网"99 公益日"活动，通过移动互联网、社交平台等渠道，发动全国热爱公益的网民通过小额现金捐赠、步数捐赠、声音捐赠等行为，以轻松、便捷、快乐的方式参与公益，为数千个公益项目进行小额捐赠。"99 公益日"已经连续举办了四年，为慈善组织带来了指数级增长的慈善资源。2019 年"99 公益日"活动，4800 万人次爱心网友通过该平台捐出善款 17.83 亿元，超过 2500 家企业配捐 3.07 亿元，加上腾讯公益慈善基金会提供的 3.9999 亿元配捐，此次"99 公益日"总共募得善款达到了 24.9 亿元。②

例 12-9　阿里巴巴支付宝公益平台也是慈善组织的活动阵地。据 2015 年的一项调查显示，16 家全国性公募基金会目前在支付宝公益平台的筹款额为 7236 万元。中国社会福利基金会因拥有募款大户免费午餐项目而遥遥领先。③ 由阿里巴巴公益基金会发起的"95 公益周"也为慈善带来了丰厚的资源，以 2019 年为例，从 9 月 1 日 0 点到 9 月 9 日 8 点，"95 公益周"累计带动超过 18 亿人次公益行动，相当于平均每天带动公益行动近 2 亿人次。

例 12-10　新浪微公益作为新浪集团的公益部门，负责运营微公益产品，为慈善组织提供互联网慈善募捐信息服务，为慈善组织微博提供运营支持，帮助慈善组织提升微博新媒体传播效果。联动慈善组织参与微博热点公益事件，借助微博热点公益事件影响力，扩大公益

---

① 相关资料整理自网络。
② 相关资料整理自网络。
③ 谢家琛等：《公益慈善组织运行新模式研究》，http://www.chinanpo.gov.cn/700105/92466/newswjindex.html，最后访问日期：2019 年 11 月 24 日。

舆论声量，增加公益机构或公益项目的知名度和影响力，结合微博名人、明星、"大V"的资源优势，建立微博名人明星公益合作机制，推动高影响力用户参与公益行动，扩大了公益慈善事业的覆盖面和参与面。截至 2019 年 1 月 9 日，社会公益筹款项目共上线 31 个，共筹款超过 420 万元，捐款人次超过 20 万。其中捐款人次超过 1 万的项目 6 个，捐款人次超过 3000 的项目 20 个。[①]

众筹平台也是慈善组织合作的对象。诸如中国扶贫基金会、中国妇女发展基金会等都在淘宝众筹、众筹网等平台发展了公益众筹项目（见例 12 - 11）。

例 12 - 11　由爱德基金会发起、在淘宝众筹平台上发起的"很多人的面包坊"项目，旨在通过众筹的方式筹集 8 万元资金建立"很多人的面包坊"，为喜憨儿（即智障人士）提供糕点制作与烘焙方面的技能培训与工作机会，帮助喜憨儿融入社会，自强自立。该项目于 2014 年底在淘宝众筹平台上线，发起人设置了 50 元至 5000 元不等的资助额度，并承诺提供包括各式糕点、优惠卡、烘焙体验课、个人产品定制服务等实物及非实物回报。此外，爱德基金会还承诺众筹成功后，将在 3 个月的时间内完成选址、装修并正式开业。该项目自上线后得到网友的热烈响应，在不到 40 天的时间内就成功募集超过 12.5 万元，顺利完成预定众筹目标。2015 年 5 月，面包坊正式开业。[②]

移动互联技术的发展带来了社交圈的扩展。慈善组织瞄准互联网时代的"社交慈善"，开展了各式各样的运动式和体验式公益项目，再利用社交媒体"快速连接"的特征，既快速并大量筹得了慈善资源，也显著地提升了组织的知名度和社会影响力（见例 12 - 12、例 12 - 13）。

例 12 - 12　"为爱行走"是一项线上与线下相结合的大型徒步公益

---

① 新浪微公益，https://gongyi.weibo.com/，最后访问日期：2020 年 6 月 22 日。
② 《爱德面包坊新众筹项目"很多人的面包坊"正式上线》，https://www.igoodtv.com/p/9032.html，最后访问日期：2020 年 6 月 22 日。

活动，旨在倡导公众通过行走的方式参与公益，为民间社会组织募款。2017年6月10日恰逢首个中国"文化和自然遗产日"，"关爱遗产·为爱行走"大型徒步公益活动在北京市昌平区举办，800多名市民齐聚明十三陵长陵广场，通过徒步行动，为爱的分贝、爱心衣橱、北京仁爱基金会、北京春苗儿童救助基金会、瓷娃娃罕见病关爱中心等9家公益机构的10个优秀公益项目筹集善款。同时，"为爱联合劝募"微信公众号进行线上宣传，并开发了"邀请朋友一起捐"的小程序，号召慈善界的意见领袖们进行带队宣传。通过线上线下方式的结合，"为爱行走"项目将"爱心传递、文化传承、全民健身及全域旅游"相结合，在推动全民健身运动的同时，也激发了北京市民参与公益的热情，提升公民对文化和自然遗产的保护意识。①

例12-13 ALS冰桶挑战赛是一项接力式的爱心募捐活动，以别具一格的方式使有关渐冻人的慈善议题在全球范围内扩散开来。活动参与者在网络上发布自己被冰水浇遍全身的视频内容，然后邀请其他人来参与；被邀请者要么在24小时内接受挑战，要么选择为对抗"肌肉萎缩性侧索硬化症"捐出100美元。该活动旨在让更多人知道被称为渐冻人的罕见疾病，同时也达到募款帮助治疗的目的。2014年8月，该活动引入中国，8月18日，小米科技创始人雷军接受DST首席执行官尤里·米尔纳的冰桶挑战，向美国ASL协会捐款100美元，同时向中国"瓷娃娃罕见病关爱基金"捐赠了1万元。新浪微博获悉雷军接受挑战后，联合瓷娃娃罕见病关爱中心发起了"助力罕见病，一起冻起来"活动，至此冰桶挑战在中国迅速风靡。国内的冰桶挑战活动在规则上与国外有所不同，主要是被点名者在接受挑战的同时，也会捐款。冰桶挑战一上微博即被引爆，话题阅读量达到47亿，讨论量达409.4万，相关博文88万条。截至2014年8月30日，共有4万人向冰桶挑战专项捐款，筹款总额达814万多元，其中普通网友捐赠约660万元，占总额的81%。冰桶挑战活动成功地激发了公众对罕见病的关注，

---

① 相关资料整理自网络。

调动了全社会的公益激情，成为 2014 年标志性的公益事件。①

　　互联网现代慈善中，作为中介的慈善主体的信誉起着关键作用。相比线下实施的现代慈善，互联网为不够"知名"的组织和个体提供了更多机会，通过公开和宣传活动，各式各样的中介均有机会取得网民的信任，并吸引他们参与相应的慈善活动。在此过程中，互联网慈善信息的真实性和可靠性显得尤为重要，而慈善中介往往起到一个可信度认证的作用。因此，当作为中介的慈善主体在公众心目中形象良好时，则更可能在短时间内引发受众的共鸣，进而动员大量的资源。其中，明星也是互联网现代捐赠中的重要中介（见例 12 – 14、例 12 – 15）。

　　例 12 – 14　"直播＋公益"的形式越来越走近人们的视野。2016 年，直播平台斗鱼开始尝试"直播＋公益"，主题涉及环保、扶贫、志愿者等多方面。其中，"网红主播＋支教老师"模式在网上引发热议。这种主播支教的活动，让不少人通过直播认识支教，关注到偏远地区的孩子。KK 直播平台的《匠人与匠心》"非遗"系列直播，将几十位非遗传人从幕后引至台前，让传统文化通过年轻化的表达方式进行传播。2018 年 6 月 26 日，由中国妇女发展基金会等单位主办的"与爱同行"系列公益直播走进国内首家退休人员文化休闲空间——建投享老生活馆，10 余位网络主播达人号召网友向老一辈建设者致敬，呼吁关爱老年人。当天直播观看量达 2237 万人次。②

　　例 12 – 15　明星直播更是体现出了前所未有的活力。以一直播为例，一直播与微博紧密绑定，天然具备媒体属性和社交属性，明星在微博上直接开通直播，置身于社交场中，对于明星来说是多了一种与粉丝沟通的方式，而对于粉丝们来说，爱豆们能否与其实时互动，更是让粉丝与爱豆的活动们产生了强关联，让粉丝的公益之心转化为行动力，在与明星的互动中为公益出一份力。直播＋公益的最大魅力在于以直播

①　《ALS 冰桶挑战赛风靡全球》，https://sports.sohu.com/s2014/als/，最后访问日期：2020 年 6 月 22 日。
②　相关资料整理自网络。

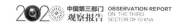

为平台、以公益为载体，全面激活明星和粉丝的内在联系，使原本关系疏远甚至对立的双方处于同一阵营，成为命运共同体，齐心协力为公益出力，这是以明星义卖、捐款为主的传统公益的一次巨大创新。①

如今，商业与慈善你中有我，我中有你，难解难分。商业与慈善相互渗透，两者的关联方式、融合方式越来越复杂。这也是今天中国的商业与慈善领域中发展最快、最令人眼花缭乱的地方。一些企业能够正确处理营利性活动与非营利性活动的关系；一些企业则游走于商业与公益之间的模糊地带，甚至故意搅浑水，以期浑水摸鱼；一些企业则公然假慈善以营利（见例 12 - 16），大肆行骗。随着商业与慈善的跨界、融合日益深化，加之骗术日新月异，一般人已经很难分清哪些是公益、哪些是商业、哪些是诈骗了。

例 12 - 16　2016 年 5 月，深圳市善心汇文化传播有限公司打出"扶贫济困、均富共生，打造立体化社会经济模式"的口号，以"精准扶贫"的名义，搭建起"善心汇众扶互生大系统"平台，通过许诺超过银行利息上百倍的现金返利，吸引群众注册成为"善心汇"会员，采取拉人头方式，在不到一年的时间内，通过网络平台吸引 500 余万群众成为"善心汇"的会员，涉案金额高达数百亿元。在"扶贫济困、均富共生"的洗脑下，百万会员对于在行善的同时也能获得高额回报的"善心汇"深信不疑。公司宣称行善助人，营造友爱互助的幻象，事实上将少数受助者作为宣传工具，如送米面油让受助者摆拍受赠照片，诱骗更多人加入善心汇。甚至，2017 年 1 月在某基金会下成立"善心汇慈善基金"，2017 年 4 月某基金会发现"善心汇"运作存在问题，发布终止合作的公告。7 月，善心汇公司打着慈善的名号进行传销，制造的庞氏骗局被揭示出来。按照公安部统一部署，全国各地公安机关依法对广东深圳市善心汇文化传播有限公司法定代表人张某明等人涉嫌组织、领导传销活动等犯罪问题进行查处，张某明等多名犯罪嫌疑人已被依法采取刑事强制措施。②

① 《直播 + 公益，会成为直播行业的一股清流吗？》，https://www.tmtpost.com/2451745.html，最后访问日期：2019 年 11 月 26 日。
② 《"慈善组织"善心汇声称富人帮穷人赚钱　疑庞氏骗局》，https://news.qq.com/a/20170522/008199.htm。

与之相对，我们来看一个真正"高大上"的"好"案例——阿里巴巴集团与公益（见例 12 - 17），它集中展现着近年来公益商业融合与技术发展，为慈善所带来的积极的变化。

例 12 - 17　2019 年初，阿里巴巴集团提出"阿里巴巴经济体公益"的概念。3 月 29 日，阿里巴巴宣布成立"阿里巴巴经济体技术公益委员会"，号召全体工程师带着自己的技术投入到公益事业当中。5 月 16 日，首份阿里巴巴经济体"公益财报"发布。数据显示，在阿里巴巴经济体，阿里巴巴公益、支付宝公益两大平台总捐赠笔数超过 300 亿笔，上个财年产生直接捐赠 91 亿笔，带动参与捐赠人数超 4.4 亿。在上个财年，阿里巴巴员工用业余时间做公益，累计公益时 26.9 万小时，公益足迹分布在全球 20 多个国家和地区。

2018 年，阿里巴巴助力全国 600 多个贫困村成为淘宝村，国家级贫困县在阿里巴巴平台的销售额超 630 亿元，超 100 个贫困县网络销售额突破 1 亿元。此外，上个财年，阿里巴巴公益基金累计投入资金 2.52 亿元，在 389 个城市开展了水环境保护行动，守护了 1312 条河流。通过环境公益诉讼，撬动超过 3 亿元的环境治理资金投入。各类线上线下自然教育活动触达公众累计达 3500 万人次。[①]

表 12 - 2　阿里巴巴集团的部分业务模块和部分公益项目

业务模块	公益项目
淘宝、天猫	公益宝贝、公益账户、公益店铺、公益福包、野生小伙伴
阿里云	码上公益
阿里人工智能实验室	AI 豆计划
菜鸟	绿色行动计划
蚂蚁金服	蚂蚁庄园、蚂蚁森林　支付宝公益平台*、"聚公益"**
阿里健康	"疫苗快查"
高德地图	环境地图、疫情地图
阿里鱼	旅行青蛙公益之旅
阿里游戏	旅行青蛙公益之旅

注：* 慈善组织互联网公开募捐信息平台；** 公益平台。

[①] 《阿里发布首份阿里巴巴经济体"公益财报"》，http://gongyi. people. com. cn/n1/2019/ 0516/c151132 - 31088952. html。

　　阿里巴巴集团将公益融入到阿里巴巴经济体的各个环节、各个层面、各个方面。

　　其一，以科技助力公益，同时也用公益实践科技的力量。

　　其二，将公益理念融入企业文化，激励员工参与公益，并将其制度化。2015 年马云向全体员工发出"每人每年完成 3 小时公益志愿服务"的倡议。这项被称为"公益 3 小时"的计划成为阿里人工作以外的"KPI"。2019 年成立"阿里巴巴经济体技术公益委员会"，号召全体工程师带着自己的技术投入到公益事业当中。阿里云工程师们用 1000 多个小时的业余时间建立的"码上公益"平台，用 10 万多行代码支持了 73 个公益项目，累计间接让上千万人受益。

　　其三，通过公益连接用户。互联网时代，商业的主导权转移到了用户手中，企业必须以用户的视角、思维方式、消费习惯来提供产品和服务，为用户尽可能地创造良好的体验。阿里巴巴集团将公益用到了极致，以此来吸引用户，保持用户的黏性和忠诚度。"公益宝贝项目"是阿里巴巴基金会与中国扶贫基金会、中华少年儿童慈善救助基金会、爱德基金会合作开展的一个公益项目。仅在 2018 年"双 11"当天完成的交易中，"公益宝贝"平台就带动了 91.8 万余商家、超过 1.13 亿消费者，共同创造了 3 亿笔公益捐赠，支持了近 30 个公益项目。"人人 3 小时，公益亿起来"项目提供免费平台资源，对接普通公众和公益项目。截至 2019 年 9 月，"3 小时公益"平台注册用户已超过 4000 万，入驻公益机构超过 1500 家，参与各类公益行动人次超过 2000 万次。

　　其四，为公益领域搭建行动网络。"Xin 伙伴"致力于构建中国环保公益生态系统。首批"Xin 伙伴"包括自然之友、公众环境研究中心（IPE）、绿色潇湘、绿网、合一绿学院 5 家环保组织，伙伴们分别在法律与政策倡导、环境大数据应用、志愿者网络建设、社会组织培育等领域协同推进。"绿色行动"由阿里巴巴集团旗下菜鸟网络、阿里巴巴公益基金会、中华环境保护基金会发起，联合中通、圆通、申通、百世、韵达、天天 6 家快递公司，搭建绿色物流基础设施，解决由于消费快速增长而产生的快递包装垃圾问题，支持和推动物流行业的绿色升级。"95 公益周"，2019 年，线上推出 40 多种创新参与公益方式，线下全国 500 余家志愿服务组织在 130 多个城市共同打造线下"公益双

11"，推动公益行业融合创新。阿里巴巴、新浪微博、腾讯、字节跳动、小米、轻松筹六大互联网公司同台，探讨打破公益疆界、推进公益融合话题。

其五，作为一家成熟的企业，阿里巴巴集团也会积极响应政府号召。2017年12月，阿里巴巴集团36位合伙人共同宣布成立100亿元的脱贫基金会，脱贫攻坚成为阿里巴巴首要战略，并确定了五大方向：（1）电商脱贫：平台模式（一县一品模式，直供直销，打造地方特色品牌）、直播模式（网红＋地方干部＋明星）。（2）教育脱贫：乡村教育计划、职业教育计划。（3）女性脱贫：女性就业、女性保障、养育未来。（4）生态脱贫：保护地模式、生态经济林模式。（5）健康脱贫：顶梁柱健康扶贫公益保险。[①]

本书之所以占用如此大的篇幅描述阿里巴巴经济体公益，是因为其商业与公益的融合程度堪称"中国之最"——它涉及了所有的活动领域和受益对象，囊括了所有的行动主体，动用了所有的实施方式，广泛地动员了各类资源，产生了巨大的慈善效用；它改变了慈善系统的基础设施，它自己就是最重要的基础设施，进而改变了慈善系统的组织结构和运行逻辑；更为重要的是，它代表了中国慈善发展的重要趋势之一；最为重要的是，它的努力普及了慈善文化，提升了道德水准，推动了人人参与慈善，促进了社会的和谐。作为一家企业，它所从事的行动以及它所产生的影响只能用"不可思议"来形容。

（五）评述

今日中国慈善的实施方式，既见证了现代化的威力，又见证了历史传承的力量。矗立在现代技术、经济、社会"地基"之上的，以专业化、组织化、中介化为核心特征的现代慈善实施方式稳居主导地位，而且在实体空间和虚拟空间中同时稳步扩张。与之相伴的是现代慈善组织和慈善项目的数量和类型的增加、资源动员能力的强化、内部治理水平的提升、活动

---

① 相关资料整理自网络。

领域与受益对象的拓展、行业生态的成熟。与此同时，非专门化、非组织化、非中介化的传统慈善实施方式也在实体空间和虚拟空间中大行其道。互联网革命赋予传统慈善实施方式以新的形式、活力、生机与空间。互联网使传统慈善超越熟人圈子的局限，将散布于天南海北的陌生人纳入自己的资助范围。互联网提升了受助者的权利，以往消极被动的"被救助者"可以通过互联网主动发出自己的声音，并获得积极的回应。

互联网革命，不仅改变了慈善行动主体的构成，改变了行动主体之间的互动方式，也改变了慈善系统的基础设施，从而改变了慈善的实施方式。互联网对实施方式的革命性影响，体现在慈善产品和服务的输送链条的各个环节，作用于各个方面。更为重要的是，互联网一视同仁，不偏不倚，不仅助力现代慈善，也助力传统慈善。

展望未来，传统慈善实施方式将一如既往地延续，继续发挥其特有的作用。互联网将持续为它注入新的活力。随着法律监管和行业自律的逐步完善，互联网传统慈善也将更加完善。现代慈善实施方式稳健发展趋势也将延续下去。互联网对于现代慈善的渗透会继续增强，互联网现代慈善的形式会更加多样，效率也会持续提升。而且，将有越来越多的现代和传统的行动主体采取线下线上联动的实施方式，以求获得更高的运行效率和更广泛的关注与支持。

十三　资源及其动员

　　任何事业的开展和持续都离不开持久而稳定的资源支持，慈善也不例外。慈善项目的施行、慈善组织的运转都有赖于各种有形、无形资源的支撑。

　　在"全民公益"时代，人人都是"潜在的"慈善资源提供者，但是慈善资源不会自动地汇集到慈善主体的手中，慈善主体必须积极主动地"动员"资源的所有者，使其献出自己的资源，投入慈善活动，以满足特定的慈善需求。

　　本章先讨论"慈善资源"，再讨论"慈善资源的动员"。来自境外的慈善资源在第十五章"空间格局"的"跨国慈善"之中讨论。实际上，第十一章"行动主体"的"境外行动主体"也涉及境外资源。

（一）慈善资源

　　有许多方法对慈善资源进行分类。选择哪一种分类方法视研究的需要而定。我们将慈善"资源"分为"有形资源"与"无形资源"两大类：有形资源包括非人格化的资金、物资、办公设备、活动场所等等，还有志愿者，但是，本节只关注最重要的资源——资金；无形资源也是种类繁多，本节主要关注专业知识、关系和渠道。

1. 有形资源（资金）

　　在市场经济环境中，资金是慈善项目与慈善组织"最好用"的资源。根据资金的来源，可以将它分为三类——来自社会的资金、来自市场的资金、来自政府的资金。来自社会的资金，即社会捐赠，包括企业与个人捐赠。来自市场的资金，即慈善组织通过销售商品和服务获得的收入以及投资收益。来自政府的资金，主要来自政府购买服务与政府补助。

首先看看来自社会的资金。在中国，至少在过去40年间，社会捐赠是慈善事业最重要的资金来源。《中国民政统计年鉴》《慈善蓝皮书》历年的统计结果显示，中国慈善领域的社会捐赠总额，除了有重大自然灾害的特定年份外，总体呈现稳定增长态势。这也是经济社会发展、民众公益意识提升、公益捐赠公共政策日渐完善等多重因素作用的结果（见图13-1）。

图 13 - 1   2006 ~ 2017 年中国社会捐赠总额

资料来源：《中国慈善捐赠报告》（2010 - 2018）、《中国民政统计年鉴》（2006 - 2017）。

2011 年至 2017 年，社会捐赠中现金与有价证券占比总体呈逐年下降态势，而物资折价占比呈逐年上升态势（见图13-2）。

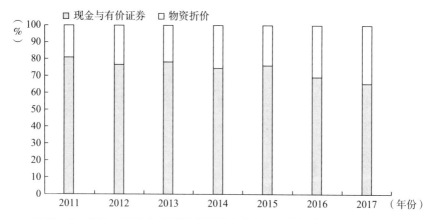

图 13 - 2   2011 ~ 2017 年中国社会捐赠中现金与有价证券及物资折价占比

资料来源：《中国慈善捐赠报告》（2010 - 2018）。

　　社会捐赠的接收主体包括民政部门、其他政府部门、事业单位、人民团体、免登记社团、宗教机构、慈善会系统、基金会系统、社会团体、民办非企业单位等等。本书统计了2011～2017年六种主要的捐赠接收主体接收的捐赠总量，结果显示，基金会系统接收的社会捐赠总量最高，而且逐年递增；排在第二位的是慈善会系统，它所接收的社会捐赠总量也是逐年递增；社会团体、民办非企业单位接收的社会捐赠总量明显低于基金会和慈善会系统。民政部门直接接收的社会捐赠总量呈逐年下降态势；其他政府部门接收的社会捐赠总量呈上升态势，2014年上了一个台阶；慈善会系统是代政府接收社会捐赠的主力军（见图13－3）。

图 13－3　2011～2017 年中国各类接收渠道接收的社会捐赠额
资料来源：《中国慈善捐赠报告》（2010－2018）。

　　近年来以小额捐赠为主的网络募捐越来越普遍，也越来越重要。2018年，民政部指定的20家互联网募捐信息平台共募集善款超过31.7亿元，较2017年增长26.8%。[①] 目前网络募捐在整个社会捐赠中占比还很低，但是增长势头强劲，前景不可限量（见图13－4）。

　　企业与个人是社会捐赠的两大主力。2011～2017年，企业捐赠虽略有起伏，但总体占比维持在60%左右；个人捐赠则在10%～30%间浮动，近4年持续增长（见图13－5）。

　　在中国，企业捐赠在社会捐赠者中占主导地位；在美国，个人捐赠占主导地位。中美形成巨大反差！这是真的吗？实际上，这种"反差"并不

---

① 中国慈善联合会：《2018 年度中国慈善捐助报告》，2019。

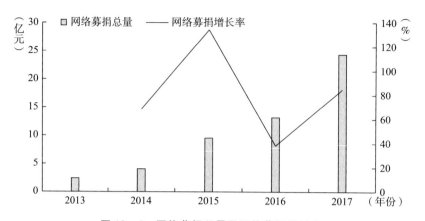

图 13 - 4　网络募捐总量及网络募捐增长率

资料来源：《中国慈善捐赠报告》（2010 - 2018）。

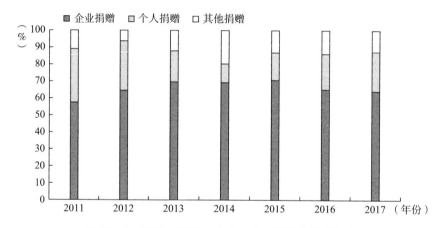

图 13 - 5　2011~2017 年企业、个人及其他捐赠占比

资料来源：《中国慈善捐赠报告》（2010 - 2018）。

是对现实的准确反映，在很大程度上，是由不合理的统计方法和扭曲的慈善观念造成的。在此类统计中，"个人捐赠"存在严重遗漏，如亲朋同事之间的资助未被统计进来，又如水滴筹、轻松筹等网络求助平台汇聚的捐款也没被统计进来。这是"法律之外的慈善"的典型案例。被遗漏的捐款规模庞大，仅以有据可查的轻松筹、水滴筹为例，前者 5 年间筹集、流转的资金总额超过 360 亿元，目前全球用户超过 6 亿①，后者截至 2019 年累计筹款

---

① 《轻松筹的发展关键词：用区块链打造完整生态，更好地为 6 亿用户健康服务》，https://
www.sohu.com/a/358699660_376360，最后访问日期：2019 年 12 月 6 日。

超过 235 亿元，近 2.8 亿人参与救助，产生了超过 7.5 亿人次爱心赠与行为。① 它们都属于"生活中的慈善"，但不属于"法律上的慈善"，也不属于学术界和慈善行业认可的慈善。

其次看看来自政府的资金。来自政府的资金主要有两类，即政府补助和政府购买。

彩票公益金是政府补助的重要资金池。彩票公益金收入包括福彩公益金收入、体彩公益金收入和其他公益金收入。2009 年至 2018 年十年间，福彩公益金、体彩公益金总量呈现持续增长态势（见图 13－6）。《彩票公益金管理办法》规定，彩票公益金用于补充全国社会保障基金、社会福利事业、体育事业和国务院批准的其他社会公益事业。按照国家规定的彩票公益金分配政策，所筹得的公益金，一半上缴中央财政，在社会保障金、专项资金、民政部和国家体育总局之间按照 60%、30%、5%、5% 的比例分配，目前主要用于补充全国社会保障基金不足、支持教育助教、发展残疾人事业、困难群体大病救助、补助城乡医疗救助基金以及扶贫、文化、法律援助、大型体育赛事等社会公益事业，其余一半属于地方留成部分，用于"扶老、助残、救孤、济困"等社会福利事业。② 对这部分资金，政府有权

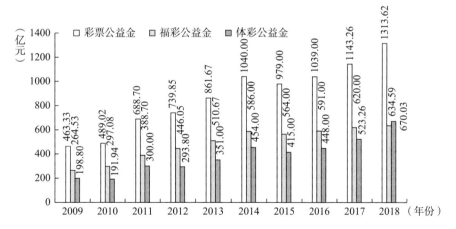

图 13－6 2009～2018 年彩票公益金、福彩公益金、体彩公益金总量
资料来源：《中国慈善捐赠报告》（2010－2018）

① 《沈鹏：水滴筹平台至 9 月份累计筹款 235 亿元》，http：//www. 45fan. com/article. php？aid＝1910215209475086472167347，最后访问日期：2019 年 10 月 21 日。
② 《福利彩票公益金用于哪些方面？》，http：//www. cwl. gov. cn/c/2018－07－31/441249. shtml，最后访问日期：2019 年 10 月 21 日。

决定通过哪个渠道、流向哪个领域。通常，政府支持政府背景的慈善组织、慈善基金会开展相关慈善活动，民间组织很难得到支持。

"政府购买服务改革深入推进，促进服务类采购需求增加，带来采购规模大幅增长，服务采购范围由保障自身需要的服务不断向社会公众提供的服务快速拓展。"① 如今，政府购买社会组织服务已成为政府供给公共产品和服务、社会组织获取收入与其他便利的重要渠道。

财政部每年发布的《全国政府采购简要情况》显示，从 2012 年至 2018 年，全国政府采购总额从 13978 亿增长至 35861.4 亿元。从政府采购结构来看，采购类型包括货物类、工程类和服务类，其中服务类采购又可分为保障政府需要类采购和面向公众提供公共服务类采购。2018 年，服务采购规模为 12081.9 亿元，其中，保障政府自身需要的服务和政府向社会公众提供的公共服务分别为 5705.5 亿元和 6376.4 亿元，占服务类采购规模的 47.2%和 52.8%。② 遗憾的是，迄今为止，政府购买社会组织服务的资金规模仍缺乏权威可靠的统计数据。

2017 年初，财政部和民政部出台《关于通过政府购买服务支持社会组织培育发展的指导意见》指出，要扩大社会组织承接政府购买服务的规模和能力。实际上，社会组织发展现状也不能适应当前推广政府购买服务的需要，地方特别是中西部地区和基层反映，政府向社会推出一些购买服务事项，往往难以找到合适的社会组织承接，想买也买不到。总体上看，目前政府提供的公共公益服务当中，能向社会力量购买的服务项目仍然较少，购买服务所占比例仍然较低，大部分公共公益服务仍由相应的事业单位具体承担。③

最后来看看来自市场的资金。这部分资金主要包括业务收入、经营收入和投资收益。业务收入指慈善组织开展业务活动而取得的收入，例如，向学生收取费用、向患者收取医疗费。经营收入指慈善组织在业务活动之外，开展经营活动而取得的收入。投资投入指慈善组织通过投资获取的收益。这三类收入的统计数据均残缺不全。

---

① 《2017 全国政府采购简要情况》，http://www.gov.cn/xinwen/2018-10/02/content_5327403.htm，最后访问日期：2019 年 10 月 21 日。
② 《2018 全国政府采购简要情况》，http://www.gov.cn/xinwen/2019-09/06/content_5427829.htm，最后访问日期：2019 年 11 月 15 日。
③ 《数千亿政府购买服务资金怎么花？新增支出超 30%要交给社会组织》，https://www.yicai.com/news/5198475.html，最后访问日期：2019 年 11 月 15 日。

2019 年 1 月 1 日开始施行的《慈善组织保值增值投资活动管理暂行办法》既鼓励基金会与金融机构合作，同时又对慈善组织的保值增值行为进行了细致规定，划定范围、明确红线，如"被投资方经营范围应当与慈善组织的宗旨和业务范围相关"，同时提出"不得直接买卖股票""不得以投资名义向个人、企业提供借款""不得直接购买商品及金融衍生品类产品""不能投资人身保险产品"以及不能参与"可能使本组织承担无限责任的投资""违背本组织宗旨、可能损害信誉的投资""国家法律法规禁止的其他活动"等八项硬性规定。①

中国慈善资产管理论坛发布的《中国基金会投资报告 2018》显示，全国净资产排名 TOP50 的基金会中，29 家基金会能够查询到 2017 年年报，其中有 21 家基金会在 2017 年通过投资取得收益，通过"理财"取得收益 17家，"股权"取得收益 9 家，"信托"取得收益 5 家；超过一半（21 家中的11 家）基金会仅投资了理财、股权、信托、债券、基金等几个种类中的一种。该报告的分析显示，2010～2016 年基金会行业年均投资收益率仅1.2%。与此同时，央行规定一年期存款利率为 1.5%。"如果不考虑每年的增量，我国慈善资产实际上处于缩水状态，根本谈不到什么保值增值。"②

2. 无形资源

专业资源

专业知识、技能、方法以及慈善文化、法律法规等无形资源，要经过"研发""推广""使用"三个环环相扣的"环节"，才能发挥其应有的作用。

学术研究、理论建设是"研发"环节的核心工作，主要由研究型大学和专业研究机构来承担。目前，国内已有十几所高水准大学成立了相关研究机构，如清华大学、中国人民大学、北京师范大学、中山大学、上海交通大学、浙江大学、南京大学，还有中国社会科学院。这些专业研究机构创办了一批连续出版物，如《中国非营利评论》《中国第三部门观察报告》，编写了教材，翻译了一大批英文学术著作。这些专业研究机构同时也是专业人才的培养基地，还通过举办各类会议承担了思想交流的职能，扮演着专业知识传播者的角色。它们大多集中于北京、上海、广州等文化、经济、

---

① 民政部：《慈善组织保值增值投资活动管理暂行办法》，2018 年。
② 中国慈善资产管理论坛：《中国基金会投资报告 2018》，2019 年。

政治中心。这里拥有大量的专业人才、丰富的资源、巨大的需求、广阔的活动空间、发达的基础设施，也是国际交流的中心舞台。

无论是学术刊物、系列性研究报告，抑或翻译类丛书，都呈现增长态势。翻译作品的大幅增长表明，国外慈善理念、方法论与实践模式（典型如社会企业、影响力投资等）的输入正处于方兴未艾之际。但与此同时，一些试图立足于中国独特的历史文化土壤与经济社会环境，建立起与之相适应的慈善文化、理论、行动模式的尝试与努力也正在兴起（见例13-1、例13-2）。

例13-1 中国人民大学中国公益创新研究院康晓光教授主持的"慈善文化研究项目"，力图从"体用"视角切入中国公益慈善事业发展——其中"体"是指理念、规律与价值观，"用"是指工具、行为方式、组织制度，通过开展以价值为指引、以解决问题为手段、以变革现实为目标、研究与实践相结合的"行动性研究"。并希望以此"知行合一"的行动性研究，确立中华优秀传统文化在中国公益慈善领域的主导地位，创建、践行、传播"体用合一"的现代中华慈善。该研究项目内容包括组建"慈善文化研习社"，举办"慈善文化会讲"，设立支持实践、研究、培训、推广的"慈善文化基地"，建立"慈善文化研究资讯中心"，组织并资助慈善文化理论研究等，这些内容独立运作而又彼此支撑促进，本身构成了自成体系的生态系统。该项目正在稳步开展推进中，有望对中国公益慈善事业发挥潜移默化而又深远持久的影响。①

例13-2 敦和基金会以"弘扬中华文化，促进人类和谐"为使命，秉持"尊道贵德"的价值观，深耕于文化传承、公益支持、慈善文化等领域。敦和基金会在慈善文化领域资助的项目包括"种子基金""中国慈善文化论坛""善识计划"等，致力于以中国思想和中国实践来建立中国公益理论。②

① 中国人民大学中国公益创新研究院，http://cipsi.ruc.edu.cn/kyxm/cswhxdxyj/llyjzz/index.htm，最后访问日期：2020年6月22日。
② 敦和基金会，http://www.dunhefoundation.org/about.html，最后访问日期：2020年6月22日。

能力建设与人才培养是"推广"环节的核心工作，主要由各类专业培训机构来承担。与 20 年前相比，培训机构的数量和种类都显著增加了，它们开展的培训项目的数量和种类也显著增加了。目前，一个由不同主体（高校、基金会、能力支持类社会组织）实施的、针对不同层次人才（本科生、研究生、职业教育类、实务类）、运用不同培养方式的人才培养与能力建设体系已经初步形成了（见表 13 - 1）。

表 13 - 1　国内公益能力建设与人才培养机构或项目

培养目标	模式	机构或计划
本科	四年制专业方向	南京工业大学浦江学院；北京师范大学珠海分校
	辅修双学位	深圳大学
研究生	开设 MPA	清华大学；中国人民大学；中山大学；北京师范大学；上海交通大学
	依托 MBA	北京大学；中欧国际工商学院；长江商学院
	依托 MSW	中山大学；北京师范大学；南京大学
高职教育	依托公共事务管理专业	北京社会管理职业学院
	依托民政管理专业	长沙民政职业技术学院
	依托企业管理专业	顺德职业技术学院
	依托社会工作专业	珠海城市职业技术学院
实务素质	行业精英社群运营	BC 社会企业家技能培训；深圳国际公益学院 EMPGLP
	青年公益人才培养	友成小鹰计划；青年创想计划；明日公益计划
	其他类型	银杏伙伴成长计划；新公益领导力发展研修班；黄埔公益领导力协力营；公益星火计划；中国公益人才培养计划；创绿家计划；友成创业咖啡；AHA 社会创新学院；老牛学院慈善千人计划

从 NGO 发展交流网上爬虫取得的 5165 条 NGO 名录显示，2009 ~ 2014 年，研究/能力建设类新成立的 NGO 数量逐年递增；年增加量，在 2014 年达到最高值，2014 年后逐年递减（见图 13 - 7）。

值得关注的是，在慈善理念、专业知识、模式、方法、工具的研发、推广、使用的各个环节上，大型跨国公司都扮演了重要的角色。

中国青少年发展基金会拥有一批长期合作的大捐赠方。对希望工程贡献最大的当属宝洁、三星那样的有实力、有眼光的巨型跨国公司。它们背后拥有一套全球体系，通过内部竞争、学习与传播，可以将全球最前沿的

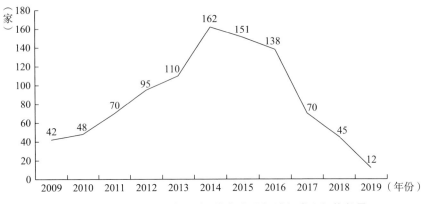

图 13 - 7　2009 ~ 2019 年研究/能力建设领域新成立机构数量

公益理念与模式移植到中国，运用到希望小学的建设上来。加之企业的思维惯性决定了其即使做公益，也不想重复已有的模式，总要做出与以往不同的新东西。在希望小学项目上，捐赠者的角色大为拓展，不仅提供资金，还提供全新的理念、模式与方法，主动进行需求调研，设计项目，组织试验，并积极推广（见例 13 - 3、例 13 - 4）。近年来，希望工程的创新策源地不再局限于青基会系统内部，大捐赠方乃至希望小学本身成为创新的主体。

　　例 13 - 3　宝洁公司与中国青少年发展基金会自 1996 年便开始合作。在 2011 年完成了 200 所希望小学的捐建后，宝洁公司将精力聚焦于已有的 200 所希望小学上，不仅继续捐钱捐物，还持续深度参与项目学校的发展进程。2014 年，宝洁执行团队在调研的基础上提出了"快乐系列"。从"愿景 2020"开始，受公司品牌战略思维的影响，宝洁团队深入项目学校开展调研，聘请专业团队设计问卷，了解校长、老师、学生们的真实需求。这样的调查每隔 2 ~ 3 年就做一次。调查发现，孩子们最喜欢的是音体美，但希望小学恰恰缺少这些老师。考虑到音乐、体育、美术对于孩子们的成长很关键，宝洁团队开始专注于开发"快乐系列"——"快乐体育、快乐音乐、快乐健康"。项目启动后，宝洁团队还引入专业和技术支持，从配硬件过渡到做软件，注重教师培训、员工参与。此后，宝洁公司还在希望小学进行了教育性戏剧的尝试，所创作的《百合春天》还登上了国家大剧院舞台。①

① 整理自本文作者及工作团队对中国青少年发展基金会、宝洁公司相关负责人的访谈记录。

例 13-4　中国三星做公益一直坚持"持续深度参与"原则。参与的内容，从项目设计、执行、监管，到宣传报道都会涉及。只有深度参与，才能深度理解项目，才能提出创新思路和解决方案，才能适时调整原来的计划，才能与合作者形成良好的互动，共同推进公益项目的创新与提高。在捐建了 150 所希望小学之后，三星公司主动提出停止建新校，转向维护和发展已有的学校，如结合公司擅长的电子领域，在 106 个学校建立了"三星智能教室"。又如进行信息化智慧教师的培训。每年一期，先是网上培训 150 所学校的老师。然后选择评分较高的 100~200 名老师到北京集中做线下培训，组织他们去名校听课。考试结业之后，三星公司还会组织北上广专家团队做专家下校的活动，检查培训结果是否运用到了教学当中。[①]

渠道

"渠道为王"，这是商业领域中的一句流行语。实际上，慈善也是如此。在慈善实践中，"渠道"的价值无处不在，从发现需求、筹集资源到执行项目都离不开"渠道"。

渠道价值连城，渠道不可或缺，但是，自建渠道几乎是不可能的，而使用"别人的"渠道要付出代价，往往是无力支付的代价，所以，慈善行动主体只能在租用渠道（如花钱在电视台做募捐广告）或是免费借用渠道（如通过互联网发布募捐信息、利用合作方的组织体系募捐）之间做出选择。

渠道可分为"线下渠道"与"线上渠道"。线下渠道属于传统渠道，包括：组织渠道，如企业、政府的组织系统；场所渠道（见例 13-5），如电影院、便利店、餐馆、银行、邮局、机场、地铁站、公园；活动渠道，如慈善晚宴、演唱会、展览、体育活动、节庆；还有数据库。[②]

例 13-5　中国扶贫基金会与百胜（中国）投资有限公司合作的"捐一元"项目属于利用大企业组织渠道向公众募捐的经典案例。百胜（中国）拥有多个遍布全国的组织系统，如肯德基、必胜客、塔可贝尔、

---

① 整理自本文作者及工作团队对中国青少年发展基金会、三星公司相关负责人的访谈记录。
② 冯利、章一琪：《公益组织筹资策略：创造非凡的价值》，社会科学文献出版社，2015，第 126~137 页。

东方既白,"捐一元"项目就在肯德基、必胜客、塔可贝尔、东方既白的门店开展募捐,消费者就是募捐对象,店员就是劝募志愿者。中国扶贫基金会,通过百胜(中国)遍布全国的、成千上万的门店,借助数十万志愿者(店员),向数千万人开展了富有成效的劝募工作。项目连续开展11年,共有超过1.2亿人次的消费者参与募捐,累计捐款总额超过1.8亿元人民币,其中百胜(中国)及其员工捐款超过4000万元。①

依托互联网的线上渠道在慈善领域已被广泛运用(见例13-6),包括:网站(门户网站、机构网站、专题网站)、社交网络(微博、微信、QQ空间)、电商平台、移动应用程序(App)、手机短信、自动支付终端(主要是筹资功能)等。

伴随新媒体的迅猛发展,慈善主体也积极运用新媒体,推广慈善活动,倡导慈善理念,宣传慈善文化。

例13-6 线上渠道已经成为最宝贵的慈善资源。腾讯"99公益日",为各类慈善主体搭建了高效的筹资平台。在此平台上,线上渠道与线下渠道,组织渠道与人脉渠道,场所渠道与数据库渠道及活动渠道,都进行了"渠道"套"渠道","渠道"叠加"渠道"的聚合。线上渠道促进了多元力量融合,一种全新的公益新生态逐渐浮现。以2018年腾讯"99公益日"为例,9月7日到9日期间,超过2800万人次通过腾讯公益平台为5498个公益项目捐出8.3亿元,超过2000家企业配捐1.85亿元,加上腾讯公益慈善基金会提供的3亿元配捐金额以及1亿元慈善组织成长基金,总计超过14.14亿元。②

不同的渠道,可以触及、影响的人群及其功效不同,例如,公园,不仅可以作为筹资渠道,还可以开展慈善宣讲、展览活动;餐厅可以触及前去用餐的人群;微信,不仅可以用于筹资,还可以开展倡导、互动交流;而借助共青团、妇联系统,则可以直接深入到基层,甚至进入家庭。

---

① 《捐一元·献爱心·送营养》,http://www.cfpa.org.cn/project/GNProjectDetail.aspx? id = 57,最后访问日期:2019年11月15日。
② 《迈入"理性公益"时代99公益日捐款人次超2800万创新高》,https://gongyi.qq.com/a/20180911/065924.htm,最后访问日期:2019年11月15日。

关系

"关系""关系网"也被称为"关系资本",对慈善行动主体来说,关系或关系网能带来所需的资金、信息、渠道、方便等非常有价值的东西。

在当今中国,在各种"关系"中,最重要的是"政府关系"。一件事能不能做,怎么做,谁来做?政府拥有很大的话语权,甚至是最终的决定权。因此,慈善主体的重要工作之一就是维护政府关系。良好的政府关系,可以帮助慈善主体得到活动的"通行证",官方媒体的报道,领导出席活动,顺利通过年检,参政议政的机会,还能获得"实惠的"政府补贴和财政购买服务。较之民间慈善组织,官办慈善组织先天地拥有良好的政府关系,因此可以做许多民间慈善组织做不了的事。

同样,商界背景、商界关系也很有价值,便于获得稳定的资金支持,也便于借用企业的渠道资源开展慈善活动(见例13-7)。

例13-7 阿拉善SEE生态协会是中国首家以社会责任(Society)为己任,以企业家(Entrepreneur)为主体,以保护生态(Ecology)为目标的社会团体。该协会拥有企业家会员超过900名,直接或间接支持了550多家中国民间环保公益机构或个人的工作。2014年,北京市企业家环保基金会(SEE基金会)成立。会员每年缴纳会费10万元整,其中3万元会费一次性汇入阿拉善SEE生态协会账户,7万元年度非定向基础捐赠一次性汇入北京市企业家环保基金会(SEE基金会)账户。会员每年不仅贡献资金,还贡献自己的专业技能、时间、经验及关系网络在全国各地开展工作,并且助力或亲自创办、管理地方项目中心的建立、筹款和业务开展。会员们已经成为阿拉善SEE生态协会以及基金会的重要的资本。①

(二)资源的动员(募款)

中国慈善系统的"资源动员方式"异常丰富,我们的论述不可能面面

① 阿拉善SEE基金会,http://www.see.org.cn/Foundation/Article/Detail/26,最后访问日期:2020年6月22日。

俱到，也没必要面面俱到。本节的策略是聚焦于"资金"的动员方式，而且进一步聚焦于"募捐"，这是因为，在高度商品化的市场社会中，资金是最重要也是最关键的资源，而且资金的募集方式也最为发达、最为系统、最有代表性。

"私募"与"公募"是实务界、学术界、政府管理部门通用的募捐分类方式，也是当下慈善领域中最主要的两种资金动员模式。而"官方动员"则是中国慈善的突出特色，体现了政治对资源动员的独特影响。所以，本节从资金的"私募/公募""民间/官方"这两个维度入手，通过呈现一个具有代表性的局部（资金动员），呈现慈善资源动员的概貌。

1. 募捐方式概览

常见的"民间的"募捐模式有：（1）直接信函。（2）广告募捐。（3）活动募捐，如义演、义赛、义卖、慈善晚宴、步行（见例13-8）、马拉松等等。（4）志愿者募捐。慈善组织的理事往往是当然的募捐志愿者。（5）会员制募捐。这是采用会员制的慈善组织惯用的募捐方式。非会员制的组织也可以采用"会员营销方式"向老捐赠方募捐。（6）重量级募捐，即针对提供大额捐款的个人和机构的募捐活动。对那些位于金字塔顶端的重量级捐赠者，慈善组织会指派专门人员负责，了解捐赠方的需求，设计个性化的方案，精心实施，及时沟通，尽力保证捐赠方的满意，还要下工夫维护合作关系。（7）战略伙伴募捐。"战略伙伴"往往财力雄厚，管理能力也很强，它们不仅提供大额资金支持，还参与项目的设计和实施，要求的回报也非常全面。这种资助往往是长期的、稳定的。（8）网络募捐，即依托于互联网的募捐，相比于传统募捐方式，其特色在于信息传递渠道和资金支付方式。这是最近十几年兴起的、当下最为重要的，也是发展潜力最大的募捐方式。新近颁布的《慈善法》规定，"慈善组织通过互联网开展公开募捐的，应当在国务院民政部门统一或者指定的慈善信息平台发布募捐信息，并可以同时在其网站发布募捐信息"。一批门户平台、众筹平台、商业平台、视频平台获得了民政部官方认证，成为合法的互联网募捐信息平台。

例13-8　中国扶贫基金会的"善行者"项目是2014年发起的一项徒步筹款活动。参与者以"每一步都会带来改变"为信念，动员身边的人以实际行动支持公益，助力贫困地区儿童全面发展。参与者要完成徒步和筹款两项挑战，既要在规定的时间内完成 50 公里或 100 公里徒步挑战，也要为了孩子们去向身边的朋友或陌生人开口筹款。截至 2016 年 12 月，善行者已开展 3 届，累计近 2 万人参与（队员和义工），共筹集善款 11321915.65 元，有效捐赠达 10.4 万笔，受益人次累计达 7 万余人次。①

换一个角度看募捐会给我们带来更为深刻的认识。从"市场营销学"的角度分析，募捐模式可分为四类：产品导向模式、推销模式、消费者导向模式和战略伙伴关系模式。（1）产品导向模式。其根本理念是"只要有一个好项目，人们就会支持我们"。这类组织不去积极从事推销活动。（2）推销模式。其理念是"有许多对我们的项目有捐款意向的人，我们必须走出去发现他们，并说服他们提供捐赠"。采取这类募款模式的机构很重视积极主动的募款活动，设立专职部门，聘请专职人员从事募捐工作。他们通过所有可能的途径募集资金。捐款人对组织及其项目的影响也很小，他们仅仅是资助者，对涉及项目的前期决策没有影响也不参与项目设计和实施。（3）消费者导向模式。其理念是"我们必须分析我们在市场中的位置，关注那些兴趣和我们一致的捐款人，设计使捐款人满意的募款计划"。在这种模式中，非营利组织会充分考虑捐款人的偏好，后者将体现在组织的项目甚至战略之中。但是，捐款人的偏好是非营利组织发现的，捐款人仍然处于项目设计和实施的过程之外。（4）战略伙伴关系模式。其理念是"我们要与捐款人一起设计和实施项目，并将这种合作长期保持下去"。捐款人更深地融入了组织之中，他们的偏好不仅受到组织的关注，而且他们还有机会直接表达自己的偏好，甚至参与决策过程和项目实施过程。

慈善组织对不同的捐款者会采取不同的募捐模式，如"小捐款者"影响力小、自主性小，对他们一般可以用"产品导向模式"或"推销模式"募款；"大捐款者"财力雄厚，具有很强的自主性，他们往往会迫使非营利组织自觉或不自觉地采取"消费者导向模式"或"战略伙伴关系模式"进行募款。在消费者导向模式和战略伙伴关系模式中，应然的受益者非常容易被遗忘，深陷其中的慈善组织最关心的问题并不是"谁是最需要帮助的

---

① 《什么是善行者?》，http://www.shanxingzhe.org.cn/Home/Article? id = 109&muid = 93，最后访问日期：2017 年 10 月 7 日。

人", 而是 "出钱的人最想帮助谁"! 由此而来的严峻问题是: 非营利组织为谁而存在? 是无钱的受益者, 还是有钱的捐赠者? 非营利组织的目标是获得越来越多的钱, 还是解决社会问题? 是手段服务于目的, 还是为了手段不择目的?

2. 私募与公募

单次募款目标金额的大小直接决定了募捐方是要与数量有限的人打交道, 还是要去说服数量众多的陌生人, 这又决定了是采取直接的 "人际互动", 还是间接的 "通过非人格化渠道互动", "私募" 与 "公募" 的分野由此而来。

私募

一个捐赠方的捐赠总额较大或是一个捐赠方的单次捐赠的数额较大, 即为 "大额" 捐赠。如何界定 "较大"? 绝对意义的 "较大", 如几百万元、几千万元、几亿元; 相对意义的 "较大" 指占项目或机构的总支出的比例比较高, 如10%以上。以大额捐赠为对象的募捐即为大额募捐, 其特征为: 单笔捐赠数额大; 捐赠方数量少; 募捐方和捐赠方之间的人与人的直接沟通是可行的, 较大的单次募捐成本是可以承受的, 也是值得的; 合作关系稳定而持久; 依托人脉关系, 需要建立信任、默契, 情感联结对于关系维护很重要。

一般说来, 没有公募资格的慈善机构, 私募是其唯一的资金来源。大量由企业、企业家发起成立的基金会, 如敦和基金会、南都基金会、河仁基金会、阿拉善 SEE 基金会, 资金全部来源于私募。还有大量的支持型组织（如基金会中心网）以及在一线干活的慈善机构也高度依赖私募。近10年来, 大额捐赠呈现增长态势, 一部分进入了基金会, 一部分进入了学校、医院、文化机构, 一般的民间慈善组织很少能够获得。[①]

公募

一个捐赠方的单次捐赠数额较小或是一个捐赠方的捐赠总额较小, 即

---

① 《公益组织与大额捐赠如何结缘?》, http://www.gongyishibao.com/html/yaowen/16345.html, 访问日期: 2019 年 11 月 15 日。

为"小额"捐赠。以小额捐赠为对象的募捐即为小额募捐，其特征为：单笔捐款数额小；捐赠方数量大；人与人直接沟通不可行，从成本收益视角来看"得不偿失"；依托非人格化的渠道，如政府的组织体系、企业内部的组织渠道、互联网平台；合作关系不稳定；要求募捐方具有较高的公信力，运作透明。募捐方与捐赠方素不相识，捐赠方数量庞大，募捐方面对为数众多的、素不相识的、不确定的公众，所以被称为"公募"。

发起公募的筹款者要经受得住公众的质询。谁是受益者？要解决什么问题？怎么解决？要花多少钱？为什么要花这么多的钱？怎么知道问题是否解决了？还有，募捐者有没有污点？口碑如何？只有得到了满意的答案，一个理性的、负责的公民才会掏钱。因此，对慈善组织而言，公募的成本不仅仅是耗费大量时间和人力，还有声誉和公信力风险。但是，公募对募捐者和社会的回报也是丰厚的，回报不仅仅是获得捐款，还有广泛的传播及社会动员带来的效果——公众教育、议题普及、社会支持，以及推动的政策变化，它们的影响广泛、深刻而又持久。

公募活动具有"外部性"。一个慈善组织的一次成功的公募，就是一次成功的公众慈善教育。公众的慈善意识增强了，对慈善组织的信任提高了，那么，其他慈善组织的公募成本也会下降，因为"说服"公众的成本下降了。也就是说，其他慈善组织能够从优秀慈善组织的成功的公募中获益。反之，如果哪个慈善组织出了问题，也会"一条鱼腥了一锅汤"，其他慈善组织也会被牵连，募捐成本会上升，因为要花更多的资源去"说服"公众，还要花更多的资源"证明"自己。因此，当所有的慈善组织都能开展规范的公募时，所有的慈善组织都能从中受益，慈善领域的总体效率也会提高。反之亦然。所以，对于害群之马，绝不能姑息养奸，一定要斩草除根，否则所有人都要为它陪葬。

互联网公募革命

公募的功能是汇集大量小额捐款。公募依赖大范围的信息传递系统和资金传输系统。前互联网时代，能够大范围传递信息的"开放渠道"只有传统媒体，发布、传递信息的主要方式是在传统媒体上做广告，费用非常高，小机构、小项目根本承担不起。能够大范围传递小额资金的"开放渠道"只有邮政系统，通过邮政汇款，成本高，耗时长，而且很不方便，捐赠方和受赠方都要亲自跑营业点，可谓"劳民伤财"。另一类能够大范围传递信息和资金的系统是各种"专有渠道",如政府机关、工青妇之类的群团组织、大型企业等等。无论是传统媒体,还是各种专有组织渠道,没有官方"背书"都无缘使用。加之政府严格控制公募权利,只有官办机构才能获得极为稀有的公募权。所以,前互联网时代的中国,只有大型官办公募基金会才能进行公募。所以,前互联网时代的公募以大机构为中心,有官方背景的大机构垄断公募权。这不仅是由于政府管制,技术条件也支持大机构独占公募的好处。

互联网改变了这一切。互联网时代的公募以互联网为中心。互联网是开放的,任何人和机构都可以"上网"。移动互联网的迅猛发展使人人可以实时上网,任何人可以与任何人几乎无成本地互通信息。移动支付的迅猛发展,几乎覆盖了所有的潜在捐赠者,而且能够以极低的成本瞬间完成点对点支付。这样一来,公募门槛大幅度降低,公募成本也大幅度降低,小机构乃至个人都可以发起和实施货真价实的公募。甚至受益者自己就可以通过互联网向公众求助,完全无需任何"中介",无论它是慈善组织还是"好心人"。

前互联网时代的慈善资金流动路径为:公众(捐助者)→大型公募基金会(有成本中介)→小型慈善组织→受益者。互联网时代的慈善资金流动路径为:公众(捐助者)→互联网(无成本中介)→个人或慈善组织→受益者;公众(捐助者)→互联网(无成本中介)→受益者。可见,资金流动路径改变了,资金链条的构成改变了,互联网取代了大型公募基金会的位置,剥夺了它的公募"专属权"。各类行动主体的连接方式也变了,无需中介的募捐出现了,捐助者与受助者可以直接对接。各类行动主体之间的权利关系改变了,官办机构的特权被消解了,小型慈善组织的地位上升了。实际上,在互联网时代,那种仅仅"收钱—发钱"的公募基金会将面临生存危机。互联网正在以更高的效率发挥它们原有的作用,这意味着,互联网正在抢夺它们的位置,替代它们的功能,弱化它们存在的价值,甚至剥夺它们生存的权利。大型官办公募基金会的运行模式——靠做项目起家、"自己筹钱自己花"、很少资助其他慈善组织——曾饱受诟病,现如今却因此而免于互联网的冲击。

依托互联网的个人求助平台,或多或少地改变了施受双方的权利关系。借助此类平台,求助者可以主动发出声音,直接向公众募捐。弱者也可以成为自主的行动者!这在前互联网时代是不可能的。那时的个体,只能借助血缘、地缘、业缘，向亲朋好友募捐。互联网提升了他们的行动能力，拓展了他们获得帮助的机会，超越熟人圈子的限制，向散布在四面八方的素不相识的人们求助。

根据《中华人民共和国慈善法》《公开募捐平台服务管理办法》有关规定，2016 年以来民政部先后遴选指定两批慈善组织互联网公开募捐信息平台（简称互联网募捐信息平台），并接受了中国慈善信息平台、基金会中心网的退出申请。当前，共有 20 家互联网募捐信息平台可为慈善组织提供募捐信息发布服务。从官方公布的 2017～2019 年互联网募捐平台筹款资金量及网民关注和参与人次数逐年递增（见表 13－2），互联网募捐已经成为慈善领域资源动员的热门，并将持续下去。

表 13－2　2017～2019 年互联网募捐平台筹款情况

时间	平台数量（家）	募捐资金（亿元）	同比增长（%）	发布募捐信息公募慈善组织数量（家）	网民关注和参与人次（亿）
2017 年全年	12	25.8		921 *	62.0 **
2018 年全年	20	31.7	26.8	1400	84.6
2019 年上半年	20	18.0	83.7 ***	1400	52.6

注＊：921 家系依据在各平台上发布募捐信息的公募慈善组织数加总所得，部分组织有重叠，故该数据比实际的高。

注＊＊：62.0 亿为捐款次数。

注＊＊＊：83.7% 系依据 2019 年上半年、2018 年上半年数据计算得出。

资料来源：表中数据来自民政部公开发布的信息。

3. 官方募捐

中国的慈善募捐具有突出的鲜明的特色，一方面，民间慈善机构的募捐活动受到政府的多重控制。另一方面，政府通过组织渠道，向行政机关、事业单位、国有企业的从业者发动捐款（见例 13－9）；政府假手官办慈善机构（如慈善会系统、红十字会系统），动用行政力量和官方媒体，向公众、企业、事业单位募捐；政府也会动员民间慈善组织为其指定的项目或机构捐款。反过来，有官方背景的慈善机构也会借助政府组织体系募捐。

例 13－9　"共产党员献爱心"是北京市委的一个党建品牌和慈善品牌，由北京市委组织部、宣传部和北京市慈善协会联合开展，10 多

年来，共计近 1000 万人次党员群众参与捐献，捐款总额达 6.45 亿元。[①]一般说来，民间动员完全依靠"说服"，资源提供者没有"压力"，不受"强制"，一切捐赠均出于自愿。官方动员自上而下推进，多少会带有一些"强制性"。

近年来，官方动员逐步常规化、制度化。《慈善法》规定每年 9 月 5 日为中华慈善日。每年的中华慈善日均会设置不同主题，各级民政系统利用该契机普及慈善法规、培育公众慈善意识、提高慈善参与度。各地也会开展诸如"爱心捐赠日"等主题社会捐助活动，将"突击性""活动性"接收捐赠转变为"经常性"接收捐赠，并在街道、社区辅之以捐助站点、慈善超市等社会捐赠接收工作站点的建设，推动社会捐助活动常态化。

政府已经充分认识到慈善主体的多元化特点，并将这一认识体现在自己的慈善动员战略之中。《国务院关于促进慈善事业健康发展的指导意见》2014 年出台以来，各省、自治区、直辖市相继制定实施意见。其主要内容均在于鼓励社会各界开展慈善活动，要求党政机关、事业单位要广泛动员干部职工积极参与各类慈善活动，发挥带头示范作用；要求工会、共青团、妇联等人民团体要充分发挥密切联系群众的优势，动员社会公众为慈善事业捐赠资金、物资和提供志愿服务等；要求各全国性社会团体发挥自身优势、开展慈善活动；要求各类慈善组织要进一步面向困难群体开展符合其宗旨的慈善活动；倡导各类企业将慈善精神融入企业文化建设，把参与慈善作为履行社会责任的重要方面，通过捐赠、支持志愿服务、设立基金会等方式，开展形式多样的慈善活动，在更广泛的领域为社会作出贡献；鼓励有条件的宗教团体和宗教活动场所依法依规开展各类慈善活动。提倡在单位内部、城乡社区开展群众性互助互济活动；同时，充分发挥家庭、个人、志愿者在慈善活动中的积极作用。[②]

（三）评述

近 30 年来，在经济增长、社会结构变化、慈善文化普及、技术环境改

---

① 《北京市全面开展共产党员献爱心活动》，http://bj.people.com.cn/n2/2019/0627/c82840-33080338.html，最后访问日期：2020 年 1 月 15 日。

② 《国务院关于促进慈善事业健康发展的指导意见》，2014 年。

善、公共政策推动以及国际交流等诸多有利因素的作用下，中国慈善领域的资源总量稳步增长，而且类型日益丰富。无论是资金、物质、志愿者、专业人才等有形资源，还是慈善文化、专业知识、技能、渠道、关系等无形资源，竞相涌现，而且隐约浮现出追求各类资源合理匹配的良好态势。近10年来，来自境外的有形资源在减少，而理念、知识、方法、模式等无形资源仍在持续输入。与此同时，国内学术研究、人才培养、能力建设等专业能力也在积累，基于中国独特的文化与制度环境的理论研究成果也有零星产出。

就资金动员而言，募款方式发展迅速，手段越来越丰富，能用的几乎都用了。整体来看，水平不高，往往只是用了点皮毛，甚至适得其反。营销导向的募款战略大行其道，一方面促进了捐款，一方面大大提高了大捐赠方对慈善组织进而对整个慈善的影响力。拜金主义盛行，收入导向，罔顾初心，以募款数量为最高的甚至是唯一的评价标准。一些慈善组织堕落到"有奶就是娘，见钱就下跪"的境地。

在募款领域，同样见证了技术革命的威力。互联网带来了一场货真价实的"公募革命"。互联网改变了募捐基础设施，更确切地说，互联网创造了一套全新的募捐基础设施，信息传递、资金支付的门槛和成本大幅降低，有力地降低了公募门槛和运行成本，个人和小机构也能够发起公募了。公募的发起主体更为多元，募捐对象更为广泛，募捐过程更为便捷高效。小额捐款受到青睐，普通人成为募捐的对象，捐款民主化、平等化，"人人公益"成为可能，蔚然成风。

总的来看，行政化动员削弱，社会化动员增强。中国慈善发展之初，官办慈善组织普遍利用行政性渠道进行筹款，并取得显著成效。随着社会性渠道越来越发达，加之政府自觉地减少参与慈善募捐活动，官办慈善组织逐渐减少了对行政性渠道的依赖。但是，时至今日，行政性渠道仍在发挥作用，尤其是重大公共危机之中，政府会授予官办慈善组织垄断公募的特权。可喜的是，社会性渠道愈益发达，民间慈善组织赖此为生，也是此类渠道的主要使用者。展望未来，政府直接募款是否会终止，官办慈善组织募款份额会不会越来越多，实在是难以判断。但是，民间的资源动员还会继续受制于法律与政策则是确定无疑的。

十四　系统结构

　　经过改革开放以来 40 年的发展，中国慈善部门的整体结构已具雏形。在慈善系统中，不仅存在大量微观层面的慈善主体，比如各种基金会、社团、社会服务机构、虚拟组织、非正式网络、个体行动者；还形成了一些中层的组织结构，比如联盟、伞型组织、枢纽型社会组织、平台、孵化器等组织形式。这些中层组织结构也是组织，不过是"组织的组织"或"组织的联合体"。比较而言，微观组织是将原子化的个人组织起来，而中层组织结构能够把分散的慈善行动主体联结起来。在此基础上，再进一步，中国慈善系统形成了整体性的宏观组织结构。宏观组织结构是按照一定的逻辑形成的、整合整个慈善系统的组织架构，它将微观与中观层面的组织都纳入其中，使它们在慈善系统中各安其位、各尽其职。

　　简言之，中国慈善系统存在微观、中观和宏观三层组织结构。微观层面的组织结构即一般意义上的"社会组织"，它们构成了基础性的实体；中层结构将微观层面的构成要素组织起来，在慈善系统中发挥"局部的"组织功能；宏观组织结构将微观构成要素和中层组织结构整合起来，在慈善系统中发挥"全局性"的组织功能。

　　正是中层和宏观的组织结构使慈善成为一个"有机的"系统。宏观组织结构是对整个慈善系统有影响的全局性的结构体系。在宏观组织结构中，联盟、伞型组织、枢纽型组织、平台等中层组织结构，发挥着"节点""支点""桥梁""纽带"的作用。它们一方面使众多微观组织聚合在一起形成各种各样的组织联合体，另一方面搭建起微观组织与宏观结构之间的联系渠道。不同类型的中层组织结构在整合对象和整合方式上有所差别，但其作为纽带和桥梁的本质特点并无二致。大体说来，联盟是具有民主治理结构的会员制组织，如中国小额信贷联盟；伞型组织是拥有权力中心和隶属关系的会员制组织，一般没有民主治理结构，如古村之友；平台主要为组织提供交流与合作的渠道和空间，如米公益平台；论坛可以视为以持续举办的大型会议的组委会的方式存在的组织，如中国基金会发展论坛；孵化器则通过提供资金支持、行政条件、能力建设等，培育和扶持初创期慈善组织的发展，如恩派。这些组织对上遵循宏观组织结构的运行逻辑，对下将不同类型的微观组织聚合在一起，上通下联，上传下达。在此基础上，宏观组织结构统筹全局，使中层和微观组织结构的行动协调一致，使慈善系统形成一个步调和谐、有机运转的实质系统。

中国慈善系统的"组织化"还在"进行中"。大体说来，存在三种"组织化"力量，一为自然的，二为民间的，三为政府的。相应地，形成了三种"组织结构"，一为自然形成的分工与合作的结构，二为民间有意识建构的协作结构，三为政府塑造的统合结构。其中，自然结构是自然而然形成的，是无意识的客观存在；民间结构和政府结构是主观建构的结果，这两种结构建立在自然结构的基础之上，也不能违背自然结构。在慈善系统发育初期，系统结构组织化程度不高，慈善主体主要以个体形式零散分布，此时主要是自然结构在发挥作用，组织个体之间的关系由自发的分工—合作逻辑支配。伴随慈善系统向更成熟、更高级阶段的发展，系统结构的组织化程度不断提高，民间和政府也开始有意识地参与"组织化"过程，通过建立各自的中观和宏观组织结构，对慈善系统的主体、资源、渠道等要素进行整合，以加强慈善系统在发展过程中的适应性，建立并巩固稳定的内在秩序。由此，塑造结构的主体以及形成的结构类型逐渐多元化，它们共同建构了中国慈善系统的结构及其秩序形态。

（一） 自然形成的结构

慈善领域中存在一种"类市场机制"——独立、自主、平等的主体之间，基于自然分工与供需关系，自发自愿形成合作网络。这种机制塑造了一种"分工—合作秩序"。由于"类市场机制"是"非人格化的"，因此，我们将这只"看不见的手"塑造的秩序称为"自然形成的秩序"或"自发秩序"。在慈善生态系统发育的初期，缺乏来自政府和民间的有意识的"组织化"，只有"看不见的手"在发挥作用，因此，最先出现的就是自发秩序。伴随慈善生态系统的进一步发展，民间和政府开始有意识地建立各自的中层和宏观组织结构，于是，建构秩序的主体以及形成的秩序类型也逐渐多元化。自发秩序奠定了慈善系统存续和发展的基础，也奠定了民间、政府等主观力量发挥作用的基础。

自发秩序基于自然分工与供需关系将微观要素和中层组织结构组织起来，形成贯通整个慈善生态系统的整体性结构。根据职能分工，可将其中的微观要素和中层组织结构划分为三类：直接行动类、专业支持类和资金支持类。（1）直接行动类，通过服务和倡导，直接作用于受助者；（2）专业支持类，为直接行动类组织提供理念、知识、技能、信息、交流渠道、合作平台、监督与问责等支持；（3）资金支持类，主要为直接行动类和专业支持类组织提供资金支持。后两者都属于支持性组织，但与直接行动类组织的最终目的是一致的，即满足受助者需求，区别仅仅是"间接"与"直接"。

直接行动类是以满足受益者的需求为目标，直接为受益者提供服务的慈善主体。直接行动类组织以微观层次的组织为主，包括基金会、社团、社会服务机构、非正式团体等。根据活动内容和方式，可将其划分为两大类：服务类和倡导类。服务类主体旨在解决受益者的具体问题，满足受益者的现实需求。服务类主体活跃在扶贫济困、医疗卫生、文化教育、环境保护等领域，以提供服务、物质、资金的方式为受助者排忧解难（见例14-1）。倡导类主体的行动目标是改变立法者和公众的观念和行为方式，进而影响立法、政策制定、社会观念和公民行为。此类主体的主要行动策略为立法参与、政策干预、舆论引导等（见例14-2）。一些慈善主体，既做倡导，也做服务。实际上，有效的服务必然伴随着成功的倡导，而成功的倡导又能够有力地促进服务。

例14-1　蜗牛速递-身心智障碍人士社区就业支持项目由睿泽障碍人士服务中心发起，主要服务身心障碍人士，支持他们在所在社区建立快递服务点。该项目通过与阿里菜鸟驿站合作，建立以社区为服务站的快递代收、代发、社区团购，加入互联网＋的理念和运用科技支持身心障碍人士在所在社区实现就业。目前，中心身心智障碍人士一年服务社区居民15万人次，日包裹量达到500件，训练10名身心智障碍人士参与驿站的运营，全年创收12万多元，也促进了社区居民对身心障碍人士的接纳。①

　　例14-2　自然之友以环保为主题开展了形式多样的倡导活动，致力于塑造公众的环保理念、推动政策完善。活动内容包括编写、出版与环境保护相关的科普读物，举办主题沙龙和低碳家庭实验室成果展，向国家相关部门提交政策建议书等。此外，自然之友还联合其他环保组织共同参与政策倡导。2016年，北京市朝阳区自然之友环境研究所联合芜湖市生态环境保护志愿者协会、深圳零废弃环保公益事业发展中心等组织，向相关部门提交了《"十三五"全国城镇生活垃圾无害化处理设施建设计划（征求意见稿)》，旨在推动有关生活垃圾处理的制度完善。②

　　专业支持类是为其他组织主体提供专业技能支持的慈善主体。它既可以是微观层面的组织，如研究机构、教育机构、培训机构、评估机构等；也可以是中层组织结构，如联盟、伞型组织、孵化器、平台。这些主体提供的支持既包括财务管理、项目管理、信息管理等方面的技术支持，也包括办公条件、法律服务、能力建设、人员与资金支持。但微观和中观的组织主体在提供服务的直接对象和服务内容上有所差别。微观层面的专业支持者主要针对特定需求开展活动，服务对象范围广泛；联盟和伞型组织等中层组织结构主要为自己的会员提供丰富的、高质量的专业技术支持；平台主要为其合作伙伴和参与者提供专业支持；孵化器主要为初创期的慈善组织提供强有力的支持（见例14-3~例14-5）。

　　例14-3　公益律师网络由原北京大学法学院妇女法律研究与服务中心发起成立，通过为法律工作者提供服务，进而使妇女、残疾人、农民工等弱势群体受益。公益律师网络着力于建立和培养一支有奉献精神和公益理念的专业化公益律师队伍，通过理论探讨和研究、推动相关领域立法和政策改革以及开展法律援助等方式，为妇女、农民工、残疾人等弱势群体提供权益保护，同时推动中国公益法实践与理论的

---

① 《雨花台工商联助残基地入围2019中国公益慈善项目大赛百强》，http://cc.nanjing.gov.cn/10945/10954/201907/t20190717_5926721.html，最后访问日期：2020年1月15日。
② 自然之友，http://www.fon.org.cn/，最后访问日期：2020年6月22日。

发展。网络实行会员制的运作模式，目前网络已吸引近 400 名优秀的律师和法律工作者加盟，分别来自全国 28 个省、自治区、直辖市，涵盖了发达、中等发达和欠发达地区。①

例 14-4　北京公众环境研究中心（IPE）通过整合环境资源数据库，为公众、政府和合作伙伴等慈善主体提供信息支持。自 2006 年 6 月成立以来，IPE 致力于收集、整理和分析政府和企业公开的环境信息，搭建环境信息数据库和污染地图网站、蔚蓝地图 App 等应用平台，形成了"一个数据库、两个平台"的环境资源数据整合模式。IPE 与自然资源保护协会（NRDC）合作研发的 CITI 指数，是全球首个基于品牌在华供应链环境管理表现的量化评价体系。CITI 指数自 2014 年起发布，采用政府监督、在线监测、经确认的公众举报、企业披露、第三方环境审核等公开数据，对品牌在华供应链的环境管理表现进行动态评价，促进企业和公众的参与程度，将环境信息公开更好地与绿色供应链结合，为政府工作提供有力的抓手。②

例 14-5　北京市协作者社会工作发展中心致力于培育孵化社会组织，为 NGO 与政府、企业间平等对话与合作搭建平台。2012 年，北京协作者社会工作发展中心启动助力计划，针对社会组织工作者、社区干部、社会工作者、志愿者，开展参与式培训、专业实践、专业督导等能力建设服务，提升组织管理、项目运作、志愿者管理、社区发展等专业能力。受团市委、市妇联和东城区民政局委托，培育孵化青年汇、妇女之家、东城区社会工作者联合会等多家社会组织。协作者助力计划经过 4 年的持续发展，逐渐形成了政社携手，支持性专业社会组织引领服务性社会组织，专业服务实践与专业能力建设、同伴支持与督导支持相结合的能力建设模式。③

①　《公益律师网络介绍》，http://www.wrpil.org.cn/PageInfo/CN/ShowNews.aspx?CodeType=Net，最后访问日期：2017 年 7 月 31 日。
②　北京公众环境研究中心，http://www.ipe.org.cn/，最后访问日期：2020 年 6 月 22 日。
③　北京市协作者社会工作发展中心，http://www.facilitator.org.cn/，最后访问日期：2020 年 6 月 22 日。

慈善系统中的资金支持类主体主要是公益基金会。公益基金会既为直接提供服务的直接行动类主体提供资金支持，以保证慈善活动的顺利开展；也为专业支持类主体提供资金支持，以支撑慈善体系自身的运作和发展（见例14-6）。此外，一些公益基金会也直接在一线开展工作（见例14-7）。此时，它身兼二职，既是资金支持者，又是直接行动者。

例14-6　南都公益基金会坚持"支持民间公益"的使命，积极建设行业生态，致力于为中国公益行业发展提供公共品。南都基金会的直接资助对象不是受益人，而是公益领域的同行——民间组织及其公益项目，既包括基金会中心网、北京惠泽人发展中心等专业支持类组织，也包括北京同心希望家园文化发展中心、北京农民之子文化发展中心等直接行动类组织。南都基金会通过资金支持来推动优秀公益项目和公益组织发展，带动民间的社会创新，满足受益人的社会需求。截至2016年12月31日，南都基金会在成立的十年间慈善活动支出为2.3亿元，共资助了451家机构/个人，项目总数共计783个，受资助的机构/个人覆盖全国26个省、自治区、直辖市。[1]

例14-7　友成企业家扶贫基金会围绕建立跨界合作的社会创新网络支持平台、打造新公益价值链和建立公平、有效、可持续社会生态系统的目标，既开展公益活动直接服务于受益者，也为慈善行业发展提供资金支持。比如，友成发起"友成常青义教"项目，组织动员城市优秀退休教师以志愿者身份到贫困地区支教，帮助学校提高教育管理水平，帮助教师提高教学水平。同时，友成倡导、引领社会价值投资，资助各类社会组织和创新平台项目。截至2018年底，友成累计公益支出4.1亿元人民币，资助各类社会组织和社会企业260多家，其中资助和支持平台型公益组织和活动19个；自主研发试点创新项目及平台18个；辐射超过5000家社会组织。[2]

---

[1]　南都公益基金会：《2007-2017南都公益基金会十年》，2017年。
[2]　友成基金会，http://www.youcheng.org/about.php，最后访问日期：2019年12月14日。

（二）民间建构的协作结构

民间力量试图自下而上地建立中层和宏观组织结构，它们有强烈的动机，也有各种构想或蓝图，而且也进行了各种尝试，但是，由于时运不济，成绩不佳。总的来看，民间建构的自主的组织结构有三大特点：其一，不存在全局性、整体性的组织结构。也就是说，在当下中国的慈善生态系统中，不存在民间自主建构的宏观组织结构。其二，存在一些中层组织结构，表现为一些联盟、伞型组织、平台、孵化器、论坛等等，但是，绝大多数都属于未注册的"非正式组织"。其三，在微观层面，存在大量的、各种类型的民间慈善组织，但是，缺乏有效的整合，散乱无序，各自为战。

已有的中层组织结构发挥了积极的作用，一方面，有力地支持了微观组织的运营与发展；另一方面，通过促进、支持微观组织之间的交流、合作与互助，获得了"一加一大于二"的效果，增强了民间力量的组织性和凝聚力，放大了民间力量的影响力。

例如，互联网平台为慈善组织的运营与发展提供了强有力的支持。腾讯公益依托微信平台开发了运动公益项目"益行家"，数以百万计的微信用户、上百家企业和基金会，通过此平台为慈善项目筹款。腾讯的微信社交平台，通过提供低门槛的信息传播渠道、无障碍的社交和组织化的支持空间，以及便捷的支付功能，为人人参与慈善，也为慈善领域的"自由结社"和"集体行动"创造了前所未有的有利条件，引发了慈善领域中的一场真正的"革命"。

无法正式注册的中层组织结构，为求生存往往要"改头换面"，而且要想持续存在下去并发挥作用，必须获得政府"默许"并在政府允许的范围内开展活动（见例14－8）。即使是得到政府首肯的中层组织结构，也是"小心谨慎""严于律己"，不敢触犯政府划定的"红线"。例如，包括腾讯公益在内的一众网络募捐平台就是如此。《慈善法》也明文规定只有在政府认定的募捐平台上开展慈善活动才是合法的。①

---

① 根据《中华人民共和国慈善法》，慈善组织通过互联网开展公开募捐的，应当在国务院民政部门统一或者指定的慈善信息平台发布募捐信息，并可以同时在其网站发布募捐信息。

例14-8　中国非公募基金会发展论坛是由非公募基金会自愿发起的、以论坛形式存在的、不具备正式组织身份的行业联盟。该论坛每年召开一届年会和若干次沙龙，借此建立行业之间的对话、交流与合作渠道，完善行业自律机制，引导慈善组织加强自身建设。在此过程中，中国非公募基金会发展论坛主动寻求并接受民政部民间组织管理局的指导。①

一些正式注册的中层组织结构，凭借其"拾遗补缺"的作用而受到政府青睐，并有机会与政府合作开展活动。通过与政府合作，既满足对方需求，也获得自身发展所需的资源和官方支持。在此过程中，政府与民间中层组织结构互相依赖，互相成就（见例14-9、例14-10）。

例14-9　上海映绿公益事业发展中心（简称"映绿"）是国内首家在民政部门登记注册的公益支持机构，长期致力于中国公益组织能力建设与人才培育。映绿基于其在公益组织培训方面的优势，与政府建立了密切的合作关系。2016年，上海市浦东区民政局委托映绿对该区的社区基金会进行培育。同年，静安区南京西路街道邀请映绿激活缺乏团体缺乏活力的街道社会组织服务中心，通过为其6个月的"一站式"能力建设和专业辅导，支持该中心完成制度建设和团队能力建设。2019年，映绿受苏州市吴江区民政局委托，开展"吴江区社区服务社会化扩大试点项目"的监管与评估工作。②

例14-10　在政府的支持下，北京恩派通过开展"公益组织孵化器项目"和"公益创业者短期陪伴成长计划"，为处于初创期、发展期、成熟期以及转型期的京津冀地区民间公益组织提供资源对接、注册辅导、管理咨询、项目管理、公共空间等社会创业综合服务，按照政府需要对民间社会组织实施定向培育、支持和引导。此外，在中共北京市委社会工作委员会、北京市社会建设工作办公室支持下，北京

---

① 中国基金会发展论坛，http://www.cfforum.org.cn/category/20，最后访问日期：2020年6月22日。

② 上海映绿公益事业发展中心，http://www.npodevelopment.org/，最后访问日期：2020年6月22日。

恩派还规划运营了北京市社会组织孵化中心、西城区社会组织孵化中心、朝阳区社会组织综合服务中心，成为政府孵化培育社会组织的得力帮手。①

在移动互联时代，平台的适用范围越来越广，作用越来越大，影响不可限量。民间力量建立了多种多样的平台，有力地促进了慈善事业的发展。民间发起了服务于慈善行业的信息平台，推动信息透明，开展行业自律（见例14－11）。

民间还建立了慈善资源的汇集和输送平台，打破了不同来源的资源供给者之间、慈善资源供给者与接收者之间的时间、空间界限，更加高效地汇聚慈善资源。这些平台既可能是专业的慈善平台，也可能是非专业的社交网络平台。即使是非专业的慈善平台，也能通过人气的聚集来整合资源和渠道，对慈善领域产生影响。互联网平台由此成为汇聚资源的重要阵地，也是慈善创新的重要阵地，它还打通了日常生活与慈善领域之间的通道，使人人慈善成为可能（见例14－12）。

政府针对民间平台的监管与合作力度不断加强。对于民间平台中整合信息能力最强、影响力最大的平台，政府将其指定为具有权威性的募捐平台，只有在这些平台上进行募捐活动，才能够受到官方的认可和保护（见例14－13）。相比官办平台，民间搭建的平台在灵活性、创新性、互动性方面更具优势，因此政府鼓励采取"社会运行、社会出资，政府指定、政府监管"的模式，选择民间平台中的"领军者"，赋予其合法参与慈善活动的资质，通过合作来促进管理绩效的提升。政府通过加强对这些作为中介的平台的管理与合作，能够更好地实现对这些平台所辐射到的微观组织的支持和引导。

例14－11 基金会中心网由国内35家知名基金会联合发起，是国内具有较大影响力的信息披露平台。倡导慈善数据采集和应用，并推出了基金会透明标准中基透明指数FTI，有效地推动了基金会行业整体的透明度发展。截至2017年11月13日，基金会中心网统计了全国6292家基金会的数据，建立了内容丰富体量庞大的数据库，为开展学

---

① 恩派NPI，https://www.npi.org.cn/about/synopsis，最后访问日期：2020年6月22日。

术研究、建设良好的行业发展环境奠定了基础。①

例14-12 米公益是国内首个移动互联网公益平台，构建了联结用户与爱心企业一起助人的公益新模式。米公益 App 用户通过早起、走路、答题等方式记录生活态来赚取米粒，然后用米粒兑换企业的公益基金，捐赠给喜欢的公益项目，项目筹米完成后就会执行并展示落地成果。截至2019年，米公益已有注册用户400万，合作各类型公益机构1000+，合作企业200+，引导企业捐赠5000万元。②

例14-13 民政部于2016年指定腾讯公益等13家平台为首批慈善组织互联网募捐信息平台，后退出两家；③ 并于2018年5月指定美团公益等9家平台为第二批慈善组织互联网募捐信息平台。④ 2018全年，20家平台共为1400余家公募慈善组织发布募捐信息2.1万条，网民点击、关注和参与超过84.6亿人次，募集善款总额超过31.7亿元，同比增长26.8%。其中，腾讯公益、蚂蚁金服、阿里巴巴公益成为慈善组织筹款最多的三个平台，分别募款17.25亿元、6.7亿元、4.4亿元。⑤

（三）政府塑造的统合结构

政府凭借资源和能力优势，积极参与慈善系统的组织化过程，通过建立中层组织结构和宏观结构体系，不断完善自己的慈善管理体系。在中国慈善生态系统中，政府塑造的统合结构发育最为成熟，内容最为丰富，实力最为强大，特色最为鲜明。

---

① 基金会中心网，http://fti.foundationcenter.org.cn/history.aspx，最后访问日期：2017年11月13日。
② 米公益，https://www.ricedonate.com/about.html，最后访问日期：2019年12月14日。
③ 《民政部关于指定首批慈善组织互联网募捐信息平台的公告》，http://www.mca.gov.cn/article/gk/wj/201609/20160915001948.shtml，最后访问日期：2019年12月14日；《中国慈善信息平台退出首批"慈善组织互联网公开募捐信息平台"》，http://www.charityalliance.org.cn/notice/20170821/9628.html，最后访问日期：2017年10月18日。
④ 《民政部关于指定第二批慈善组织互联网募捐信息平台的公告》，http://www.gov.cn/xinwen/2018-05/27/content_5294018.htm，最后访问日期：2019年12月14日。
⑤ 中国慈善联合会：《2018年度中国慈善捐助报告》，2019年。

1. 宏观组织结构

在政府塑造的统合结构中，宏观组织结构是一个以"党委领导，政府负责，社会协同，公众参与"为组织原则的、高度集中的垂直管理体系。党委的"社工委"与政府的"社会办"总领全局，在其下有登记管理机关、业务主管单位、"枢纽型"社会组织、街道办、城市居民委员会、农村村民委员会、基层党组织以及公安机关，它们各有分工、各司其职、协同行动，构建起一个上下贯通、条块结合、覆盖整个慈善领域的宏观组织结构。

具体来讲，从最高层到最基层，各级党委和政府都要建立社工委和社会办，由此形成了党委的社工委系统和政府的社会办系统。这两个自上而下的垂直体系，形成了两条上下贯通的"主轴"。当然，两者并不平等，社工委居于支配地位。民政系统、公安系统、团委、妇联、工商联等，在各层级也有自己的组织机构，也有自上而下的垂直体系。它们形成了一系列"副轴"。在主轴的统领下，这些副轴各司其职、协同合作，形成了一个无所不包的管理体系，将官办慈善组织、民间慈善组织、参与慈善的个人和企事业单位以及境外非政府组织整合为一个秩序井然的体系。

2. 中层组织结构

在政府塑造的统合结构中，中层组织结构发挥着重要的中介和桥梁作用，它们首先将各类别、各领域的微观组织聚合起来，使这些主体之间能够协同行动，政府则通过对中层组织结构的直接管理，实现对微观组织结构的间接管理。目前，已经形成了"政府部门→中层组织结构→微观要素"的"统合链条"。政府借助各类中层组织结构实施"局部性统合"。这些局部性统合为全局性统合提供了有力的"支点"或"抓手"。通过整合这些"局部性统合链条"，可以把各行各业、境内与境外、线上与线下的组织、活动、资源、渠道纳入政府的掌控之中，进而实现对慈善生态系统的全局性统合。

中层组织结构的主要类型有联盟（见例 14 – 14）、平台、"枢纽型"社会组织、孵化器等等。它们既有官方成立的，又有政府与民间共建的，也有民间发起但受政府支配的，但是，无论如何，都是政府主导的。

时至今日，在慈善领域中，从中央到地方，合法的联盟组织均由政府举办和控制。例如，中国慈善联合会是慈善领域的全国性的联合性社会组织，由民政部部长担任首任会长，会员涵盖了境内外各类社会组织、企业、媒体以及社会各界知名人士（见例 14 – 15）。

例 14 – 14　中国小额信贷联盟是中国小额信贷领域最早的全国性会员制协会组织，旨在以小额信贷方式为没有充分享受金融服务的群体（特别是贫困和低收入人群）提供满足其需求的金融服务，推动普惠金融体系构建。2005 年 11 月，在花旗基金会的资金支持下，中国社会科学院农村发展研究所、商务部中国国际经济技术交流中心和全国妇联妇女发展部联合发起成立了"中国小额信贷发展促进网络"，并于 2010 年 9 月 17 日正式更名为"中国小额信贷联盟"。联盟成立初期，会员主要由公益性质的扶贫小额信贷组织构成。随着中国小额信贷行业的发展，联盟逐渐吸收了从事小额信贷业务的商业银行和小额贷款公司等机构作为其会员。截至 2018 年 12 月 31 日，联盟的正式会员机构为 117 家，覆盖全国 26 个省、自治区、直辖市。[①]

例 14 – 15　中国慈善联合会是慈善领域的全国性的联合性社会组织，由民政部部长担任首任会长，会员涵盖了境内外各类社会组织、企业、媒体以及社会各界知名人士。中国慈善联合会在慈善系统中的职责主要包括促进会员发展与合作、加强政府和慈善组织联系、引导慈善行业发展以及推动慈善行业自律，[②] 肩负着引领整个慈善行业发展的重任。[③]

近年来，信息平台和筹款平台在慈善生态系统的运行与管理中发挥着越来越重要的作用。为顺应这一形势，政府自己动手建立平台，用以整合、发布慈善信息，如"中国社会组织公共服务平台"（见例 14 – 16）、全国慈善信息公开平台（见例 14 – 17）；同时，通过官办社会组织来运营平台，如"中国慈善信息平台"由中国慈善联合会运营，"志愿北京"综合信息平台由北京市志愿服务联合会运营（见例 14 – 18）。注意到民间发起的平台点击量更大、互动性更强、传播速度更快，为提高管理绩效，政府采取了"社

---

① 中国小额信贷联盟，http://www.chinamfi.net/About.aspx，最后访问日期：2019 年 12 月 14 日。

② 《中国慈善联合会在京成立，发布慈善宣言》，http://www.mca.gov.cn/article/zwgk/mzyw/201304/20130400446528.shtml，最后访问日期：2017 年 9 月 1 日。

③ 中国慈善联合会，http://www.charityalliance.org.cn/，最后访问日期：2020 年 6 月 22 日。

会运行、社会出资，政府指定、政府监管”的模式，选择民间平台中的"领军者"，赋予其合法参与慈善活动的资质，同时施加严格的监管。例如，2016年8月底，民政部指定了13家慈善捐助平台。它们可以说是民间整合信息能力最强、影响力最大的慈善平台。

例14-16 中国社会组织公共服务平台是由民政部社会组织管理局主办的，为登记管理机关、社会组织以及社会公众提供信息服务和工作交流的政务网站。该平台收录了在全国各级民政部门登记的社会组织信息，是中国注册社会组织统计最为权威的平台。①

例14-17 全国慈善信息公开平台是依据《慈善法》"信息公开"要求而建设的统一信息平台，由民政部社会组织管理局主办，由基金会中心网负责运营管理，主要用于慈善组织、慈善信托受托人等参与主体面向社会公开慈善信息。该平台于2017年9月4日正式开通，截至2019年12月14日，平台已收集6226条慈善组织数据，其中具有公开募捐资格的慈善组织数据1744条；慈善信托备案记录258条，财产总规模达287626.45万元。②

例14-18 "志愿北京"综合信息平台是北京市志愿者注册、志愿项目信息统一发布的官方平台。该平台始建于2008年北京奥运会期间，奥运结束后逐步成为北京市志愿服务日常管理的平台。该平台的信息系统与公安部联网，以确保志愿者注册信息的真实性；同时经常更新数据信息，以保持平台信息的准确性。从2012年至2019年8月，北京市实名注册志愿者从170.2万人增长至460.3万人，注册志愿服务团队从1.6万个增长至7.6万个，发布志愿服务项目从0.4万个增长至32.8万个，累计记录志愿服务工时从71.8万小时增长至3.73亿小时。③

---

① 中国社会组织公共服务平台，http://www.chinanpo.gov.cn/index.html，最后访问日期：2020年6月22日。

② 慈善中国，http://cishan.chinanpo.gov.cn/biz/ma/csmh/e/csmheindex.html，最后访问日期：2019年12月14日。

③ 《截至今年8月北京实名注册志愿者达460.3万人》，http://baijiahao.baidu.com/s?id=1643838064757511556&wfr=spider&for=pc，最后访问日期：2019年12月14日。

　　"枢纽型"社会组织这一概念由北京市首创。它是一种官方建制，主要针对同类别、同性质、同领域的社会组织，"在政治上发挥桥梁纽带作用，在业务上处于龙头地位，在管理上承担业务主管职能"①。枢纽型社会组织与政府有着千丝万缕的联系，深得政府信任，亦积极主动追随政府。它们在慈善组织与政府之间充当"纽带"和"桥梁"，是政府培育、支持、引导、管控慈善组织的重要"抓手"。它们依托自己的垂直组织体系，在各级政府的支持下，将各行各业、各种形式的慈善主体整合起来，使之按照政府的意愿运行和发展。例如，北京市志愿服务联合会（见例14-19）是培育、孵化志愿服务组织的"前端"。对不够条件在民政部门登记注册的志愿团体，只要在北志联注册，北志联即为其活动提供便利，并可为该团体申请政府支持，为其达到在民政部门注册的标准提供帮助。目前，北京市的"枢纽型"社会组织的业务范围基本实现了对慈善领域的全覆盖。

　　例14-19　北京市志愿服务联合会（简称"北志联"）于1993年由团市委发起成立，并由其担任北志联的业务主管单位。团市委是2009年北京市第一批认定的枢纽型社会组织，其主要职能包括指导全市志愿者工作的开展，以及协助有关部门对所主管的社会团体进行监督管理；北志联是2010年第二批认定的市级枢纽型社会组织，其定位是北京市志愿者工作第一枢纽组织，负责指导全市开展志愿服务工作。因此，职能重叠使这两个枢纽型社会组织之间建立了外在联系。而机构交叉使北志联和团市委这两个枢纽型社会组织之间建立了深度的内在联系。北志联的组织架构简称"三会一中心"，其中"一中心"是指北京市志愿服务指导中心，主要承担北志联的秘书处职能；同时北京市志愿服务指导中心也是团市委直属的全额拨款事业单位，是负责统一规划、协调和指导北京市志愿服务工作的专门工作机构。在此基础上，团市委的原则、理念在北志联的工作方针上得到体现和落实，北志联的一些信息和资源也能够为团市委所用。通过枢纽型社会组织之间的这种联系，实现慈善系统中层组织结构内部的深度

①　根据《北京市关于构建市级"枢纽型"社会组织工作体系的暂行办法》（2009年3月），本办法所指的"枢纽型"社会组织，是指由市社会建设工作领导小组认定，在对同类别、同性质、同领域社会组织的发展、服务、管理工作中，在政治上发挥桥梁纽带作用、在业务上处于龙头地位、在管理上经市政府授权承担业务主管职能的市级联合性社会组织。

整合。①

在全国其他地区，枢纽型社会组织实践也在不断探索，虽然构建的工作体系和模式有所区别，但一个总的趋势是枢纽型社会组织建设逐渐体系化，一是进一步完善枢纽型社会组织体系（见例 14 - 20），二是在社区层面成立社会组织联合会、社会组织服务中心等枢纽型社会组织（见例 14 - 21）。2017 年民政部发布《关于大力培育发展社区社会组织的意见》提出"鼓励在街道（乡镇）成立社区社会组织联合会、社区社会组织服务中心等枢纽型社会组织，发挥管理服务协调作用，规范社区社会组织行为，提供资源支持、承接项目、代管资金、人员培训等服务"。②

例 14 - 20 上海市静安区领先全国其他地区探索出了"1 + 5 + X"枢纽型社会组织服务管理模式。2007 年，静安区在上海率先成立了静安区社会组织联合会（即"1"），之后又相继在 5 个街道（即"5"）和劳动、文化、教育等系统（即"X"）成立社会组织联合会，形成了这种混合类枢纽型服务管理模式。截至 2017 年，静安区已有 14 个街道相继成立了社会组织联合会，"1 + 5 + X"已经发展成"1 + 14 + X"。③

例 14 - 21 天津市在社区枢纽型社会组织建设工作中表现亮眼。2010 年 8 月，天津市滨海新区塘沽新港街道成立社会组织联合会，在全市率先开展枢纽型社区社会组织试点建设工作；并筹集资金 100 万元建立了当时国内最大的街道社会组织联合会。截至 2014 年底，全市240 个街乡镇中已全部建立了社会组织联合会，并涌现出滨海新区新港街社会组织联合会、和平区小白楼街社会组织服务促进会、南开区王顶堤街社会组织发展促进会等杰出代表。④

---

① 整理自对北京市志愿服务联合会的访谈，2017 年 8 月 23 日。
② 《民政部关于大力培育发展社区社会组织的意见》，http://xxgk. mca. gov. cn：8081/n1360/148408. html，最后访问日期：2019 年 12 月 14 日。
③ 《上海：静安探索枢纽型社会组织服务管理模式》，http://gongyi. china. com. cn/2017 - 02/16/content_9342651_2. htm，最后访问日期：2019 年 12 月 5 日。
④ 房新枝：《扎根在社区的社会组织——天津社区社会组织发展综述》，《中国社会组织》2015 年第 1 期，第 23~25 页。

为了将对慈善组织的管控"向前延伸",搞好"胎教","从娃娃抓起",各级政府大力建立各种孵化器（见例 14 – 22）。例如,为建立政府主导的社会组织孵化器,北京市政府采取"政府出资新建、社会资本共建、公共用房改建、项目补贴助建"等方式,① 建立市、区、街道三级区域性社会组织服务中心,形成了多基地、跨团队协同的矩阵式支持网络。

例 14 – 22　南京市栖霞区社会组织培育发展服务中心是由当地民政局发起创办,由爱德基金会进行全面管理和运营,面向社会组织开放展示、创益、助力、资源、运营和分享六大空间。该中心致力于充分整合政府、企业和社会资源,促进跨部门合作与创新,发挥行政支持、能力建设和公益资源三大平台的综合服务功能。该中心推出的主要服务项目包括公益创投、社会组织培育发展、社会组织能力建设、社会组织公益平台建设、社会组织行业评估、组织注册登记服务、公益创意等。②

3. 对微观层面的管理

政府主要通过两种路径对微观组织结构实施管理:一是直接管理,二是以中层组织结构为中介的间接管理。

在保证政治稳定的前提下,如何进一步提高社会服务供给的效率,是政府管理社会组织重点考虑的问题。通过联盟、伞型组织、平台、孵化器等中层组织结构,政府部门一方面可以从繁杂的管理事务中解脱出来;另一方面,可以发挥中层结构社会组织身份的优势,以更具灵活性的方式对微观主体进行培育、引导和管控。所以,政府非常重视"政府部门→中层组织结构→微观要素"管理路径的建设。

---

① 根据《北京市民政局关于社会组织培育孵化体系建设的指导意见》（2017 年 3 月 28 日）,要形成以市、区、街道（乡镇）社会组织发展服务中心为主体,市、区业务主管单位、行业管理部门和群团组织培育孵化机构为行业专业支撑,街道（乡镇）培育孵化机构为服务平台,企事业单位和社会力量兴办机构为个性化服务补充的社会组织培育孵化体系。到 2020 年,建成上下贯通、覆盖广泛、资源整合、专业规范、多层次、多类型的社会组织培育孵化体系。

② 整理自栖霞区社会组织培育发展服务中心,http://www.qixiashzz.org/district – venture – philanthropy.html,最后访问日期:2020 年 1 月 15 日。

与此同时，"政府部门→慈善组织"这一管理路径，不但没有弱化，反而得到了加强。政府对慈善组织的直接管理，主要从慈善组织的登记注册、内部决策、活动开展与资源供给环节入手，主要手段包括双重管理，强制年检，强化基层政权力量，加强对境外非政府组织的监管。近年来，党建成为微观主体管理体制改革的主攻方向。

（四）系统结构的基本特征

中国慈善生态系统的结构尚未成熟，但其整体架构已具雏形，而且显示出鲜明的特征。

1. 三元并立

自然、民间和政府建构的三种秩序并存，但是发育不平衡。政府塑造的统合结构最为完整，也最为强大，既有完整的宏观组织结构，又有配套的中层组织结构，在微观层面还有大量的、可供支配的主体和资源。它有顶层设计，有统一指挥，有执行队伍，还有各种资源，尤其是有政府权力做后盾。民间建构的结构残缺不全，宏观层面的组织结构不存在，中层组织结构很脆弱，数量少，组织化程度不高，执行力也不尽如人意。自发秩序是慈善生态系统得以存续和发展的基础。它能够与民间和政府建构的秩序顺畅兼容。它也是不可抗拒的存在，民间和政府建构的秩序都不能打破自然秩序。

2. 分层策略

在慈善生态系统的不同层次上，政府与民间扮演的角色不同。在微观层面，政府奉行"掌舵而不划桨"的原则，将直接提供公共服务的职能转移给各类社会组织，包括民间慈善组织。近年来，政府降低了民间组织的准入门槛，并提供越来越多的支持与合作机会。例如，北京市按照"政府统一领导、财政部门牵头、业务部门分工配合"的原则，进一步完善使用社会建设专项资金购买社会组织服务的机制。[①] 与中观和宏观层面相比，民

---

① 根据《关于深化北京市社会治理体制改革的意见》（2015年8月28日），政府提供基本公共服务尽可能采取购买服务方式，可由第三方提供的事务性管理服务交给市场或社会承办；提供非基本公共服务要更多更好地发挥社会力量的作用。

间组织在微观层面最为活跃，发挥的作用也最大。在中层，数量最多、势力最强、影响最大的是政府塑造的组织结构，而民间建构的组织结构数量少、实力弱，影响力乏善可陈。能够生存下来并发挥作用的民间中层组织结构，或是给政府"拾遗补缺"的"有用者"，或是不给政府添乱的"无用者"。在宏观层面，政府塑造的统合结构初步形成，与此形成对照的是，民间建构的宏观组织结构"无影无踪"。

中层组织结构只能将部分微观组织"组织起来"，形成局部的合力。宏观组织结构拥有全局性的动员和协调能力，能够发起全局性的集体行动，甚至使整个慈善生态系统一致行动。也就是说，宏观组织结构的"放大功能"远远超过中层组织结构。所以，在慈善生态系统中，就"挑战潜能"而言，从微观到中层到宏观，民间力量的组织动员能力越来越强；就"服务能力"而言，从宏观到中层到微观，层次越低，直接的公共服务任务越繁重，政府对民间组织结构的"拾遗补缺"功能的需求也越大。

在这里，我们看到了行政吸纳社会的新发展——"分层控制策略"，这是分类控制策略与功能替代策略运用于慈善生态系统的不同层面的"逻辑上"的必然结果。

3. 新公共管理"嵌入"行政吸纳社会

中国慈善生态系统的各个层面都沾染了新公共管理的色彩。基于市场的政府与社会组织职能分工、公共服务供给市场化、政府与社会组织合作、放权、分权、民营化、公办民营、民办公助、项目式管理、绩效考核、政府采购、竞争性招标、契约管理、第三方评估……这些来自新公共管理的词语，在政府文件、学术论文、新闻媒体中随处可见，也成为政府管理者和社会组织管理者的口头禅，而且已经在实践中得到了不同程度的施行，并显示出强劲的持续扩张势头。

对新公共管理的吸收，在微观层面最为开放，中观层面次之，宏观层面则完全封闭。在微观层面，政府广泛采用新公共管理的思路和措施，将越来越多的公共服务职能转移给各类社会组织。通过购买服务、补贴、资助等方式，政府与社会组织建立了全新的互动模式。在中观层面，政府将资源"批发"给可控的中层组织结构，然后再由它们"零售"给各类微观层面的社会组织。政府的合作对象主要是官办的协会、"枢纽型"社会组织、信息平台、孵化器等等，只有听话的民间组织结构才能分享到新公共管理的阳光雨露。在宏观层面，新公共管理的色彩微弱。

总的来看，中国政府对新公共管理的采纳，不是照单全收，而是有取有舍，在慈善生态系统的不同层面上，采纳的内容和程度是不同的，层次越低越开放，层次越高越保守。

随着经济、社会和文化的发展，基本公共服务成为刚性需求，高级需求亦不断涌现而且日益丰富，这对政府的供给能力提出了越来越高的要求，实际上，远远超出了其能力边界。

与此同时，民间力量快速发展，提供公共服务的潜力也大幅提升。对政府来说，民间力量的壮大，一方面，提高了"利用"的价值，另一方面，也增加了"压制"的成本。在这种情势下，完善"利用"民间力量的方式，一方面，可以改善公共服务状况，提高政府的绩效合法性；另一方面，也提升了功能替代的水平，进而降低了"压制"的成本。

新公共管理是最近40年盛行于欧美公共管理领域的"主流范式"。它是一种有别于传统公共行政理论的政府治理理论，也是一种不同于传统官僚制的新型公共行政模式，还是一场革命性的政府改革运动。在理论上，新公共管理拓宽了公共行政学的视野，将关注的范围从"政府内部"拓展到"政府外部"。在实践中，新公共管理重视激发公共部门、私营部门和志愿部门的积极性，使之协同行动起来，共同解决社会问题。为此，新公共管理开发了一系列理念、思路和工具，如公共服务供给市场化、放权、分权、政府采购、竞争性招标、第三方评估等等。更为重要的是，这些理念、思路和工具，独立于"政体"类型，能够与多种政体兼容并包，例如，权威主义政府也可以"无障碍地"将其"为我所用"。

在社会主义市场经济背景下，如何利用社会力量提供公共服务，中国政府毫无经验，既没有相应的理论，也没有成型的政策，更没有切实可行、运用自如的工具。来自资本主义世界的"新公共管理"为其填补了这一空白。所以，中国政府"选择性地"采纳新公共管理的思路、方法、工具也是自然而然的事情。

政府"选择性吸收"新公共管理的具体策略，一是"分层吸收"，即在微观层面最为开放，中观层面次之，宏观层面完全封闭；二是"分类吸收"，即将资源"批发"给可控的中层组织结构，然后再由它们"零售"给各类微观层面的社会组织。通过运用这套策略，政府将大量的公共服务事务移交给社会组织，将自己从直接提供服务的繁杂事务中解脱出来，使自己专注于"掌舵",进而也可以更好地保持"掌舵"地位。同时,给予社会更大的发挥作用的空间,从而更好地利用社会的服务能力。"可控的"中层结构作为"中介",一方面,自上而下地传递政府的理念,贯彻政府的政策;另一方面,自下而上地整合社会力量,使其发挥拾遗补阙的作用。通过将政府的部分管理职能转交给中层结构,政府管理的"着力点"从一个个微观组织转移到中层。通过挖掘并利用中层结构的沟通和协调功能,联系、支持、引导各种微观组织,政府在"放手"的同时仍能对微观组织进行有力的整合,避免因强调分权、竞争而导致的"碎片化",确保政府塑造的统合秩序成为一个有效运转的"系统"。这样一来,在完善公共服务职能的同时,有效地控制快速发展的民间力量,同时又避免了政府权力的削弱,达到了"寓管制于利用之中"的实际效果。

由此可见,通过将新公共管理"嵌入"行政吸纳社会,一方面完善了行政吸纳社会;另一方面避免了新公共管理可能导致的政府控制力度的弱化。实际上,通过选择性地吸收新公共管理,政府建立了全新的控制手段,其掌控能力不但没有弱化,反而得到了强化。

最近十几年,新公共管理进入了中国的国家与社会关系论域。如今,这一话语体系已经成为炙手可热的"显学",步入"主流"行列,与市民社会话语体系并驾齐驱,甚至成为一种统摄理论与实践的真实的"范式"。

大体说来,在"社会"一侧,市民社会和新公共管理同时受到欢迎。然而,在"政府"一侧,两者的命运大相径庭,市民社会在理论与行动层面"遇冷";新公共管理则受到不动声色的欢迎,不但可以在大学课堂上公开宣讲,核心思路和主要措施还被政府采纳,并且在实践中得到了实实在在的落实。

为什么来自同一个世界的两种理论具有截然相反的命运?这不是偶然的。从行政吸纳社会理论的视角来看,市民社会是侧重于阐释与指导社会组织倡导行为和集体行动的理论与实践,而新公共管理则是侧重于阐释与指导社会组织提供公共服务的理论与实践。市民社会对政府的根本利益形成了威胁,而且这种威胁不仅仅停留在书本上,而是产生了实实在在的严重后果。而新公共管理却给中国政府提供了切实的帮助,为政府提供了有效利用社会组织服务功能的理论和工具。在市场经济背景下,如何利用社会组织提供公共服务,政府缺乏经验,既没有相应的理论,也没有成型的政策,更没有切实可行、运用自如的具体措施和手段,新公共管理为其填

补了这一空白，并取得了实效，受到欢迎也是情理之中的事情。

市民社会是一种关于政治自由化和民主化的理论与实践。新公共管理是一种关于在市场经济背景中如何提供公共服务的理论与实践。在某种意义上，可以说，新公共管理是"去政治化"的现代国家管理理论与实践，它独立于政体类型，可以被任何政体所采纳。这一切，完全符合行政吸纳社会体制的一贯立场与逻辑——从政府自身利益最大化出发，对外来的理论与实践，采取"分类控制"的策略，对其不利的拒斥，对其有利的吸收。实际上，行政吸纳社会就是为了回应市民社会的挑战而诞生的，也正是为了自我完善它又选择性地吸收了新公共管理的某些思路与措施。

十五　空间格局

考察中国慈善的空间格局，既要考察它的区域格局，又要考察它的跨区慈善，还要考察它的跨国慈善。

中国慈善的区域差异逐渐显现，这种差异体现在慈善主体的种类和数量、资源规模、慈善行动、综合治理水平、慈善生态、区域慈善特色等方方面面。

国内不同区域之间常规性的慈善资源输入与输出从未停止，从东部向西部、从沿海向内陆、从发达地区向欠发达地区的资源流动、理念传播、模式扩散等持续进行。重大自然灾害与公共危机事件则会促使慈善资源在短时间内大规模流向特定地区，从而影响着跨区慈善格局。

从慈善的国际格局来看，过去十年以至更长时段内，中国主要扮演着慈善资源的净输入国角色，对外输出极为有限。不过这一趋势的具体表现，也会因有形资源和无形资源的不同，而有所差异。

（一）区域格局

针对中国慈善的"区域格局"，本书侧重于考察各区域的慈善特色以及不同区域之间的慈善差异，并从组织化与非组织化两个视角切入。总的来说，组织化慈善的区域格局深受经济社会发展的地区差异的直接影响；非组织化慈善的区域格局，则还会受到慈善历史传统的持续深远影响。

1. 组织化视角

本书使用各省份社会组织数量、社会捐赠数量和接收社会捐赠的站点数量三个指标，来刻画中国组织化慈善的区域间差异。

从社会组织数量上看，中国社会组织的地域分布表现出东部沿海发达地区多、中西部内陆欠发达地区少的不均衡特征。截至 2019 年底，社会组织数量前五的省份分别是江苏（96509 家）、广东（70558 家）、浙江（68897 家）、山东（56113 家）、四川（46919 家），后五的省份分别是西藏（551 家）、宁夏（5676 家）、青海（5965 家）、天津（6108 家）、海南（7571 家）。

基金会的分布也表现出相同趋势，全国各省份基金会数量分布不均，主要集中在广东（1080 家）、北京（748 家）、江苏（693 家）、浙江（666 家）、上海（458 家）等东部沿海发达省份。[①] 有研究者在全国范围内选取了具有较强代表性的 770 家基金会作为样本，也发现，其中 61% 共 467 家都分布在北京、广东、上海三个地区，形成了第一梯队；江苏、浙江、四川是第二梯队，基金会数量相对较多；山东、陕西、湖南属于第三梯队，基金会有一定发展；西藏、新疆、青海、黑龙江等属于第四梯队，基金会发展缓慢。由此也导致了部分地区基金会供给较多甚至超过需求水平，而另外一些地区却无法享受有需要的服务。[②]

从社会捐赠数量来看，《2018 年度中国慈善捐助报告》统计了当年各省份的社会捐赠数量，本书据此计算出 2018 年各省份的人均慈善捐赠金额。结果显示，人均慈善捐赠数额最多的几个省份主要还是集中于东部沿海地区，包括北京（474.75 元）、广东（164.62 元）、福建（139.58 元）、上海（107.85 元），其人均捐赠金额遥遥领先于其他省份。值得一提的是，紧随其后的是宁夏（67.45 元）与新疆（62.21 元）两个省份。人均慈善捐赠最少，且均低于 10 元的几个省份依次为广西（2.48 元）、黑龙江（3.33 元）、辽宁（5.26 元）、山西（5.51 元）、吉林（6.77 元）、江西（7.94 元），主要分布在东北与中部地区。

最后，从各省份每十万人所拥有的社会捐赠接收站点数来衡量，上海（14.24 个）、北京（8.51 个）、重庆（5.38 个）、天津（4.31 个）等直辖市，以及江苏（5.15 个）、山东（2.1 个）等东部发达省份拥有的捐赠接收站点数目位居全国前列。这也与东部地区、直辖市地区慈善事业更为发达的总体趋势大致吻合。

---

① 《2018 年中国基金会总数突破 7000 家大关净资产继续保持稳定增长态势》，http://data.chinabaogao.com/gonggongfuwu/2019/0934455252019.html，最后访问日期：2019 年 12 月 7 日。
② 丘仲辉：《支持性社会组织概览》，社会科学文献出版社，2019，第 17～19 页。

总体来看，组织化慈善的区域格局与经济社会发展的区域格局密切相关。更高的经济社会发展水平，往往意味着更多可供利用的慈善资源、更强的慈善参与意识，因此得以催生出更为丰富的慈善行动主体和更多的慈善捐赠。长三角、珠三角、北京等地区第三产业更为发达，中产阶层群体规模更为庞大，对外开放时间更长，受国际慈善理念的影响更深，由此造就了更为积极、主动、多元的慈善行动与社会参与。因此，其社会组织数量、人均慈善捐赠金额、社会捐赠接收站点数均在全国名列前茅。

2. 非组织化视角

非组织化慈善发生在家庭、宗族、村庄、社区、单位里，作用于亲人、朋友、邻里、同事间，是中国独特的历史文化传统与经济社会体制的延续物，在当今中国依然发挥着独特而重要的作用。

具有鲜明地域特色的地方慈善模式如广东、福建的宗族慈善、华侨慈善。闽粤两地具有深厚且保存相对完好的宗族传统，日常的传统宗族慈善乃至现代社区慈善均可依托祠堂得以展开。另外，出洋华侨通过公益慈善事业参与到侨乡社会建设中来，在闽粤地区也具有悠久的历史传统。[1] 无论是宗族慈善，抑或侨乡慈善，此种传统的、非组织化的慈善传统，至今仍然滋养着地方精英的慈善行为，塑造着当地社会的慈善实践。

江浙地区的慈善传统也十分深厚，在一般性的由个体、宗族、宗教机构组织的慈善活动外，江南地区独具特色的传统慈善模式是由地方儒生、士绅商人共同集资、开办并管理的善会、善堂等慈善机构。梁其姿利用2000多种地方志统计了清代的3000多个慈善组织，它们集中分布于江浙两省，其中尤以清节堂（61.1%）、施棺局（58.1%）、育婴堂（32.2%）、综合类（42.9%）、其他类（45%）的分布最为明显。[2]

东北、山东地区是单位制的典型地区，无论是单位体制发达的过去，抑或解体的今日，单位内部的人际救助、互相帮扶等，都是普遍现象。这构成了该地区比较典型的非组织化慈善模式。

此外，在中国西北边疆信奉伊斯兰教的少数民族地区，慈善得以依托

---

① 陈志明：《人类学与华人研究视野下的公益慈善》，载朱健刚、林猛编《公益》，中国社会科学出版社，2014。

② 梁其姿：《施善与教化：明清时期的慈善组织》，北京师范大学出版社，2013。

清真寺这一特殊场所展开。清真寺既是布道之所，也是行善之处。伊斯兰教内在的"关爱弱势"思想，与课捐、天课等慈善制度，以及施舍、"乜贴"等慈善方式和途径，共同构成了该地区独特的慈善实践。①

除上述具有鲜明地域特色的传统慈善模式外，更多的非组织化慈善实际上极为朴素日常。它们被当事人日用不知、习焉不察，也被研究者、立法者、监管者视为理所当然，不进入研究视野，也不纳入统计范围。但是，它们根植于人心向善的内在本能，彰显着慈善的本质；受到中国文化传统与历史潜移默化的滋养，展现着中国慈善的特色。

（二） 跨区慈善

所谓"跨区慈善"指民族国家内部不同地区之间在慈善领域中的互动。慈善不受地域局限，跨区慈善是慈善的根本特征之一。因为慈善是对形形色色不平等的回应，而区域差异正是不平等的重要内容。对于一个幅员辽阔、人口众多、地理环境相差巨大的大国来说，其地区差异尤为严重，尤需慈善予以弥合。中国慈善的特色之一就在于其跨区慈善非常发达。

1. 慈善资源的跨区流动

《2018 年度中国慈善捐助报告》统计了各省份慈善捐赠流出（对外捐赠）与流入（接收捐赠）数据，用流入减去流出，可得到该年各省份的慈善捐赠流动净值（见图 15 - 1），其中正值代表净流入（接收捐赠 > 对外捐赠），负值代表净流出（接收捐赠 < 对外捐赠）。通过该数据，可以大致管窥中国慈善资金的跨区流动状况。

由图 15 - 1 可见，中国慈善资源的跨区流动主要由东部沿海发达地区，流向中西部内陆及东北地区。2018 年慈善捐赠净流出前五的省份依次为广东（93.69 亿元）、福建（21.68 亿元）、上海（15.42 亿元）、浙江（6.1 亿元）、江苏（3.13 亿元），净流入前五的省份依次为北京（71.28 亿元）、陕西（19.44 亿元）、广西（9.68 亿元）、西藏（5.41 亿元）、青海（5.26 亿元）。事实上，受到近年来精准扶贫政策的影响，大量慈善资源均流向了西

---

① 杨晓梅：《近 20 年国内伊斯兰慈善研究综述》，《回族研究》2016 年第 4 期，第 106 ~ 110 页。

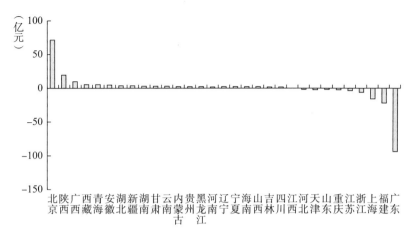

图 15 - 1 2018 年各省份慈善捐赠流动净值

资料来源:《2018 年度中国慈善捐助报告》,图为本书自制。

藏、青海、新疆、甘肃等偏远地区的扶贫领域。这也是中国慈善所具有的鲜明的政治、政府与政策导向性特征的体现,即国家战略和公共政策作为强有力的指挥棒,引导着慈善资源的流向,塑造着跨区慈善的格局。

跨区慈善,不仅包括资金、物资、志愿服务的跨地区流动,也包括慈善理念、专业知识、组织模式的跨区流动。后者的流动,总体上也遵循上述由东部向中西部、由沿海向内陆、由发达地区向欠发达地区的趋势。

需要说明的是,图 15 - 1 中北京慈善捐赠净流入最多,主要原因是众多在民政部登记的全国性基金会的注册地在北京,统计时将这些全国性基金会所接收的社会捐赠纳入了北京市接收慈善捐赠统计数中,导致其接收慈善捐赠的数额极高(174.35 亿元)。实际上,这些慈善捐赠的绝大部分最终还是流向北京之外,用于本地的并不多。也就是说,北京扮演的是"中转站"的角色。

事实上,全国性基金会的大多数资源均来自全国各地。近年来互联网的发展使慈善组织可以更便捷高效地集聚更多的非本地资源。在这种意义上,互联网促进了慈善资源的跨区流动,但同时也加剧了区域之间的不平等。

慈善资源的跨区流动还会显著受到自然灾害、灾难事故、突发公共卫生事件、突发社会安全事件等公共危机事件的影响,典型如汶川大地震、新冠肺炎疫情期间,大量慈善资源在短期内流向四川、武汉地区(见例 15 - 1)。

例 15 - 1 截至 2020 年 2 月 29 日 24 时,中国慈善联合会统计全国

支持抗击新冠肺炎疫情慈善捐赠约 267 亿元。其中，大额（单笔 10 万元以上）捐赠 2672 笔，约 251 亿元；20 家互联网募捐信息平台上线了 400 多个募捐项目，筹集资金约 16 亿元。且该数据仅为不完全统计，因为该捐赠数据均从公开信息监测统计所得，仍有部分捐赠通过非公开募捐的形式开展。①

2. 跨区慈善主体及行动方式

各类慈善主体及其项目，从其行动初心和目标，到潜在受益对象的选择，到活动所调集的资源，以及最终效果，往往都是跨区域的，非如此则不足以体现慈善的本质与特色。希望工程便是典型案例（见例 15 - 2）。

> 例 15 - 2　希望工程的目标和愿景是不让一个孩子因为贫困而上不起学，让贫困孩子受到良好的教育。希望工程的核心子项目——希望小学建设与学生资助，其受益者均分布在全国各地的急需之处。其捐赠也来自各个行业、各种组织、各类人群。从结果来看，希望工程在城乡间、区域间发挥着促进财富转移与分配，增进社会公平的作用。对中国青少年发展基金会 1989 ~ 1996 年的收支数据的分析显示，"中国青基会成功地高效率地发挥了财富再分配的功能。从城乡收入再分配的角度来看，它每支出 100 元，就有 89.8 元从城市转移到农村；从地区收入再分配的角度来看，它每支出 100 元，就有 87.7 元从中高收入地区转移到低收入地区。"②

跨区慈善的行动主体，既可以是组织化的，也可以是非组织化的。组织化行动主体，既包括在民政部注册的全国性社会组织，也包括在各级地方政府民政部门登记注册的社会组织，还包括大量未注册的草根组织、备案团体，以及一些企业、涉外组织和团体。

组织化主体开展的跨区慈善行动，既面向基本性需求领域，比如向受灾地区的灾民提供生命救援和补给生活必需品；也面向发展性需求领域，

---

① 《全国疫情防控慈善捐赠约 267 亿元》，https://mp.weixin.qq.com/s/FqandTF0UrrQvfi0Oa0 PIA，最后访问日期：2020 年 3 月 2 日。
② 康晓光：《创造希望》，漓江出版社，1997，第 60 页。

比如环境保护、支持公益行业发展、少数民族文化保育等。总体来讲，中国跨区慈善主要还是满足生存性需求，但也越来越多地拓展到发展性需求（见例15－3）。

　　例15－3　昆明市呈贡区是光四季诗歌青少年服务中心，于2018年7月注册成立，是一家非营利诗歌教育机构，主要服务于流动/留守儿童。该机构发起的"大山的孩子会写诗——是光四季诗歌"项目，通过为三至八年级当地教师提供系统诗歌课程，让偏远地区学生获得平等的诗歌教育和自由的情感表达。"四季诗歌"以一年为一个周期，每年分设"春光课"、"夏影课"、"秋日课"和"冬阳课"四期，每期课程共三个课时并配套以每日5~10分钟的晨读课程，营造专业、自由的诗歌学习环境。截至2019年3月，"是光四季诗歌"项目已经服务包含云南、贵州、广西、甘肃、湖南等21个省份偏远地区中小学609所，53600余名孩子有了人生的第一堂诗歌课。①

　　跨区慈善的实施方式既包括实体空间中的传统慈善和现代慈善，也包括互联网传统慈善和互联网现代慈善。组织化慈善主体借助于互联网，能够开辟跨区慈善行动的新渠道，从而以更加创新、便捷、高效的方式进入全国各地（见例15－4）。

　　例15－4　四川阿坝州九寨沟县2017年8月8日发生7.0级地震。京东利用平台优势，在京东App首页上线了"驰援九寨"公益入口，与中国社会福利基金会等公益组织一同发起募捐，将募捐信息推送给超过2亿的京东用户。通过"创新、阳光、高效"的物资募捐平台，网友可以达成"一键捐物，京东直送"的公益体验，所有的爱心都将通过京东高效的物流体系免费送往灾区，第一时间发放到受灾群众手中，物资使用情况将在京东公益物资募捐平台更新。②

---

① 《大山的孩子会写诗——是光四季诗歌入围行动者联盟2019公益盛典"年度公益创意"》，https://gongyi.ifeng.com/c/7qyqKMcoWYq，最后访问日期：2020年1月15日。
② 《京东首批捐赠物资抵达九寨沟灾区》，http://it.people.com.cn/n1/2017/0810/c1009-29462805.html，最后访问日期：2017年8月25日。

　　除了组织化慈善主体，非组织化的普通个体也积极参与跨区慈善。个体既可以依托特定的组织化平台，也可以选择以个人名义独立行动；既可以亲自到全国各地开展救援和帮扶，也可以通过电话、网络等方式在线提供服务（见例 15 - 5）。

　　　　例 15 - 5　北京红枫妇女心理咨询服务中心于 1992 年 9 月开通了第一条面向全国无偿提供心理咨询服务的妇女热线，之后又相继开通了专家热线、老年妇女热线、反家暴热线等 6 条热线，以帮助那些由于社会变迁而处于情绪困扰中的妇女消除心理危机，增强面对生活的信心和勇气。红枫妇女热线的服务范围并不限于北京，而是以其跨时空和方便快捷的特点，服务于全国的求助者，其中包括一些偏远的山区。红枫妇女热线还收到过海外打来的电话，有中国留学生从日本东京、瑞典的斯德哥尔摩打来电话咨询法律和心理问题。

　　时代发展和技术变革使慈善活动更加开放，非组织化慈善也越来越呈现"去地域性"的特点。过去，个人与个人的互助往往会受地域限制，而在互联网时代，因地域而产生的隔离被打破了，人际互助也变得没有边界。全国各地的人均可通过互联网对任何地区的任何人进行帮助（见例 15 - 6）。

　　　　例 15 - 6　2015 年腾讯公益平台上发生的慈善捐赠达 5.4 亿元，其中，广东、江苏、北京在区域捐款排名中位列前三，全国总捐款人数的 32% 来自这三个地区。此外，社交公益成为广受欢迎的慈善方式，一个人发起一起捐，平均带来 5.6 个人的捐款，非组织化的个人力量在社交网络中被加强和放大。①

（三）跨国慈善

　　全球化时代，慈善也在持续发生着国际互动。慈善资源的跨国流动，是与国家间的经济社会发展水平和实力强弱高度相关的。慈善知识、技能

---

①　《2015 腾讯公益数据报》，https://gongyi.qq.com/m/html5/financial_list.htm，最后访问日期：2017 年 8 月 25 日。

和理念，以及资金、物资的流向，遵循从发达国家向欠发达国家、从强国到弱国的规律。这种流向趋势，既体现着慈善扶弱济困的人道主义特征，也与慈善的政治属性息息相关。

中国身处全球化浪潮之中，也深入参与、推动着全球化，慈善领域亦然。中国与其他国家之间在慈善主体、资源和行动方面进行着广泛的交流融合。其中既有其他国家的慈善输入，也有中国对外的慈善输出。总的来说，截至 2019 年，中国在与他国的慈善互动中，更多地扮演输入国而非输出国的角色。不过，国际力量的影响在近十年来呈现出相对下降的趋势。

1. 境外输入中国的资源

从有形资源来看，改革开放之初，国内慈善组织与慈善项目几乎是"喝洋奶长大的"。近十年，本土资源日益增长，并逐步占据主导地位。这种"彼消此长"的趋势既是绝对的，也是相对的。两种力量共同导致了境外有形资源作用的衰落，一方面，本土资源崛起，其自身体量和规模足以支撑中国公益事业的发展，国际资源自然流向需求更为急迫的地方；另一方面，诸如《中华人民共和国境外非政府组织境内活动管理法》《外国商会管理暂行规定》等针对境外非政府组织的法律法规所铸就的高门槛，堵塞了国际资源流入的渠道。

从无形资源来看，改革开放之初，来自国际慈善组织的专业资源，大举进入中国。近十年来，虽然此种知识与专业的鸿沟在不断地被缩小，但是学习、借鉴依然持续发生，以至于今日慈善领域中占据主导地位的理念、方法论、行动策略、实践模式均来自境外。境外无形资源主要以社会组织、研究机构、大学为中介，通过研究资助、专业培训、能力建设、试验示范、倡导游说、国际交流等方式进行输入国内。这种运作方式成效显著，影响深远。

总的来看，随着经济发展与财富积累，中国硬实力不断增长，中国慈善逐渐摆脱对境外资金的依赖，来自境外有形资源的输入日益减少。与此同时，国内外的知识落差也在日益缩小，但差距依然明显，无形资源的输入仍旧源源不断。这种格局是与中国软实力增长滞后于硬实力的现实相一致的。

境外慈善资源输入中国主要采取两种方式。一方面，通过组织与项目进入，比如在中国设立办事处，与中国本土慈善组织合作开展活动（见例 15 - 7）。

例 15 - 7　世界自然基金会（WWF）是在全球享有盛誉的、最大的独立性非政府环境保护组织之一，致力于保护世界生物多样性及生物的生存环境。从 1961 年成立以来，WWF 共在超过 150 个国家投资超过 13000 个项目，资金近 100 亿美元。1996 年，WWF 正式成立北京办事处，此后陆续在全国 9 个城市建立了办公室。至今，WWF 在中国共资助开展了 100 多个重大项目，投入总额超过 3 亿元人民币。WWF 在中国的项目领域也由最初的大熊猫保护扩大到物种保护、淡水和海洋生态系统保护与可持续利用、森林保护与可持续经营、可持续发展教育、气候变化与能源、野生物贸易、科学发展与国际政策等领域。①

以组织和项目为载体，是境外资源的输入、落地的主要方式。数据显示，截至 2018 年底，在境内设立的境外非政府组织代表机构共计 441 个，临时活动备案共计 1381 个。其中，北京为代表机构数量最多的注册地，占比达 33.11%，上海、云南、广东次之（见图 15 - 2）。

图 15 - 2　已登记境外非政府组织的注册地分布

资料来源：《中国发展简报》。

代表机构覆盖的业务领域和范围中，排名靠前的依次为经济、济困救灾、教育、卫生和环保，这五大领域的代表机构占比合计达 83.22%（见图 15 - 3）。

另一方面，境外资源还会通过理念、专业技能、知识体系、法律文本、

---

①　世界自然基金会，http://www.wwfchina.org/aboutus.php，最后访问日期：2017 年 8 月 23 日。

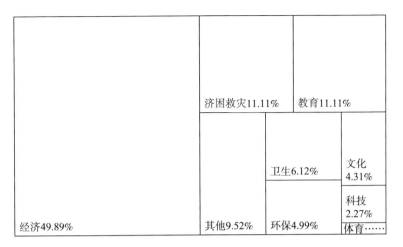

图 15 - 3   已登记境外非政府组织的业务范围分布
资料来源:《中国发展简报》。

资金、管理模式、人才等的输送进入中国内地（见例 15 - 8）。

例 15 - 8　北京在行动国际文化中心是由打工者自己创建的草根组织，主要工作是无偿服务于城市中的打工群体，为城市中的打工群体无偿提供法律、文化、健康、教育等方面的服务，加快融入城市的过程，推动和谐劳动关系，促进和谐社会的发展。其机构宗旨是"行动改变生存"，中心通过招募有爱心有文艺爱好的朋友，组成公益演出团，将打工者的生活现状通过自编自演的形式表现出来；同时组织律师志愿者开展义务咨询、援助和普法宣传活动，向打工者普及劳动政策法规、职业安全健康知识，提高打工者维护自身合法权益的能力。

考察境外资源输入的趋势变化，需要区分有形资源与无形资源。资金、物资、志愿服务等有形资源的境外捐赠和输入呈现持续下降趋势。目前，相比国内潜力巨大的捐赠市场和正在快速成长的慈善行业，来自境外的慈善捐赠作用日益微弱（见例 15 - 9）。

例 15 - 9　中国扶贫基金会是中国国际互动较多的慈善组织，从基金会所获捐赠来看，2016 年，境外捐赠既包括个人捐赠，也包括组织捐赠，既有来自港澳台地区的捐赠，也有来自国外地区的捐赠。2014 ～

2016 年，中国扶贫基金会从境外募集到的捐赠收入虽逐年递增，但总量占比十分有限，最高只有 5.2%，约 95% 的捐赠收入均来自境内（见表 15 - 1）。

表 15 - 1   中国扶贫基金会捐赠收入的空间结构

	2014	2015	2016
境内捐赠收入（万元）	59345.44（96.78%）	46657.36（95.15%）	44714.97（94.80%）
境外捐赠收入（万元）	1976.38（3.22%）	2376.61（4.85%）	2401.81（5.20%）

资料来源：《中国扶贫基金会年检报告》（2014、2015、2016）。

从捐赠总占比来看，从 2007 年至 2013 年，境外捐赠比重整体呈逐渐下降趋势，境内捐赠比重整体呈逐年上升趋势。境内境外的占比从"七三开"转变至"九一开"，境外捐赠对中国慈善事业所发挥的作用逐年减弱（见图 15 - 4）。

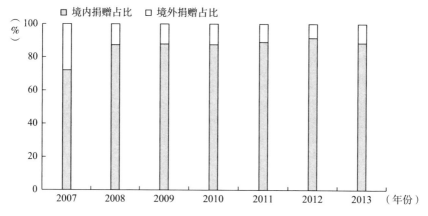

图 15 - 4   境内境外捐赠占比及其变化趋势

资料来源：《中国慈善捐赠报告》（2010 - 2018）。

从企业捐赠来看，从 2013 年至 2017 年，港澳台侨及外（合）资企业捐赠占比呈现逐步下降趋势，从 42.44% 降至 19.22%；国企捐赠占比则总体呈现稳步上升趋势，民企捐赠虽略有浮动，但整体维持在 50% 左右（见图 15 - 5）。

从个人捐赠来看，2011 年至 2013 年，本就占比不高的境外个人捐赠逐年下降，从 6.59% 降至 1.94%，占据着微不足道的地位（见图 15 - 6）。

上述趋势是由本土慈善资源体量的日益扩大，以及境外慈善力量主动减少对中国的资金投入共同塑造的。此外，中国政府对境外非政府组织愈

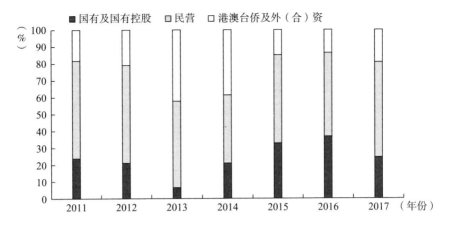

图 15 - 5　不同性质企业捐赠占比及其变化趋势

资料来源:《中国慈善捐赠报告》(2010 - 2018)。

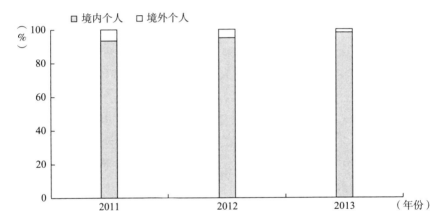

图 15 - 6　境内境外个人捐赠占比及其变化趋势

资料来源:《中国慈善捐赠报告》(2010 - 2018)。

发严格的门槛限制也对此影响甚大。这一影响在草根民间组织中表现得更
为突出。2011 年左右,一些境外组织调整了对国内草根组织的工作策略,
压缩资助额度。例如,福特基金会以 2011 年起开始停止对北京红枫妇女心
理咨询中心的资助,此前福特基金会为该机构持续提供了长达 18 年的项目
资金。这一事实与 2010 年 3 月 1 日开始实行的《国家外汇管理局关于境内
机构捐赠外汇管理有关问题的通知》不无关系。① 2017 年开始施行的《境

① 《福特基金会悄然脱离 NGO？停止资助一批国内草根组织》,http://finance. sina. com. cn/
stock/t/20110805/230010270950. shtml,最后访问日期:2017 年 11 月 20 日。

外非政府组织境内活动管理法》则对境外组织在中国境内的活动予以了更
严格的管控。

尽管来自境外的有形资源的影响日益减弱，但慈善理念、价值观等无
形资源的影响并未与之同步减弱，而是依然发挥着重要作用。价值观的作
用，主要表现在影响议题的设置上，即慈善应该关注哪些群体、关心哪些
需求。价值观直接决定着慈善应该关注的问题、人群以及解决方案的制订。
在这些方面，中国仍然深受西方的影响。

2. 中国输出境外的资源

总体来讲，中国对境外输出的慈善资源主要还是资金、物资和人力，
而在理念、文化、知识与技能方面输出的不多，严格地说，根本没有。

中国慈善组织的国际化程度很低。根据基金会中心网的数据，2013～
2015 年，注册地在北京（包括所有在民政部和北京市各级民政部门注册的
基金会）的基金会，在境外开展的项目数量占比不足两成（在 1.56%～
2.52%之间）；资金投入占比的最高值是 2015 年的 2.49%；而且，无论是
开展项目数量，还是支出金额，都没有明显的上升趋势。

此前，中国慈善组织参与海外人道援助的主要方式是捐款捐物。中国
民间组织在 2015 年尼泊尔 8.1 级地震中实现了大规模的出境救援，派遣多
支救援队进入尼泊尔。中国红十字会、壹基金、中国扶贫基金会、爱德基
金会、中国社会福利基金会、中华思源工程扶贫基金会等机构所属的民间
救援队参与了紧急救援。中国扶贫基金会、爱德基金会、中国青少年发展
基金会等机构参与了灾后重建工作。[①] 在尼泊尔地震援助中，来自中国的捐
款达到 2330 万元。这种大规模的对外慈善行为中，基金会是主要的行动者
（见例 15－10）。

例 15－10 中国扶贫基金会是中国慈善组织"走出去"的代表和
典范。2014 年，中国扶贫基金会通过联合国世界粮食计划署在柬埔寨
实施了供膳项目。2015 年，基金会进一步扩展境外慈善范围，境外受
益国扩展到柬埔寨、缅甸、埃塞俄比亚、尼泊尔、苏丹 5 国，在国际项
目中有 22.7 万人次受益。同年，基金会共募集资金 2166 万元用于境外

---

① 杨团主编《中国慈善发展报告（2016）》，社会科学文献出版社，2016，第 17 页。

慈善项目。2016 年，基金会境外项目受益国在上年基础上又增加了厄瓜多尔和海地，国际项目 5.6 万人次受益，国际援助范围进一步扩大。2018 年 4 月，基金会"幸福家园——难民自立与社区融合"项目在乌干达启动，通过现金发放、农业生产支持和商业促进三项活动，加强该地区难民安置点难民家庭的促进生计和发展能力。此外，外交部与中国扶贫基金会联合主办"大爱无国界"同心共筑便民桥国际义卖活动，也得到了 120 多位来自驻华使馆、国际组织驻华机构的国际友人的踊跃支持。①

除基金会外，中国走出国门的慈善主体还包括社会团体、民办非企业单位、企业等组织化主体（见例 15-11），以及志愿者、普通个体等非组织化主体。2015 年，联合国世界粮食计划署（WFP）收到超过 70 万中国爱心网友捐赠，筹集善款超过 1200 万元，帮助解决第三世界国家 4 万多名儿童妇女的饥饿问题。②

例 15-11　中国石油集团是中国走出国门援外的代表企业。仅 2016 年，中国石油在全球的主要社会公益总投入超过 6 亿元，惠及数亿人。截至 2016 年，在苏丹和南苏丹，中国石油每年总投资 15 万美元为 3/7 区管道途经的红海州和白尼罗河州居民无偿提供干净饮用水；为 Jabalein 地区 10 所学校捐赠 600 套座椅和价值 2.5 万美元的体育用品；为当地 30 名接生员、80 名护士培训急救、接生、常见病诊断等知识和技能。在厄瓜多尔，配合中国政府为厄瓜多尔建设 200 所"千禧学校"，融资、援建教室和图书馆等；建立 2 所医院，免费为周边社区提供医疗救助。在美国，组织志愿者队伍前往休斯敦 Jesus Christ of Latter-day Saints 教会的花生酱工厂开展服务社区志愿者活动，为休斯敦救济食品仓库生产花生酱。该组织通过食品发放点每年为美国得克萨斯州 18 个县提供 180 万人次的食品帮助。在哈萨克斯坦，赞助 9508 万美元筹建哈萨克斯坦国家舞蹈学院；北布扎奇项目 2016 年提供了 168.4 万

---

① 《中国扶贫基金会工作报告》（2014、2015、2016）；中国慈善联合会：《2018 年度中国慈善捐助报告》，2019 年。
② 《2015 腾讯公益数据报》，https://gongyi.qq.com/m/html5/financial_list.htm，最后访问日期：2017 年 8 月 25 日。

元人民币用于改善当地居民的居住环境和生活条件等。①

随着"走出去"的中国社会组织、企业与个体行动越来越多，针对此类现象的行业自律与行为规范建设也渐次出现。2018年7月第五届中非民间论坛期间，中国国际民间组织合作促进会与中国慈善联合会联合发布了《中国社会组织境外活动行为规范倡议书》。2018年10月，中国扶贫基金会与中国国际民间组织合作促进会在北京共同举办了"中国社会组织走出去"研讨会，会上发布了《中国社会组织参与国际项目合作自律行为守则》和《尼泊尔国别操作手册》。

"走出去"有助于将中国慈善组织和项目推向世界，倒逼其与国际水准对接，以弥补国内慈善组织在资源动员、项目运营、内部治理等方面的不足。不过，现阶段中国慈善的海外实验还面临政策薄弱、资金短缺、海外项目执行能力弱、民众意识限制等诸多阻力。目前，中国已经开始加强慈善文化的中国化，并不断开发和完善本国传统文化，为中国慈善走向世界奠定基础。

（四）评述

从慈善的国内空间格局来看，区域间的慈善发展水平是极不均衡的，体现为东部与中西部、沿海与内陆、发达地区与欠发达地区的巨大差距。这种不同区域间慈善发展水平的差异是与区域综合发展水平的差异相一致的，正是这种差异的普遍存在，跨区域慈善得以广泛发生。在中国，既存在慈善资源或慈善行动的净输出区域，也存在净输入区域。由于地区间综合发展水平的差异的长期存在，在短中期内，慈善的区域差异状况、慈善资源的跨区流动格局不会发生实质性的改变。

从慈善的国际空间格局来看，近十年间，中国与外部世界在有形资源的输入和输出方面，规模都不大。在无形资源方面，中国仍然是净输入国，对外输出几乎为零。近年来，依托国有企业和政府外交机构，少量慈善组织和项目开始走出国门。随着中国综合国力的增强，对外交往的加深，以

---

① 中国石油集团：《2016企业社会责任报告》，2017年。

及中国慈善自身的不断成长，中国将有望更多地输出慈善资源与慈善行动，这种输出既会是资金、物资、志愿服务方面的，也将是慈善文化与实践模式层面的。

结　语

行文至此，已近尾声，该是撰写"结语"的时候了。立足今日，回顾历史，展望未来，关于中国慈善有什么重要结论值得与读者分享呢？

关于当今中国慈善的总体状况的评判，关于制约中国慈善发展的瓶颈的认知，关于中国慈善发展范式的思考，关于中国慈善的大趋势的基本预测，我们可以说点什么呢？

一　总体评估

从功能、行动、结构三个方面对中国慈善进行总体评估。

慈善的价值在于它所承载的社会功能，具体的慈善行动承载具体的社会功能，而结构支持和制约慈善行动，简而言之，功能决定价值，行动承载功能，结构制约行动。所以，先功能，再行动，最后结构，层层递进考察评估。

功能评估

功能评估的方法是罗列"应然的"功能清单，然后对照现实进行评估。

慈善应有的社会功能，包括：（1）提供社会服务；（2）满足结社需求；（3）使志趣相投的人追求共同的目标；（4）作为人类集体行动的组织载体，公民参与公共生活的组织工具；（5）公众制衡权力和资本的工具；（6）社会化的重要主体，承担文化传承和创造的职能。一言以蔽之，慈善是自主、自立、自治的社会的基石，是文明社会不可或缺的基础设施。

政府对慈善的期待反映在《中华人民共和国慈善法》之中，该法第三条规定：本法所称慈善活动，是指自然人、法人和其他组织以捐赠财产或者提供服务等方式，自愿开展的下列公益活动：扶贫、济困；扶老、救孤、恤病、助残、优抚；救助自然灾害、事故灾害和公共卫生事件等突发事件造成的损害；促进教育、科学、文化、卫生、体育等事业的发展；防治污染和其他公害，保护和改善生态环境；符合本法规定的其他公益活动。《关于支持和发展志愿服务组织的意见》（2016）第十六条规定：持续推进扶贫、济困、扶老、救孤、恤病、助残、救灾、助医、助学和大型社会活动等重点领域的志愿服务。总的来看，中央及地方的法律/政策中，有关慈善内容/领域的规定，统一地集中在扶贫、济困、扶老、救孤、恤病、助残、优抚、救灾、科教文卫等方面，突出显示了政府主导下的慈善工作的关注重点，即聚焦弱势群体的基本需求，着重做好基础保障工作。两份重要的政府文件规划的慈善功能清单与慈善的实际功能基本一致。

比较慈善的应然功能清单与实际功能清单，可以发现：现实状态显著偏离应然状态；服务偏重，倡导偏轻；公共管理面向偏重，市民社会面向偏轻。

行动评估

中华传统慈善模式仍有强大的生命力，非组织化慈善广泛存在，发挥着强有力的社会功能。无论是在最原始的乡村，还是最现代化的大都市，基于血缘、业缘、地缘的熟人之间的"守望相助，患难相恤"非常普遍，亲朋之间、邻里之间、同事之间、同乡之间、校友之间、战友之间的救助活动非常活跃，家族、社区、单位都是发起、组织、实施救助的社会空间。吕氏乡约倡导的"德业相劝，过失相规，礼俗相交，患难相恤"依然是指导人们思想与行动的真实有力的规范。这些"法律之外的慈善"在帮助人们应对日常生活中的困境和风险时发挥着不可或缺的作用。

在熟人圈子之外，现代慈善获得了迅猛的发展。教育发展、产业结构升级、后工业社会来临、中产阶层崛起，为慈善提供了全新的需求与供给，后现代慈善方兴未艾。互联网技术革命，不仅改造了现代慈善，也为后现代慈善加油助力，更为重要的是，赋予了传统慈善新的活力，为其创造了全新的运作方式。

今日中国的慈善文化呈现多元格局，中华传统慈善文化、西方现代慈善文化占据主流地位；以中体西用为结构特征的新慈善文化的雏形已经形成。慈善的活动领域和受益对象日益多元，不仅关注传统的社会问题，小

众的需求也受到重视，高端需求得到越来越多的关注。做慈善不是专业慈善组织的"专利"，个人或几个朋友合伙发起和组织慈善活动蔚然成风，做慈善的企业越来越多，而且企业做的慈善也越来越精彩，媒体主持的慈善项目也是轰轰烈烈。行动主体的形态越来越丰富了，个人、小圈子、非正式组织、网络型组织、基于互联网的平台、虚拟组织纷纷涌现。慈善的实施方式和资源动员方式越来越丰富。实体空间与虚拟空间之中，慈善行动无所不在，线上线下比翼齐飞。围绕慈善的合作丰富多彩，慈善领域内部的合作蓬勃发展，跨界合作日益深化。比跨界合作更深刻的是融合，慈善领域吸纳其他领域的要素，其他领域亦吸收慈善要素。广泛而深入的跨界与融合带来了慈善的"弥散化"，慈善要素进入各个领域，慈善渗透个人和社会生活的方方面面。原有的各种界限被打破了，出现了一些难以辨识的行动和组织类型，慈善活动与非慈善活动、慈善组织与非慈善组织的差别不再清晰可辨。慈善领域原有的清晰的宏观结构、运行机制、分工、等级、脉络、趋势也不再清晰可辨。大人物、大机构、大媒体、大资本的影响力下降了，崛起的新一代生力军主宰新兴的慈善。与新兴社会力量携手并进的是如日中天的"互联网+"，它介入一切，改变一切，足迹无处不在，影响至深至远。原来的主流、中心、权威、秩序、逻辑都受到无情的挑战。

在政府划定的"禁区"之外，慈善行动显示出强大的创新能力和炫目的创新成就。这一切告诉我们，第一，只要有自由，慈善就能创造奇迹。第二，无论是服务领域还是倡导领域，慈善行动还有未及发挥的巨大潜力。

结构评估

在中篇和下篇中，依据不同的分类维度，我们识别出了多种结构谱系，其中，最具支配性的"显性的"结构谱系是基于技术、经济、社会结构划分的前现代慈善、现代慈善、后现代慈善；最深刻的"隐性的"结构谱系则是基于文化类型划分的中华传统慈善文化、西方现代慈善文化、中国新慈善文化；而最有现实影响力的结构谱系则是基于非人格化/人格化形成机制划分的自在的结构、自为的结构、外加的结构（见表1）。

表1　中国慈善系统中的结构谱系

分类维度	分类结果	所在位置
技术、经济、社会	前现代慈善、现代慈善、后现代慈善	中篇

续表

分类维度	分类结果	所在位置
非人格化/人格化力量	自在结构、自为结构、外加结构	下篇
行动者背景	中产阶层慈善	中篇
文化	中华传统慈善文化、西方现代慈善文化 社会主义利他文化、中国新慈善文化	中篇、下篇
空间格局	区域差异、跨域互动、国际互动	下篇

历史、文化、技术、经济、社会以及全球地缘格局是塑造结构的非人格化的力量/机制。绝大部分结构谱系都是由这些非人格化的力量塑造的，如由技术、经济、社会结构塑造的前现代慈善、现代慈善、后现代慈善；专业化—分工机制塑造的自在的结构；历史地形成的慈善文化类型；由地缘结构塑造的空间结构。它们是无意识的力量无意为之的产物，也是人力所无法改变的，不妨称之为"基础结构"。

人为的努力也有作用，但是作用有限，受到基础结构的限制。人们在给定的基础结构之上修修补补，或是为了实现自己的理想，或是为了实现自身的利益。慈善领域中，权力的身影无处不在。在当下中国，政府占据主导者的地位，而民间则处于从属者的位置。政府有意愿，也有能力，根据自己的意愿，约束民间的行动，进而限制慈善所能实现的功能。政府力量塑造了符合其意愿和目标的慈善，并据此约束民间力量的慈善行动。前文所述的慈善的实际功能、慈善行动的种种"偏离"，都是该过程的结果。商业力量和中产阶层也在积极行动，尽己所能地将自己的意志注入慈善系统之中，也取得了显著的成就。

值得强调指出的是，那些被忽视的默默无闻的大众对慈善的贡献。大众一直是前现代慈善的主力军，在这种意义上，他们也是塑造结构的力量。尽管每个人的贡献微不足道，但是积土成山，积水成渊，大众对慈善的总贡献不容小觑。只不过他们做的"好人好事"被法律排除在慈善之外，也不被纳入政府和专业慈善组织的各种统计公报，媒体也不会把聚光灯投到他们身上。宣称以消除不公为使命的慈善本身却在造就如此的不公！这也许就是人世间最严重的不公正吧！

塑造慈善的力量

历史是塑造慈善的真实力量。千年时间尺度的中华传统慈善模式、百年尺度的西方现代慈善模式、十年尺度的社会主义慈善模式，这些历史上的存在仍在影响现实。

在慈善文化领域中，历史无声地发挥着影响，中华传统慈善文化主导大众慈善文化，西方现代慈善文化则主宰慈善行业文化。

西方现代慈善模式由于与当代中国的技术、经济制度、社会结构高度契合而成为主流。中华传统慈善模式虽然产生于古代，但凭借其母文化的强大生命力，在现代中国仍博得一席之地，遵循中华传统规范的、非组织化的、非中介化的慈善行动广泛存在，发挥着不可替代的社会功能，方兴未艾的信息技术革命又赋予了它新的生机。信息技术革命、后工业社会、规模庞大的中产阶层，改变了慈善的需求与供给，今日慈善的活动领域远远超过了以往的范围，正在向更高阶段大步迈进，并且呈现出后现代慈善的种种特征。其结果就是前现代慈善、现代慈善、后现代慈善叠加在一起形成超慈善。

当代中国慈善最突出的"特色"来自政治变量。政府对慈善的影响广泛而深入，直接干预活动领域、实施方式、资源动员方式以及能够动员的资源的种类和规模。它一方面遏制慈善主体的政治功能，另一方面利用慈善主体的社会服务功能。慈善行动的方方面面、慈善系统的组织结构、国内空间格局和国际互动格局无不留下了政治的烙印。

全球格局也是影响中国慈善的重要变量。当下中国与西方均实行市场经济这一共同点，为中外慈善的国际交流奠定了良好基础。改革开放初期，海外对中国慈善的影响既广且深。近年来，中外慈善交流受到限制，境外影响力持续下降，但是中国慈善在软性、无形资源方面，依然深受西方影响。

二 瓶颈与突破口

回顾来路，评估今天的状况，是为了筹划未来。筹划未来必须要做的，一是要有关于未来的蓝图，二是找出阻碍蓝图实现的因素，尤其是那些关键性的因素，即所谓"瓶颈"。找到了"瓶颈"也就找到了变革的"突破口"。

那么，制约中国慈善发展的"瓶颈"是什么呢？实际上，上一节已经给出了答案——制度，学术一点的说法叫"结构"。这一节再绕个圈子，以美国为例，通过探讨曾经困扰托克维尔的问题，进一步深化我们对制度的重要性的体认。

托克维尔悖论

自由主义经历了漫长的演化过程，形成了众多的流派。各个流派既然同属自由主义，那就一定共享某种东西。此处忽略自由主义流派之间的差异，而关注它们的共同之处。

《新大英百科全书》将"个人主义"界定为：一种政治和社会哲学，高度重视个人自由，强调自我支配、自我控制、不受外来约束的个人或自我。个人主义的价值体系可以表述为以下三项主张：一切价值均以人为中心；个人本身就是目的，具有最高价值，社会只是达到个人目的的手段；一切个人在道义上是平等的，任何人都不应当被当作另一个人获得幸福的工具。个人主义认为，对于一个正常的成年人来说，最符合他利益的就是让他有最大限度的自由和责任去选择他的目标和达到这个目标的手段并且付诸行动。个人主义者往往把国家看作是一种必要的"恶"，赞赏"无为而治"的小政府。个人主义也指一种财产制度，即每个人都享有最大限度的机会去取得财产，并按自己的意愿去管理或转让财产。

自由主义首先是一种经济理论，然后是一种政治理论，当然也是一种社会理论，也是一种伦理学说。自由主义是历史的产物。它源于资本主义经济，指向国家或政府建构，服务于资产阶级的利益。一句话，自由主义是商人的意识形态。资本主义市场经济的有效运作的条件，就参与者的动机而言，所需要的仅仅是利己，根本不需要利他，有了利他，反倒无所适从。市场只要求参与者是"理性经济人"。

从定义上看，自由主义很难推演出"利他"的主张。发明了"个人主义"一词的托克维尔对此深有感触，他指出，"个人主义是一种只顾自己而又心安理得的情感，它使每个公民同其同胞隔离，同亲属和朋友疏远……久而久之，个人主义也会打击和破坏其他一切美德，最后沦为利己主义。"[①]提示一下，托克维尔的"个人主义"与"自由主义"没有实质差别。

在《论美国的民主》一书中，托克维尔描述了一个事实——美国的公

---

① 〔法〕托克维尔：《论美国的民主》（下卷），董果良译，商务印书馆，1988，第625页。

益事业很繁荣；同时，也提出了一个问题——从理念和逻辑上说，个人主义与利他是相互冲突的，但是，在实践中，个人主义主宰的美国，公益事业又非常发达。这就是笔者所谓的"托克维尔悖论"。

托克维尔尝试在文化论域内解决他提出的问题。托克维尔用"正确理解的利益"的原则来解释利己主义者的"利他"逻辑。"美国人……喜欢利用'正确理解的利益'的原则去解释他们的几乎一切行动，自鸣得意地说明他们光明磊落的自爱是怎样使他们互相援助和为国家的利益而情愿牺牲自己的一部分时间和财富的……'正确理解的利益'的原则并不怎么高深，而是十分明白易懂……由于它切合人的弱点，所以不难对人产生巨大影响。而且，影响的力量也容易保持下去，因为它以个人的利益来对抗个人本身"。①

孤悬于社会之外的个人是无法生存的。任何人只有"在社会中"才有可能生存下来。一旦个人开始在社会中谋生，他很快就会认识到自己需要得到他人的帮助，自己不可能完全脱离他人而独立生存，只有借助他人这种"手段"才能达到自己的目的。而为了得到他人的帮助，就要帮助他人；只有先帮助他人，将来才有权要求得到他人的帮助。因此，可以合理地把个人主义的"利他"视为个人与社会的"交易"，这种交易与市场中的交易没有本质性的差别。所以，对于个人主义者来说，没有"利他"，只有自利，"利他"只是为了更好地自利，或者说，"利他"只不过是"开明的自利"而已。在这里，"开明的自利"就像一只"看不见的手"，在它的指引下，每个开明的、拥有长远眼光的、追求自身利益最大化的个人，通过投资公共利益，促成社会的繁荣，进而更好地实现自己的目的。

实际上，托克维尔把利他"还原"为利己了。经过托克维尔的阐释，美国的公益被还原为一种"交易"，与市场交易没有实质性的差异，其运作机制与小范围的自愿互助、大范围的商业保险、政府主持的几乎是全民参与的社会保险计划毫无二致，而不再是一般意义上的"利他"了。

破解托克维尔悖论

我们也在思考托克维尔提出的问题，也在尝试回答他的问题。我们的解释策略与他的不同，我们在文化和制度两个论域内寻找答案。当然，我们得出的结论也与他的不同。

---

① 〔法〕托克维尔：《论美国的民主》（下卷），董果良译，商务印书馆，1988，第 652~653 页。

　　已有的针对美国的经验研究显示，第一，真正意义上的利他行为是真实存在的，它们不能归因于托克维尔所谓的"正确理解的利益"，不能归结为"明智的利己"。第二，捐赠行为动机和志愿行为动机非常复杂，包括：来自各种宗教的影响、同情心、完善自我、改造社会、获得社会承认、博取名声（满足虚荣心）、间接获利（如找到更好的工作、提升企业品牌）等等。这意味着，各种各样的非自由主义的利他理念广泛存在，而且在积极地发挥作用，正是它们支撑了美国的利他行为。

　　自由主义确实没有提供一套激励利他的伦理学说，甚至原则上就不可能提供这样的伦理学说。但是，在自由主义占主导地位的世界里，确实存在利他行为，这些利他行为不是源于自由主义的理念和逻辑，而是源于非自由主义的理念和逻辑。自由主义虽然没有利他主张，但是不反对别人的利他主张，而且允许乃至支持各类利他行为。自由主义，通过宣称价值中立、道德相对主义，通过把道德选择权交给个人，归入私人领域，逐出公共领域，通过一套政治架构和法律架构，如言论自由、结社自由、税收优惠，为利他思想及相应的利他行为，开辟了一个广阔的空间，在这个空间里，各种各样的有利于利他的价值观、道德思想可以自由存在并传播，与之相应的利他行为得以顺畅实施。正是基于自由主义的政治制度和法律，为非自由主义的利他理念提供了良好的生存与运作的环境，从而激发了利他行为的繁荣。这就是我们对托克维尔悖论的解释。

　　美国的主流文化不适合慈善事业，但是它所孕育出的制度环境，通过让异己的慈善文化自由生长，通过提供文化之外的各种制度支持，从而创造了慈善的繁荣。可见，对于慈善的健康发展来说，"适合的制度"至关重要！

作为瓶颈与突破口的慈善行业文化

　　对于慈善来说，制度至关重要，文化也至关重要，甚至更加重要。

　　慈善的历史和现实经验告诉我们：没有适合的文化土壤，慈善繁荣是不可能的；没有适合的制度环境，慈善繁荣同样也是不可能的；文化和制度是影响慈善生存与发展的两个重要的变量，适合的文化和适合的制度是慈善繁荣的两大支柱。

　　中国得天独厚，拥有适宜的慈善文化传统。经过四十多年的探索，传统慈善文化已经初步发展出了适应现代世界的新形态——以"中体西用"为特征的慈善文化雏形。我们的实证研究表明，它可以视为大众慈善文化的近似模型。但是，不幸的是，作为现代慈善的主力军的专业慈善组织的组织文化以及它们主导的慈善行业文化却与之大相径庭。

当今中国的专业慈善组织是改革开放的产物，更确切地说是"西方冲击—中国回应"的产物，因此它们的组织文化和它们主导的慈善行业文化深受西方现代慈善的影响，一方面严重"西化"，另一方面有意无意地排斥本土传统慈善。改革开放前，中国本土慈善传统受到抑制，这也导致了改革开放之初本土传统慈善的复兴乏力。与此同时，西方现代慈善依托于其强大的软硬实力进入中国，深刻影响着中国慈善的发展方向和进程。可以说，当代中国慈善的"起步期"就是西方现代慈善的"输入期"。慈善组织的价值观、专业理论、项目设计与实施、组织结构与运行机制、治理结构、绩效评估标准均来自海外，核心人员往往也是海外势力培训的产品，资金也主要来自海外。即使到了今天，尽管西方资金所占比例已经微不足道，但是西方仍然掌握软力量霸权。

中国有自己的文化土壤，深厚、肥沃、自成一体。一方面足以支撑优越的慈善，另一方面足以排斥、改造异己的慈善。与中国本土文化严重排斥的外来因素，在中国大地上难以扎根立足开花结果，只能成为无根之木，无源之水，不可能行之有效，也不可能行之久远。脱离本土文化，脱离本国国情，不可能有效地回应中国的现实问题，对真正的社会需要必然是看不见，看见了也不想做，想做也做不好。与"大众文化"脱节，也无法有效动员资源，因而不可能发挥作用，也不可能成长壮大。

专业慈善组织非常重要，它们是现代慈善的运转轴心。这个环节出了问题，势必损害慈善系统整体的运行与效率。这是制约中国慈善健康发展的"瓶颈"。

西方现代慈善是西方现代世界的有机组成部分，适合现代世界，体现了理性精神，有效率，可操作。中国慈善不可能拒绝现代化，也不应该拒绝现代化，所以，中国必须以正确的方法学习西方，才能创造出属于自己的行之有效的现代慈善。所以，问题不是要不要学西方，而是怎么学！正确的选择是遵循体用范式，继承与发展新中体，继承与吸收人类创造的过去和现在的一切优秀之用，在此基础上，创建体用合一的中国现代慈善。

综上所述，制度与慈善行业文化是阻碍当今中国慈善发展的最主要的因素，也就是说，制度与慈善行业文化是限制中国慈善发展的"瓶颈"。换个角度来看，瓶颈也是打破困局的"突破口"，是改革的最佳"切入点"，所以，要赢得中国慈善的理想未来，就要改革相关的制度，完善慈善行业文化，非如此，我们就不会拥有令人满意的未来。

三　体用范式

中国慈善需要什么样的文化和制度？

毫无疑问，中国慈善需要符合古今中外的所有慈善的共同要求的文化和制度。但是，仅有"共性"还不够，中国慈善必须有自己的"个性"，也就是说，必须以中国文化统率"通用的文化"，用中国文化完善"通用的制度"。一言以蔽之，"真正的中国慈善"是以中国文化为灵魂的慈善。"真正的中国慈善"不等于"运行于中国的"慈善。"真正的中国慈善"即使运行于中国之外，仍是地道的中国慈善。在哪里运行并不重要，重要的是灵魂属于哪里。

中国慈善的未来属于"真正的中国慈善"。今日中国的慈善还不是"真正的中国慈善"。在中国，建构"真正的中国慈善"需要一场"范式革命"。这场革命的目标是以"体用范式"进行思考，以"体用范式"规范行动。这是一场广泛而深刻的真正意义上的"革命"，包括价值观的革命，思维方式的革命，个人和组织层面的行为方式的革命，国家的公共政策与行政方式的革命。通过这场"革命"，中国慈善从"古典的中体中用"出发，经过"中体西用"，再达至"现代的中体中用"。

中体西用

我们的实证研究显示，当今中国的慈善文化，由儒家慈善文化要素和西方现代慈善文化要素构成，其中，关于慈善基础理念（人性论、本体论、价值观等）的要素，几乎全部来自儒家慈善文化，而关于慈善基本策略和慈善行为准则（初次分配、再分配、民间慈善等）的要素，主要来自西方现代慈善文化。也就是说，当下中国的慈善文化，其"体"主要来自儒家慈善文化，也吸收了西方现代慈善文化的一些要素；其"用"主要来自西方现代慈善文化，同时儒家慈善文化之用基本保留下来了。就"体""用"的主导成分而言，可以用"中体西用"来概括当下中国慈善文化的基本结构。这意味着，取儒家慈善文化之"体"和西方现代慈善文化之"用"，可能是构建现代中国慈善发展的可行途径。或者说，儒家慈善文化有可能在保守自家之"体"的前提下，通过吸纳西方现代慈善文化之"用"，实现自我的创造性转化，化身为现代中国慈善。中华文化之"体"，底蕴深厚，潜力无限，只需正本清源，保持源头活水滔滔不绝，以应接并支持日新月异之"用"。也就是说，中国文化的"古体"足以担当中国文化的"今体"。但是，中国文化的"古用"却不足以担当中国文化的"今用"，必须与时俱进，推陈出新，博采众长，为我所用，以适应全新的世界。问题是"今用"从何而来？"今用"首先来自中华民族的自我创造，同时也要大力借鉴西方现代文明。经历了数百年的发展，经历了无数大大小小的考验，西方现代文明日趋成熟，不但创造了伟大的历史成就，而且显示出了持久生存的可能性。全球化的实质就是资本主义生产方式的全球化，以及与之相适应的政治和社会制度以及文化观念的全球化。更为重要的是，资本主义时代与产生儒家文化的前农业文明和农业文明时代存在巨大差异。所以，无论是当代还是未来，仅凭中国传统之"用"无法满足中国之需，明智的策略是接纳西方现代之"用"。当今时代，要保持儒家文化"经世致用""知行合一"的品格和功能，"复古"是没有出路的，"复兴"才是正道，而复兴的基本策略只能是"返本开新"。值得庆幸的是，儒家文化与西方现代文明，既具有亲和性，又具有互补性，因而中西合璧不但是可能的，也是可欲的。如能实现两者的优势互补，则可使人类文明达至更高的境界。由此可见，当代中国，必须也能够以儒家文化为基底，吸纳西方现代文化要素，建立适用于现代及未来中国并能完善西方文明的新文化。

历史的回响

晚清的中国，同样面对着文化选择问题，"传统与现代""中国与西方"交织在一起，所以"体用"就与"古今""中西"纠缠在一起了。

为了回答上述问题，人们对魏晋以来的"体用"范畴进行了革命性改造，一方面，自古以来的"体用不二"转变为"体用二分"；另一方面，体用不再同属同一个文化，而是分属不同的文化。① 而且，不管是主动还是被动，中国不再一概拒斥外来的西方文化，而是承认中西文化的互动与融合具有积极的作用。然而，不一概拒斥，不等于全盘接受，而是选择性地接

---

① 杨国荣：《体用之辩与古今中西之争》，《哲学研究》2014 年第 2 期，第 36 ~ 42 页。

纳西方文化。在选择时，坚持中国文化本位，将西方文化置于从属地位；新文化之"体"来自中国文化，主要是中国文化中的终极价值；新文化之"用"来自西方文化，主要指西方的器物、技术、科学知识、经济组织形式乃至政治制度等等；同时，提倡贯通中体与西用，以求复归于"体用不二"的古老原则。在这里"体用之辩"又与"本末之辩"联在一起，"返本开新"一说即来源于此。简而言之，在体用范式下，返本开新；一要继承"古体"，并以之为今日之体；二要创造"今用"，尤其要借鉴西方文化之用；三要打通"古体"与"今用"之间的经脉，以使"古体"有效地支撑"今用"。

为什么时隔百年却得出了相似的结论？

采用儒家的"体用"思维范式，特别是打破了"体用不二"的教条之后，可以并行不悖地探讨"体"的传承与"用"的发展，在捍卫"体"与创新"用"之间维持健康的平衡。而且，"体用不二"还为在原有文化体系中引入外来新文化打开了方便之门，使多源文化的融合成为可能。同时，"体用之辩"本来就蕴含了"本末之辩"，因而"体用"范式能够非常便利地处理多源文化融合中的"主从关系"。所以，"体用"范式作为处理古今中西文化交汇的方法论是当然之选。

超越中体西用

现代世界不可抗拒，传统世界必然要离我们远去，现代化是中国的宿命；但是，告别传统世界并不意味着彻底抛弃传统文化，进入现代世界也不意味着全盘西化；中国必须也必然要在本土传统文化要素与西方现代文化要素之间进行取舍，以创造自己的现代文化，即以中国传统的"体用"思维范式为方法论处理传统与现代的关系。

"体/用"是中国古典思想中的重要范畴。在观察和分析当下的中国慈善时，我们将其作为一种分析框架，其中"体"是根本性的，表现为基本理念、规律和价值观，"用"是从生性的，表现为工具、行为方式、组织制度等等。

中华文化源远流长，博大精深，具有持久而强大的生命力，不但对过去和今天有着巨大影响，还将对未来产生巨大影响。19世纪以来，遭遇"三千年未有之大变局"，西方现代之"用"与"体"大举进入，而中国传统之"用"与"体"则全面退却，其结果便是中华文化在显学意义上的退场。但是，这种形式上的退场并非意味着实质上的消亡，中华文化在深层次上依然顽强地绵续着。

慈善领域亦是如此。当下中国慈善领域面临的最大问题，一是慈善之"体"的混乱。中国传统文化、西方现代文化等多种文化并存，表达含混，配置错位。二是占据主导地位的、来自西方的慈善之"用"水土不服。古代之"用"既已过时，但又不能没有"用"，国人采取了机会主义因应策略，大举引进、借用西方之"用"，乃至西方之"体"。虽然"借用"的成本远远低于"创造"，相对而言也更加轻松、便利，但是，其代价是巨大的，即中华之"体"没有机会发展出自己的现代之"用"。然而，中华文化又是不可能真正退场的，即便是隐形的存在，它也始终是最有力的存在，对现实之中的一切发挥着有形或无形的巨大影响。因此，在中华大地上，任何外来之物，都要面对"水土不服"问题。实际上，在一个拥有强大文化传统的国度里，纯粹的外来物种，不经过适应性调整，是无法健康成长的。

我们认为，走出这种"体/用"困境的必由之路与最佳途径是返本开新，其基本策略包括：其一，创建"新中体"，赓续中华之"体"，同时吸收西方之"体"的有用成分，发展完善中华之"体"；其二，创建"新中用"，根据中华之"体"，创造现代中华之"用"，同时博采众长，学习、改进、完善西方之"用"，以使其为我所用；其三，以"新中体"解释"新中用"，为"新中用"赋予意义。由此，重建"体用合一"的现代中华慈善。① 我们相信，这样的现代中华慈善，必将同时优于传统中国慈善与西方现代慈善。我们也相信，此种现代中华慈善必将丰富和完善人类的慈善事业。

如果说"中体西用"是体用范式的第一阶段策略的话，那么，第二阶段要超越"中体西用"，克服"体用二分"，再度实现"体用合一"。

四 人间正道是向善

不同文明，不同时代，慈善形态各异，但是，所有的慈善有着共同的本质，那就是"利他"。各个文明的慈善演进，时而顺畅，时而坎坷，但

① "体用不二"、"体用合一"，不是绝对和谐，没有冲突，也不是绝对稳定，没有变化。体用之间的张力，既是必要的、有益的，也是无法消除的，关键是将其维持在合理的范围之内。

是，从长时段来看，"进步"是共同的基本趋势。那么，所有慈善共有的本质，体现在"长时段"中的贯穿始终的基本趋势，这些普遍的、恒定的东西，又是由什么造成的呢？答案是"人性"，更确切地说是"人性之善"。正是人类共有的、不灭的"性之善"，塑造了慈善的普遍的本质和永恒的趋势。

对于理想人生来说，行善不是可有可无的，而是不可或缺的。善是人之为人的本质规定。行善是使人成其为人的必要条件和必由之路。不鼓励行善的文化是非人的文化，不鼓励行善的制度是罪恶的制度。我们的使命是消灭非人的文化和罪恶的制度，创造人性的文化和美好的制度，在此基础上，造就伟大的慈善，使每个人的善良天性发扬光大，使每个人都成为居仁由义、参赞化育的人。慈善的生命深植于人性之中，所以，没有什么力量能够阻挡慈善前进的脚步。慈善的脚步，可以被暂时滞缓，但是历史大势不可能被长期阻挡，更不可能被长期逆转，慈善发展不可阻挡，人类向善永无止境。

今日中国站在历史的转折点上，慈善裹挟其中，机遇前所未有，挑战也前所未有，我们熟悉的旧世界正在被改变。慈善将如何进一步发展？慈善将如何改变我们和世界？我们应如何应对这些广泛而深刻的变革？如何保障慈善的本质属性——利他——得到一以贯之的尊重和坚守？在"碎片化"和充满"不确定性"的时代，慈善如何"立心"？又如何"立命"？要不要有一种主导性的慈善价值观？如果需要，它是什么？对于这些问题，我们也正在探索之中，有了一些答案，但更多的是困惑。或许在当下世界，唯一不变的便是变化，唯一确定的便是不确定。但无论怎样，面对这种未知、不确定、变动不居的现实和未来，理性而冷静的思考、勇敢而热诚的行动，是我们寻求答案、探索出路时必须做到的。而本书，也正是此种思考与行动的一种尝试。我们也期待着，它能激发更多的思考与行动。

本书始于问题，又终于问题。问题无止境，思索亦无止境。

大事记

大事记

政策法规

1. 上海市民政局发布《上海市基金会专项基金管理办法（暂行）》

随着基金会的快速增长，基金会下设专项基金的现象日益增多，但对其监督管理逐渐暴露出一些新问题。一些基金会过于追求专项基金数量的增长和筹款规模的扩大，却疏于对其加强内部监管，部分专项基金在一定程度上有所失控，主要表现为：有的专项基金以独立组织的名义开展活动，有的忽视了公开透明，有的偏离了公益宗旨，有的背离了捐赠人和受助人的需求，还有个别专项基金甚至为个人或企业牟取私利。这些行为不同程度地损害了基金会的社会公信力，给公益慈善事业带来了负面影响。在此背景下，2019 年 1 月 15 日，为进一步加强上海市基金会专项基金管理，规范专项基金行为，维护捐赠人、受助人和基金会的合法权益，根据《中华人民共和国慈善法》《基金会管理条例》《民政部关于进一步加强基金会专项基金管理工作的通知》等法律法规和相关规定，上海市民政局发布《上海市基金会专项基金管理办法（暂行）》。

2. 广东出台《慈善信托管理工作实施细则》

2019 年 2 月 27 日，广东省民政厅、中国银行保险监督管理委员会广东监管局联合印发《慈善信托管理工作实施细则》，2019 年 4 月 1 日正式施行，有效期 5 年。《实施细则》共 9 章 72 条，涵盖了慈善信托的设立、备案流程、财产管理和处分、变更和终止、促进措施、监督管理和信息公开等共9个方面的内容。广东是全国较早为慈善信托管理工作制定实施细则的省份，《实施细则》的出台有利于规范慈善信托，加强在民政部门备案的慈善信托的管理，保护慈善信托当事人的合法权益，促进慈善信托活动健康发展。

3. 国务院公布《生产安全事故应急条例》，鼓励和支持社会力量组建应急救援队伍

2019年3月1日，国务院公布《生产安全事故应急条例》，2019年4月1日起施行。《条例》以安全生产法和突发事件应对法为依据，对生产安全事故应急工作体制、应急准备、应急救援等作出规定。《条例》第九条指出，国家鼓励和支持生产经营单位和其他社会力量建立提供社会化应急救援服务的应急救援队伍。

4. 财政部等三部门联合发布两项脱贫攻坚税收优惠政策，鼓励社会力量加大扶贫捐赠

为鼓励社会力量加大扶贫捐赠，财政部、国家税务总局和国务院扶贫办分别于2019年4月5日和4月10日联合发布《关于企业扶贫捐赠所得税税前扣除政策的公告》《关于扶贫货物捐赠免征增值税政策的公告》，引导社会力量积极参与脱贫攻坚。《关于企业扶贫捐赠所得税税前扣除政策的公告》规定：企业同时发生扶贫捐赠支出和其他公益性捐赠支出，在计算公益性捐赠支出年度扣除限额时，符合上述条件的扶贫捐赠支出不计算在内。《关于扶贫货物捐赠免征增值税政策的公告》规定：对单位或者个体工商户将自产、委托加工或购买的货物通过公益性社会组织、县级及以上人民政府及其组成部门和直属机构，或直接无偿捐赠给目标脱贫地区的单位和个人，免征增值税。

5. 全国性的重要文化组织、社会组织经党中央批准可设立党组

2019年4月15日，中共中央印发了修订后的《中国共产党党组工作条例》，并发出通知，要求各地区各部门认真遵照执行。《条例》指出，领导机关中的党员领导成员不足3人的、与党的机关合并设立或者合署办公的、由党的机关代管或者管理等并纳入党的机关序列的、县级以上政府直属事

业单位以外的其他事业单位、共青团组织、中管企业的下属企业以及地方国有企业、地方文化组织和社会组织等不设立党组；全国性的重要文化组织、社会组织经党中央批准可以设立党组。

6. 国务院对《企业所得税法实施条例》的相关条款作修改

2019 年 4 月 23 日，国务院公布《国务院关于修改部分行政法规的决定》（国令第 714 号），为与新修订的企业所得税法、慈善法相衔接，对企业所得税法实施条例的相关条款做了相应修改，明确了公益性捐赠支出结转扣除的具体操作。《中华人民共和国企业所得税法实施条例》第五十一条修改为："企业所得税法第九条所称公益性捐赠，是指企业通过公益性社会组织或者县级以上人民政府及其部门，用于符合法律规定的慈善活动、公益事业的捐赠。"第五十二条修改为："本条例第五十一条所称公益性社会组织，是指同时符合下列条件的慈善组织以及其他社会组织：（一）依法登记，具有法人资格；（二）以发展公益事业为宗旨，且不以营利为目的；（三）全部资产及其增值为该法人所有；（四）收益和营运结余主要用于符合该法人设立目的的事业；（五）终止后的剩余财产不归属任何个人或者营利组织；（六）不经营与其设立目的无关的业务；（七）有健全的财务会计制度；（八）捐赠者不以任何形式参与该法人财产的分配；（九）国务院财政、税务主管部门会同国务院民政部门等登记管理部门规定的其他条件。"第五十三条第一款修改为："企业当年发生以及以前年度结转的公益性捐赠支出，不超过年度利润总额 12% 的部分，准予扣除。"

7. 国务院将社会组织登记管理条例纳入 2019 年立法工作计划

2019 年 5 月 11 日，国务院办公厅发布《关于印发国务院 2019 年立法工作计划的通知》，公布了 2019 年立法工作计划，明确了 55 项立法项目及负责起草的单位。其中，民政部起草的社会组织登记管理条例纳入国务院 2019 年立法工作计划。

8. 民政部发布国家标准《志愿服务组织基本规范》（征求意见稿）

为解决目前志愿服务机构存在的机构规模小、人员素质参差不齐、服务标准不统一等乱象和问题，规范市场秩序，提高行业发展水平，促使我国志愿服务组织规范化、精品化、细致化，2019 年 6 月 14 日，民政部发布国家标准《志愿服务组织基本规范》（征求意见稿），于 2019 年 7 月 20 日前公开征求意见。标准规定了志愿服务组织的基本要求、服务管理、组织管理及评估与改进的内容。这是我国首次针对志愿服务组织制定的国家标准，为推荐性标准。

9. 共青团中央、民政部联合发布《青少年社会工作服务指南》

2019 年 6 月 28 日，共青团中央、民政部联合发布《青少年社会工作服务指南》，对青少年社会工作服务的原则、内容、方法、流程和管理等进行规范。这是目前社会工作领域第一个国家级标准。《指南》明确指出，青少年社会工作服务的主要内容包括思想引导、身心健康促进、婚恋交友支持、就业创业支持、社会融入与参与支持、社会保障支持、合法权益保护、违法犯罪预防等方面；明确要求"共青团组织要统筹规划青少年事务社会工作服务范围和规模，负责青少年社会工作服务成效评估制度建设和业务指导"。《指南》与此前下发的《关于做好政府购买青少年社会工作服务的意见》形成呼应，对于共青团完善青少年社会工作服务顶层制度设计，引导青年社会组织有序参与社会治理具有重要意义。

10. 民政部发布《关于规范基金会对外开展合作等事项的提示》

2019 年 7 月 5 日，民政部社会组织管理局、民政部慈善事业促进和社会工作司联合发布《关于规范基金会对外开展合作等事项的提示》，就基金会发展有关事项做出四条提示，要求基金会要严格遵守法规政策的规定，依法规范开展相关活动；切实履行相关职责，加强对活动全程的监管；未经批准不得擅自开展评比达标表彰活动；树立良好的品牌意识，注重高质量发展。《提示》旨在进一步对基金会加强管理、规范秩序，促进基金会健康有序发展。

11. 中央网信办发布《儿童个人信息网络保护规定》

2019 年 8 月 23 日，中央网信办正式发布《儿童个人信息网络保护规定》，10 月 1 日起施行，这是我国第一部专门针对儿童网络保护的立法。《规定》明确了五项重要制度，以强化对儿童个人信息的保护。一是设置儿童个人信息保护的专门规则、协议和责任人。二是实行严格的"同意规则"。三是明确了儿童个人信息保护的"最小原则"。四是确立了儿童个人信息安全评估制度。五是进一步明确了儿童个人信息的删除制度。此外，《规定》还明确了监护人的责任。

12. 十九届四中全会明确公益力量在国家治理中的四项作用

2019 年 10 月 28 日至 31 日召开的中国共产党第十九届中央委员会第四次全体会议审议通过了《中共中央关于坚持和完善中国特色社会主义制度、推进国家治理体系和治理能力现代化若干重大问题的决定》，强调"重视发挥第三次分配作用"，"鼓励支持社会力量兴办公益事业"，要求"完善党委领导、政府负责、民主协商、社会协同、公众参与、法治保障、科技支撑的社会治理体系"。《决定》进一步明确了包括社会组织在内的公益力量在推进国家治理体系和治理能力现代化中的四项作用：健全基层群众自治制度；满足人民日益增长的美好生活需要；共建共治共享社会治理制度；参与公益诉讼。

13. 青岛市出台国内首部农村社会工作服务规范

2019 年 11 月 20 日，山东省青岛市委组织部、市民政局联合制定出台《青岛市农村社会工作服务规范》。《规范》包括 11 项内容，对农村社会工作服务和志愿服务的术语和定义、服务宗旨、服务内容、服务流程、服务方法、人员要求和服务保障等进行全流程系统化的创制。《规范》有四个突出特点：一是政治性强，二是具有创新性，三是实用性强，四是具有系统性。《规范》填补了国内农村社会工作标准化建设的空白，为促进农村社会工作发展、推动农村社会工作服务标准化与专业化、助力基层社会治理创新提供了依据。

14. 中共中央、国务院印发《国家积极应对人口老龄化中长期规划》

2019 年 11 月 21 日，中共中央、国务院印发《国家积极应对人口老龄化中长期规划》，是为积极应对人口老龄化，按照党的十九大决策部署而制定的法规。《规划》明确了积极应对人口老龄化的三大阶段性目标：到 2022 年，积极应对人口老龄化的制度框架初步建立；到 2035 年，积极应对人口老龄化的制度安排更加科学有效；到本世纪中叶，与社会主义现代化强国相适应的应对人口老龄化制度安排成熟完备。《规划》从 5 个方面部署了应对人口老龄化的具体工作任务：第一，夯实应对人口老龄化的社会财富储

备；第二，改善人口老龄化背景下的劳动力有效供给；第三，打造高质量的为老服务和产品供给体系；第四，强化应对人口老龄化的科技创新能力；第五，构建养老、孝老、敬老的社会环境。

15. 北京发布《北京市促进慈善事业若干规定》

2019 年 12 月 4 日，北京市政府发布《北京市促进慈善事业若干规定》，进一步发展慈善事业，弘扬慈善文化，规范慈善活动。《若干规定》分总则、慈善募捐和捐赠、促进措施、监督管理、附则等五章。对于慈善募捐和捐赠，《若干规定》明确，慈善组织开展公开募捐，应当取得公开募捐资格。北京的市、区人民政府应当根据经济社会发展情况，制定政策并采取措施促进慈善事业发展，鼓励自然人、法人或者非法人组织依法从事慈善活动，支持政府有关部门和社会组织为慈善活动开展提供指导、帮助和便利。市、区人民政府履行社会救助职责需要购买服务的，在同等条件下，应当优先向慈善组织购买。《若干规定》提出，对为北京市慈善事业发展作出突出贡献、社会影响较大的自然人、法人或者非法人组织，由市、区人民政府或者有关部门予以表彰奖励。关于个人求助，《若干规定》明确，个人为了解决自己或者家庭的困难，可以向慈善组织或者所在单位、城乡社区组织等求助，也可以向社会求助。求助人应当对求助信息的真实性负责。

政府行动

1. 《江苏省企业环保信用评价暂行办法》正式施行

2019 年 1 月 1 日起，《江苏省企业环保信用评价暂行办法》正式施行。《办法》采用 12 分记分制对企业环保信用进行评价，此乃全国首创。新出台的评价办法沿用"绿、蓝、黄、红、黑"五色等级划分，将原先的年度评价方式调整为实时动态评价方式。环保信用评价制度的建立，将进一步加大执法部门的威慑力，加大环境污染企业的违法成本。特别是，依法依规运用信用约束手段，构建政府、社会共同参与的跨部门、跨领域的失信联合惩戒机制；环境违法企业还被限制上市融资、参与政府采购、限制拿地、限制贷款，以及信贷、担保、融资等金融活动。

2. 民政部"三定方案"正式发布并将做出相应调整

2019 年 1 月 25 日，中国机构编制网正式对外发布《民政部职能配置、内设机构和人员编制规定》（简称"三定方案"）。根据方案，民政部的内设机构将做出相应调整，包括设立慈善事业促进和社会工作司、社会组织管理局、儿童福利司、养老服务司。

3. 中国社会工作标志发布，增强社会工作的认知度和接纳度

2019 年 3 月 19 日，民政部正式发布"中国社会工作"标志。民政部推广使用统一规范的标志，将有利于增强社会工作的认知度和接纳度，扩大社会工作的社会影响力，争取人民群众的支持；有利于增强社会工作从业人员的使命感与责任感，形成向心力和凝聚力，提升社会工作服务规范化与专业化水平。

4. "中国应急信息网"正式上线

2019 年 4 月 18 日，由应急管理部主办、新华网承办的"中国应急信息网"正式上线。信息网是面向社会的公益性信息服务平台，旨在打造国内权威的综合性防灾减灾救灾信息发布平台、社会动员平台、专业服务平台和互动引导平台。信息网将综合运用地图、图片、动画、微视频等形式，直观生动地展示灾难预警预报、应急响应、应急科普教育等方面的内容，以更好地为应急管理事业和社会公众服务。

5. 上海鼓励社会组织参与生活垃圾分类

2019 年 5 月 23 日，上海市民政局、市绿化和市容管理局联合发布《关于发挥本市社区治理和社会组织作用助推生活垃圾分类工作的指导意见》，明确将从购买服务、培育发展、行业引导三方面为社会组织参与垃圾分类创造条件。《意见》鼓励相关单位和个人发起成立开展垃圾分类的社会组织，全市各相关职能部门、各区、街道（乡镇）要把社会组织参与垃圾分类纳入政府购买服务内容。

6. 全国性社会组织在中国政务服务平台实现"一网通办"

2019 年 8 月 19 日，社会组织政务服务入驻中国政务服务平台，依托金

民工程和国家社会组织法人库项目，全国性社会组织可以通过访问中国政务服务平台上的民政部政务服务旗舰店，在线办理社会组织法人变更、住所变更、注册资金变更、年报填报等业务。全国性社会组织在中国政务服务平台上注册后，可以在线办理国务院各部门的法人业务，实现"一网通办"；还可以直接登录省级地方政务一体化平台办理法人业务，实现"全国漫游"。

7. 全国首例网络个人大病求助案宣判，受助方因隐瞒财产挪用筹款被判全部返还

2019 年 11 月 6 日，全国首例因网络个人大病求助引发的纠纷在北京市朝阳区人民法院一审宣判，法院认定筹款发起人莫××隐瞒名下财产和其他社会救助，违反约定用途将筹集款项挪作他用构成违约，一审判令莫××全额返还筹款 153136 元并支付相应利息。一审宣判后，朝阳区法院分别向民政部、水滴筹公司发送司法建议。朝阳区法院建议民政部协调推进个人大病求助行为的立法工作，建立健全部门规章，促进互联网个人大病求助有序开展；引导个人大病求助互联网服务平台集体加入自律公约，建立自律组织，规范流程、完善管理；指导推进网络服务平台自有资金与网络筹集资金分账管理，建立健全第三方托管机制和筹集资金公示制度。朝阳区法院建议水滴筹公司等网络平台企业，加大资源投入，健全审核机制，配备与求助规模相适应的审核和监管力量；完善筹款发起人、求助人家庭财产公布标准、后续报销款处理方案及赠予撤回机制，切实履行审查监督义务、保障捐赠人权益；建立与医疗机构的联动机制，实现资金双向流转，强化款项监督使用。

8. 国家发展改革委等 15 个部门联合动员全社会力量共同参与消费扶贫

2019 年 11 月 8 日，国家发展改革委联合国务院扶贫办、中央和国家机关工委、教育部、财政部、农业农村部、商务部、文化和旅游部、国务院国资委、中央军委政治工作部、全国总工会、共青团中央、全国妇联、全国工商联、中华全国供销合作总社，发出《动员全社会力量共同参与消费扶贫的倡议》。

9. 辽宁试点社会组织成立登记证明事项告知承诺制

2019 年 11 月 12 日，辽宁省民政厅印发《关于社会组织成立登记开展证明事项告知承诺制试点工作的通知》，在全省民政系统对社会组织成立登记开展证明事项告知承诺试点。试点事项包括社会团体成立登记，发起人、拟任负责人无受到剥夺政治权利的刑事处罚证明；民办非企业单位成立登记，拟任负责人无受到剥夺政治权利的刑事处罚证明。此前，社会团体、民办非企业单位在申请成立登记时，其发起人、拟任负责人应向登记管理机关提供相关证明材料，现在对此实行告知承诺制。此举有利于不断深化"放管服"改革，持续推进"减证便民"，打造法治化、便利化营商环境。

10. 2019 年年度脱贫攻坚任务全面完成

2019 年 12 月 20 日，2019 年全国扶贫开发工作会议指出，2019 年年度脱贫攻坚任务全面完成，预计 2019 年减少贫困人口 1000 万人以上，340 个左右贫困县脱贫摘帽。易地扶贫搬迁建设任务基本完成。深度贫困地区脱贫攻坚取得重大进展，"三区三州"建档立卡贫困人口由 2018 年的 172 万减少到年底的 43 万，贫困发生率由 8.2% 下降到 2%。"两不愁三保障"突出问题基本解决。

行业建设

1. "四川扶贫"公益性集体商标获准注册

2019 年 2 月 12 日，"四川扶贫"集体商标正式被核准注册，商标专用权受法律保护。"四川扶贫"集体商标是我国第一件创新扶贫产品销售体系建设的公益性集体商标，将为推动全省贫困地区产品销售打下坚实基础，同时为其他贫困地区的产业扶贫提供示范。"四川扶贫"集体商标集体成员由 88 个贫困县及所辖行政区域、72 个有脱贫攻坚任务县（市、区）的贫困村和建档贫困户、飞地园区中涉及产业扶贫的事业单位、协会及其会员，以及农业产业化龙头企业、专业合作社、家庭农场等新型经营主体和社会团体与其他经营组织组成。成为集体成员后可无偿使用"四川扶贫"集体商标。该商标系四川省在全国首创，是扶贫产品的"身份证"，也是拓宽销

路的"通行证"。

2. 互联网募捐信息平台首张捐赠电子发票在支付宝产生

2019 年 4 月 11 日，北京王女士的支付宝里收到了一张 50 元的个人捐赠电子发票，这是全国第一家互联网募捐信息平台将电子发票送达个人。这张发票由中国残疾人福利基金会开出，该机构也因此成为全国首个将捐赠电子发票推送到达个人的基金会。个人捐赠电子票据上线，优化了整个开票环节，适应了现代财政制度改革和信息化发展的需要，也是"互联网 + 政务服务"的深化实践。

3. 中国慈善联合会发布会员公约

2019 年 5 月 11 日，中国慈善联合会第二届会员大会暨二届一次理事会召开，会上，中国慈善联合会选举产生了新一届理事会和领导机构，并发布了首个慈善领域全国性公约——《中国慈善联合会会员公约》。

4. 三家个人大病求助互联网服务平台联合发布倡议书及自律公约

2019 年 10 月 19 日，爱心筹、轻松筹和水滴筹联合签署发布《个人大病求助互联网服务平台自律倡议书》和《个人大病求助互联网服务平台自律公约》。《倡议书》共有 9 条，《自律公约》共有 34 条，主体内容为：倡导与公募慈善组织对接；加强求助信息前置审核；构建全流程风险管理制度；搭建求助信息公示系统；建立多方联动共商机制；抵制造谣炒作恶意行为；建立失信筹款人黑名单等。《倡议书》和《自律公约》旨在进一步加强平台自律管理、提升风险防范水平、健全社会监督机制以及促进大病救助行业健康有序发展，营造良好的社会诚信氛围。

5.《公益行业儿童信息使用规范指南》发布，为公益行业提出规范性建议

近年来多个儿童公益募捐项目火爆互联网，其中不乏一些儿童隐私信息、儿童照片和影像资料的不规范使用现象。加之新媒体、自媒体的广泛运用进一步加速了信息的传播速率，扩大了信息的传播范围，儿童个人信息保护问题越发凸显。2019 年 11 月 20 日、联合国《儿童权利公约》通过三十周年之际，北京博源拓智儿童公益发展中心发布《公益行业儿童信息

使用规范指南》，这是博源拓智继发布《儿童公益组织行为准则指南》《一线儿童工作者能力素养与行为准则指南》之后，又一部重要的儿童公益行业规范性指南，以期引发公益行业对于儿童信息保护问题更理性与客观的思考，为公益行业中收集、储存、披露和使用儿童信息等相关工作提出规范性建议。

6. 36 人签署《公益链共同发起人共识》

2019 年 12 月 4 日，30 多位共同发起人同意将公益链（VolunChain）暂定义为"区块链时间银行及其服务模式"，并共同签署了《公益链共同发起人共识》。共识认为，公益链是区块链技术在志愿服务领域的应用，通过去中心化分布式记账方式，能够对志愿服务的时间贡献进行真实、有效、可追溯的记录，彰显志愿服务的价值，提升志愿服务的效率和公益行业的透明度、公信力，并借此推动社会信用体系的进步和发展。共识认同，以"V积分"（V 为志愿者 volunteer 之缩写）作为公益链时间银行的公益凭证，标记志愿服务的时间价值，并可在不违背志愿服务精神的前提下进行兑换和流通。通过长期的信用检验，努力实现全球范围的通存通兑。共识还提出，共同发起人赞成成立"时业家管理顾问有限公司"，作为"V 积分"的投放和管理机构。

活动方式和资源

1.《生育纪事》戏剧作品倡导社会性别平等意识

木兰花开负责人齐丽霞策划的《生育纪事》话剧于 2019 年 1 月 5 日在北京人艺菊隐剧场正式公演。话剧由打工女性本色演出，反映了打工女性在面对怀孕、人工流产、生育、婚姻情感等人生课题时的迷茫、挣扎、痛苦和成长。故事背后隐含了传统生育观念、歧视女性、外来务工等争议性社会议题。木兰花开创办于 2010 年，为打工女性和流动儿童提供各类公益活动和项目，以此拓展打工女性的文化生活空间，提高其独立自主和性别平等意识，更好地适应和融入城市生活。

2. 腾讯公益在线筹款额突破 50 亿元

2019 年 1 月 21 日，腾讯公益迎来了一个里程碑时刻：网络捐款平台筹款突破 50 亿元，超 2.1 亿人次为 5 万个项目贡献力量。50 亿元的背后是国内第一家互联网筹款平台十余年发展历程的缩影，也标志着互联网公益正在从自发到自觉，从感性到理性，从热情到专业的转变。

3. 阿里巴巴联合扶贫基金会启动国际爱心包裹项目，互联网公益走向全球

2019 年 2 月 26 日，阿里巴巴公益联合中国扶贫基金会正式启动 "国际爱心包裹" 项目。该项目通过阿里巴巴公益平台进行募捐，为 "一带一路" 沿线发展中国家的贫困小学生发放爱心包裹，改善他们的基本学习和生活条件。这是中国互联网公益走向全球化的又一个重要里程碑。2019 年，"国际爱心包裹" 预计将进入尼泊尔、缅甸、柬埔寨、纳米比亚、埃塞俄比亚、乌干达、苏丹、巴基斯坦、菲律宾、老挝、蒙古国等 10 多个国家。国际爱心包裹以熊猫为主视图，同时结合受益国的文化特点，体现受益国及中国文化元素。

4. 腾讯公益发布 "UP 计划" 助力伙伴升级

2019 年 4 月 10 日，腾讯公益与来自全国各地数十家公募慈善组织共同发布 "腾讯公益共创 2.0 之 UP 计划"，宣布从伙伴成长、持续发展、能力共享三个方向，通过包含工具、流量、培训和资金激励在内的三大能力、五大场景，推动整个公益生态的全面能力进阶。UP 计划的几项核心能力包括：提供多元激励场景，助力组织探索个性化成长路径；提供高效的资源包，助力组织自身互联网公益能力的进阶与长远发展；提供开放共建的平台，助力组织与平台，组织与组织之间的能力共享。

5. 手机淘宝新增 AI 智能识别垃圾功能，利用 AI 技术推动解决垃圾分类难题

2019 年 7 月 3 日，AI 智能识别垃圾功能（测试版）在手机淘宝上线，该功能由阿里程序员志愿者团队所开发，其目的是鼓励用户共同训练 AI，不断提高识别准确度，用技术的方式帮助推进垃圾分类。用户只需通过点

击屏幕识别，便可通过 AI 智能识图功能，识别干垃圾、湿垃圾、可回收垃圾和有害垃圾等。同时在系统中也集成了垃圾分类小常识，可以快速帮助用户学习垃圾分类的知识。对于 AI 难以识别的垃圾，用户还可以手动输入垃圾信息，从而与手淘 AI 共建垃圾分类数据库，训练 AI 提升识别能力。用户通过手淘识别、分享垃圾分类还可以获得 0.1 公益时，成为"3 小时公益"参与者。线下，阿里巴巴 3 小时公益平台将在上海市多个社区开展志愿服务活动，帮助社区阿姨学习使用智能 AI 进行垃圾分类。

6. 公益时报入驻"学习强国"平台

2019 年 10 月 14 日，《公益时报》正式入驻"学习强国"平台，开通"公益中国"强国号，共享公益领域优质资源，为平台注入公益"善能量"，也为公益领域提供了在"学习强国"平台展示与传播的机会。《公益时报》是国内首家入驻"学习强国"平台的公益领域专业媒体，也是目前学习强国 APP 中唯一一家公益专业媒体。"公益中国"强国号上线后，将围绕社会捐赠、社会组织、社会救助、社会工作、社会治理和志愿服务等领域展开深度报道，推动公益事业发展和社会进步。

7. "科学探索奖"首次颁奖，公益助力科学发展

2019 年 11 月 2 日，首届"科学探索奖"颁奖典礼在北京举行。2019 年"科学探索奖"共收到 1335 人的有效申报材料，申报人经过初筛、初审、复审和终审答辩四轮评审，最终评选产生 50 位获奖人，每位获奖者将连续 5 年、获得总计 300 万元资金。"科学探索奖"由腾讯公司董事会主席兼首席执行官、腾讯基金会发起人马化腾与 14 位科学家联合发起，面向基础科学和前沿技术领域，支持在中国大陆全职工作的、45 周岁及以下青年科技工作者的公益奖项。

8. 云南省启动绿色自驾游公益行动，推广低碳、环保、生态的自驾游模式和服务产品

2019 年 11 月 19 日，云南省旅游业协会、省景区行业协会等省级旅游专业协会共同推广"绿色自驾游"公益行动计划。该公益行动计划将用 3 年时间，在全国率先形成一套"绿色自驾游"服务标准；在"大滇西旅游环线"和"美丽公路"沿线发展 100 家"绿色自驾游"达标营地和旅游目

的地；发展 500 座新能源充电站服务网；在全省投放 1 万辆"绿色自驾游"新能源共享汽车；打造"大滇西环线绿色自驾游"产品和"昆曼跨境绿色自驾游"精品线路；创造 1000 个"绿色自驾游"行动就业创业岗位，推动全省自驾游服务绿色升级，助力云南"旅游革命"迈上新台阶，并向省内外旅客推广低碳、环保、生态的自驾游模式和服务产品。

组织建设

1. 北京市首家社会组织党校成立

2019 年 2 月 28 日，北京市首家社会组织党校——鸿雁社会组织党校正式成立。据悉，鸿雁社会组织党校主要有三个工作方向：开展社会组织领头人和支部书记的党课培训；面向社会组织中积极入党、一心为党和人民作贡献的优秀人才开展培训；以党建促业务，以党建促学习，以党建促发展。

2. 浙江台州成立全国首家垃圾分类学院

2019 年 7 月 2 日，台州市分类办与台州广播电视大学共同成立了浙江台州垃圾分类公众教育学院，此为国内首家垃圾分类学院。该学院是一个集垃圾分类培训策划宣传研究于一体、线上线下相结合的综合性平台，旨在进一步推广普及台州垃圾分类工作。学院目前已推出三大计划："涟漪计划"，主要目的是培养市、县、镇、社区等四级讲师梯队，开发培训网络直播课程，扩散传播力；"浸润计划"，定期策划全市联动专题活动，丰富载体，持之以恒，让垃圾分类理念入心入脑入行；"深蓝计划"，针对当前热点难点问题，设立城市垃圾处置和资源化利用多个专项课题，牵头召集"政校企"多方力量进行攻关，提高城市垃圾处置资源化利用程度。学院还将推出"我为垃圾代言"等活动，并与高校、企业联合，共同研究垃圾处置、处置安全性以及垃圾资源化利用等课题，填补垃圾处理方面的空白。

3. "红十字国际学院"成立

2019 年 8 月 31 日，中国红十字会和苏州大学联合创办的红十字国际学院在苏州挂牌成立，这也是国际上第一所红十字大学（学院），成为我国公益慈善教育的重要探索。新成立的红十字国际学院将建立包括应急管理、灾难医学、急救医学、社区发展等在内的综合性人道学科体系，构建红十字人才培养和人道文化传播的基地。

4. 深圳市基金会发展促进会成立

2019 年 9 月 20 日，深圳市基金会发展促进会（以下简称"深基金"）正式揭牌。深基会由腾讯公益慈善基金会、万科公益基金会、深圳市恒晖儿童基金会、深圳壹基金公益基金会、深圳市慈善会等 11 家组织共同发起。深基会将探索成立慈善资产管理公司，用现代经营手段高效运作社会慈善资产，推动基金会行业通过开展慈善信托、公益创投和社会影响力投资等方式，盘活和扩大慈善资源，实现资产的有效配置和保值增值，全力打造中国慈善事业的深圳力量、深圳形象。

5. 基金会中心网成立公益大数据研究院

2019 年 10 月 15 日，基金会中心网公益大数据研究院成立。公益大数据研究院的定位是成为推动行业发展的基础设施平台，其服务范围包括基金会、社会团体、社会服务机构以及国家认定的境外 NGO 等。研究院的目标是做成智库型平台，基于大数据的理念和技术，探索现代慈善对经济社会发展的贡献。

6. 希望工程实施 30 周年

2019 年 11 月 21 日，共青团中央在北京举办希望工程实施 30 周年报告会及推进新时代希望工程工作研讨会。希望工程是共青团中央、中国青少年发展基金会于 1989 年发起实施的社会公益事业。截至 2019 年 9 月，全国希望工程已累计接受捐款 152.29 亿元，资助家庭经济困难学生 599.42 万名，援建希望小学 20195 所。会议强调要深刻把握青少年需求变化，实现工作重心向关注"人"的软件支持转变。要继承发扬在公益事业中走群众路线的优良传统，始终坚持组织化与社会化相结合的动员机制，积极适应互联网时代，通过运用新技术手段提升社会公众参与的可及性和便捷性，最大限度提升公益效能，实现升级发展。

研究与出版

1.《中国国民心理健康发展报告（2017～2018）》发布

2019年2月22日，《中国国民心理健康发展报告（2017～2018）》发布，这是我国第一部心理健康蓝皮书。《报告》从心理健康需求、心理健康素养等多角度呈现了我国当前国民心理健康的现状与趋势，并为进一步维护和改善国民心理健康状况提出了相关建议。

2.《促进性别平等儿童工作指南》发布

2019年3月6日，中国社会科学院与北京师范大学中国公益研究院共同研发的《促进性别平等儿童工作指南》发布。《指南》覆盖什么是社会性别、男童女童的性别不平等问题、具备性别敏感性的儿童工作原则和工作方法、儿童社区活动案例、如何开展社会性别评估等六个方面，将为中国儿童工作者提供很好的工作视角和方法。

3.《中国社会组织报告（2019）》发布

2019年7月12日，中国社会科学院大学（研究生院）和社会科学文献出版社发布《中国社会组织报告（2019）》。该书指出，2018年社会组织增速下滑，并出现发展阶段的变化：针对社会组织的政策基调和政策环境从严；互联网公益发展迅猛。

4.《慈善蓝皮书：中国慈善发展报告（2019）》发布

2019年7月13日，中国社会科学院社会学研究所及社会科学文献出版社发布《慈善蓝皮书：中国慈善发展报告（2019）》。数据显示，2018年，中国全核算社会公益总价值预计达3265亿元。其中，中国社会捐赠总量预估约1128亿元，比2017年矫正后的1526亿元下滑了26%。《中国慈善发展报告（2019）》指出，导致中国社会捐赠总量下滑的原因主要有两方面，一是随着近年慈善组织认定工作的开展以及政府政策引导，政府部门直接接收捐赠数量呈剧烈下滑趋势；二是中国逐步建立了药价基准制度，挤出药价虚高的"水分"，医疗捐赠折价下降成为2018年度捐赠总量下降的最主要原因。

5. 《中国影视明星公益网络传播力报告（2018－2019）》发布

明星作为具有强大影响力的公众人物，其正面公益形象具有一定的示范效应。2019 年 8 月 13 日，北京师范大学新媒体传播研究中心与新浪微博联合发布《中国影视明星公益网络传播力报告（2018－2019）》。《报告》将明星公益网络传播力操作化定义为公益动员力、公益行动力、公益捐助力、公益粉丝力四个研究维度，并为每个维度确定多个指标关键词，在微博、百度、微信三大平台采集数据，最终公布了公益网络传播力排名前 100 名的影视明星名单。报告期望辨析当下影视明星的公益网络传播力现状及其特征，将社会注意力资源引向明星公益行为，提高明星的公益责任感，促进公众人物的社会责任担当，以发挥更大的正面引领作用。

6. 《公益组织风险控制管理体系》发布

2019 年 11 月 9 日，公益行业评估支持平台发布了国内首部《公益组织风险控制管理体系》。该体系将公益组织的整个价值链和运营管理归纳于"组织治理""业务管理""业务支持"三个板块，分别聚焦、阐述组织的顶层设计、前中台业务管理和后台支持。管理体系共涵盖 233 条风险点和 238 个控制点，采取板块区分、逐级细化、末级落地的方式搭建。该书为我国的公益行业引入专业化的风控知识和资源，为公益组织组建风险与内部控制体系提供指引，并且在开展风控工作时提供指导和实用性操作指南。

公众行动

1. 西安残疾轮友实测无障碍通道，发现 3000 多处问题做纠错地图

从 2019 年 5 月开始，陕西西安"天翼飞翔"残疾人团队的 4 名成员，每天花十几个小时，对西安市三环以内城市主干道、次干道的无障碍设施进行实地走访和调查，历时 3 个多月，拍摄了近 3400 张照片，记下 3000 多处问题，包括侵占盲道、无障碍通道无法使用、盲道破损或消失等问题。2019 年 8 月，他们将问题编辑成纠错地图，便于残疾人规划出行。

2. 中国米兔第一例胜诉

2019 年 6 月 11 日，成都市武侯区人民法院对轰动一时的成都社工界"大佬"刘某骚扰女社工案件进行了一审判决。一审判决结果为：被告刘某存在性骚扰行为，要求被告在判决结果生效之日起十五日内，向原告当面以口头或书面方式赔礼道歉。这是目前所知的第一例明确以"性骚扰"为案由的判决，法律意义十分重大。中华女子学院刘明辉教授认为，本案的指导意义在于对性骚扰进行了界定："性骚扰是指违背对方意志，实施带有性暗示的言语动作，给对方带来身体和精神上的伤害。"其中包含认定标准和构成要件：（1）违背对方意志；（2）实施带有性暗示的言语动作；（3）给对方带来身体和精神上的伤害；（4）行为与其结果之间有因果关系。

3. 水滴筹"扫楼事件"爆发，社会围绕互联网筹款平台的争论持续不断

2019 年 11 月 30 日，一段名为《卧底水滴筹：医院扫楼，筹款每单提成》的视频在网上热传，曝出水滴筹线下服务人员在医院"扫楼式"寻求患者，引导患者在水滴筹平台发起筹款。水滴筹再次卷入负面舆情旋涡。12 月 2 日，水滴筹对事件进行回应，承认"线下人员违反服务规定的类似现象确实不同程度存在"。12 月 5 日，水滴筹创始人兼 CEO 沈鹏发表公开信，对线下服务团队整改、水滴公司商业模式以及公众关注的其他问题进行回应，表示"欢迎大众的监督，希望重新赢得信任"。12 月 10 日，水滴公司宣布重启水滴筹线下服务的"试运行"，理由是"自 11 月 30 日暂停线下团队服务期间，许多患者微信或电话水滴筹寻求帮助"。沈鹏强调，重启线下服务的水滴筹以虚假筹款为第一高压线，将严厉打击涉嫌发起虚构筹款的求助人、相关服务人员等，如涉嫌违法犯罪，将上报公安机关，依法处理，追责到底。尽管有着一系列坚决表态，社会各界对水滴筹的管理和信任疑虑仍难以消除，围绕互联网筹款平台的众多争论持续不断。

4. "春蕾一帮一助学"众筹项目资助对象性别问题引发社会争议

2019 年 12 月 17 日，针对有网友质疑中国儿童少年基金会在某个网络公益平台上线的"春蕾一帮一助学"众筹项目资助对象中有男生受到资助，违背项目初衷和捐赠人意愿问题，中国儿童少年基金会在官方微博对

相关情况进行了回应。然而，网友并不认同其回应。2020 年 1 月 10 日，全国妇联通报的调查处理结果显示，全国妇联已责成中国儿童少年基金会将事件中贫困男生的受助款退还捐助人、原用于资助男生的名额转为资助女生的办法予以纠正；原受助男生通过其他公益项目继续资助。按照有关规定，对相关责任人予以责任追究，对其秘书长和项目负责人分别给予记过处分。

企业（家）

1. 中信信托完成国内首单 DAF 捐赠，开启公益慈善新实践

2019 年 1 月 2 日，中信信托携手深圳市递爱福公益基金会共同完成国内首单捐赠者服务基金（Donor Advised Fund，又称捐赠人建议基金，简称"DAF"）捐赠，开启公益慈善新实践。DAF 于 1931 年起源于美国，是一种帮助捐赠人开设专属慈善账户、享受税收优惠、捐赠人在捐赠财产的投资和捐助方面享有建议权的基金。本次 DAF 捐赠完整包含了 DAF 的三个核心环节：give（将慈善资产捐赠至基金会并开设 DAF 慈善账户）、grow（慈善资产保值增值）、grant（慈善账户资产捐助至受赠机构）。具体实施过程为，中信信托 48 名客户在享受信托投资收益的同时，将一部分收益捐给深圳市递爱福公益基金会，设立自己的 DAF 慈善账户。中信信托作为客户的 DAF 慈善账户顾问有权提出慈善资产保值增值的投资建议。最后，中信信托作为 DAF 慈善账户顾问提出将慈善资产捐助给贵州省铜仁市碧江区扶贫办的捐助建议，用于改善当地困难群众的教育、医疗、住房条件。

2. 淘宝"公益宝贝"获得"2018 中国臻善奖"

2019 年 1 月 7 日，在界面·财联社主办的 2018 界面臻善年会上，淘宝"公益宝贝"项目凭借带动超过 1/4 中国人做公益、"双 11"单日 1.13 亿人参与的惊人纪录，以及在公益模式领域的探索创新，获得公益行业高度认可。淘宝"公益宝贝"项目获得"2018 中国臻善奖"。

3. 雷军承诺小米上市前其所获得股权激励将捐赠给慈善机构

2019 年 1 月 9 日上午，小米集团（1810.HK）在港交所发布公告称，

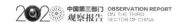

其创始人、董事长兼 CEO 雷军宣布将他在上市前获得的不超过 6400 万股 B 类股（激励股份）捐赠给慈善机构。这些股份占总股本大约 2%，按当时估值情况计算，接近 99 亿元。

4. 全球互联网公司共商科技守护野生动植物

近年，野生动植物违禁品买卖已经从传统的线下逐渐转移到互联网平台和更便于私密交易的社交媒体网络。网络非法交易濒危野生动植物问题成为新的全球性挑战，需要各国政府、相关企业和社会各界共同携手，加强合作，减少和消除网络非法信息，严厉打击网络非法交易。2019 年 3 月 6 日，世界自然基金会（WWF）、国际爱护动物基金会（IFAW）、中国野生动物保护协会（CWCA）联合 32 家互联网企业，携手庆祝"打击网络野生动植物非法贸易互联网企业联盟"成立一周年。与会者共同探讨并促进全球电子商务、科技和社交媒体企业高效预防和打击网络野生动植物非法贸易。组织方推出了为成员未来工作提供系统指导的《打击全球网络野生动植物犯罪行动计划》以及《互联网企业打击濒危野生动植物网络非法贸易标准操作手册》。这些研究成果为帮助互联网企业了解当今野生动植物网络犯罪，提高相应的打击能力提供了重要参考信息。

5. 鲁伟鼎设立"鲁冠球万向事业基金"

2019 年 5 月 21 日，胡润发布《中国富豪排行榜》，万向集团董事长、CEO 鲁伟鼎成为中国首善。7 月 8 日，鲁伟鼎在万向创业 50 周年会议上发布成立一个新的慈善信托——鲁冠球万向事业基金，捐出万向集团公司截止 2018 年度审计报告的资产。公益基金的全部收益将用于研发新技术，高端人才教育，开展科技研究，支持设立理工类应用型科研机构。此基金有望创造中国民企家族信托资产规模的新纪录。

6. 阿里巴巴发布"链上公益计划"，打造透明公益基础设施

2019 年 9 月 5 日，由阿里巴巴公益和蚂蚁区块链团队联合打造的"链上公益计划"正式发布。该计划的发布旨在打造未来透明公益基础设施。预计到 2019 年底，阿里巴巴公益平台上将有超 2 亿元资金体量的募捐实现上链，未来 2～3 年，阿里巴巴计划推动平台上公益项目全部上链。据介绍，"链上公益计划"是一套以区块链技术为底层的开放平台，能够为公益组织

和公益项目提供公开透明的系统化解决方案，实现善款可上链、过程可存证、信息可追溯、反馈可触达、多端可参与。该计划对平台上的公益机构免费开放，即便公益机构没有技术人才，也能基于这套体系让公益项目轻松上链。未来，该体系还将逐步对其他社会公益组织、审计机构等相关角色开放。未来，"链上公益"或将成为公益机构在阿里巴巴经济体公益双平台进行募捐的合作规范之一。

7. 茅台携手 AIESEC 举办青年发声论坛，树立中国民族品牌的国际社会责任形象

2019 年 9 月 11 日，茅台集团与国际青年志愿者组织 AIESEC 在斯里兰卡联合举办青年发声论坛。论坛以"气候变化问题和青年人的行动"为主题，旨在让全球青年群体进一步加深对联合国可持续发展目标的认知，引导当代青年为改善全球环境而发声、行动。茅台践行"大企业大担当"的社会责任理念，积极投身于国际公益事业之中，开启了中国民族品牌国际形象升级的征程。

8. 支付宝"蚂蚁森林"获联合国最高环保荣誉"地球卫士奖"

2019 年 9 月 19 日，联合国环境规划署宣布：支付宝蚂蚁森林获得联合国最高环保荣誉——"地球卫士奖"。"地球卫士奖"是联合国最高级别环境奖，由联合国环境规划署于 2005 年设立，以表彰对全球环境产生了变革性积极影响的杰出人物或机构。支付宝蚂蚁森林是本年度唯一获得该奖项的中国项目。截至 2019 年 8 月，5 亿蚂蚁森林用户累计碳减排 792 万吨，种下 1.22 亿棵真树，总面积相当于 1.5 个新加坡。联合国环境规划署执行主任英格尔·安德森（Inger Andersen）表示，支付宝蚂蚁森林这样的项目充分发挥出了人类的聪明才智和创意，共建美好世界。

9. BMW 发布《儿童交通安全教育指导手册》及《快乐运动指导手册》，推动志愿服务的标准化和规范化

BMW 企业社会责任项目逐渐由捐赠型资助向技能培养型资助转型。2019 年 11 月 8 日，BMW《儿童交通安全教育指导手册》及《快乐运动指导手册》向社会公众发布。两本指导手册分别涵盖高度实用性的儿童交通安全教育课程，快乐游戏运动的教学教案、教学示范视频以及相关的志愿

服务活动指导。BMW 企业社会责任项目以两本指导手册为赋能手段，面向广大社会志愿者、交警、教师、社会公益人士及公益机构，提供实施儿童交通安全教育及留守儿童陪伴、实用且易于为受众接受的相关教材，有助于推动志愿服务的标准化和规范化。

10. 中国企业日各方代表共议气候行动赋能与创新

2019 年 12 月 3－13 日，第二十五届联合国气候大会（COP25）在西班牙马德里召开。每年 COP 的中国角系列边会都在向世界展示中国各方应对气候变化的努力和成果。12 月 12 日是"中国企业日"，上午由万科公益基金会联合大道应对气候变化促进中心、阿拉善 SEE 基金会、中国纺织工业联合会、中国连锁经营协会、中国工业经济联合会共同主办的"企业气候行动：赋能与创新"主题边会在中国角召开，能源、电力、房地产、纺织、零售、IT 各方代表热议气候行动赋能与创新。

11. 阿里巴巴发布公益时标准，让公益行为变得可记录、可分享、可激励

2019 年 12 月 23 日，阿里巴巴发布《公益时评定准则》，衡量志愿服务时长和公益行为价值，倡导"人人公益"文化。公众在互联网上的爱心捐赠、捐步、种树等公益行为可按该价值量化标准换算公益时，可通过参与志愿服务、公益捐赠、互联网公益、无偿献血、环保公益等行为增加个人的公益时。公益时用户可获得免费使用机场贵宾厅、免费领取志愿者保险、免费体检等日益增加的权益。

中外合作

1. 联合国经济及社会理事会授予成美基金会"特别咨商地位"

2017 年海南成美慈善基金会向联合国经济及社会理事会提交了"联合国咨商地位"的认证申请，2019 年 6 月 6 日，联合国经济及社会理事会协调与管理会议上正式通过了非政府组织委员会的建议。据悉，中国拥有联合国经社理事会特别咨商地位的机构数量为 50 多家，如中国妇联、中国残联等，社会组织获得该认证的有中国宋庆龄基金会、中国环保基金会、中

国慈善联合会等。成美慈善基金会作为目前海南地区首家获得该认证的社会组织，填补了海南社会组织国际认可的空白。联合国咨商地位被普遍认为是联合国对各个国家公益组织的一种荣誉性认证和认可。获得此认证后，可以进一步参与到联合国系统的项目和支持中，发挥民间社会组织的国际影响力，深度参与全球治理。

2. "联合国可持续发展目标示范村"项目启动，多方力量参与乡村振兴

2019年7月12日，中华农业科教基金会、广发证券股份有限公司、联合国粮农组织共同启动"联合国可持续发展目标示范村"扶贫公益项目。项目由广发证券向中华农业科教基金会捐赠100万美元，专门用于联合国粮农组织的农业合作项目，计划于2019年至2021年在湖南省龙山县、湖北省来凤县、四川省美姑县、海南省白沙县四地各选取四个贫困村进行试点，从农业产业发展着手，通过"互联网+农业+金融"的模式，对16个试点村进行全方位帮扶。具体措施包括开展农民田间学校培训、整合电商平台销售农产品等。联合国粮农组织驻中国和朝鲜代表马文森表示，这是联合国粮农组织在中国实施的第一个由私营领域全额资助的项目，同时也是多方合作共同为脱贫攻坚与乡村振兴而努力的良好示范。

3. 中国网络社会组织联合会与联合国儿童基金会联合发布《儿童个人网络信息保护倡议书》

2019年7月18日，中国网络社会组织联合会与联合国儿童基金会就加强儿童个人网络信息保护发布《儿童个人网络信息保护倡议书》，号召社会各界合力参与未成年人网络保护，促进未成年人健康成长。《倡议书》指出，网络社会组织应当积极督促并协助互联网企业加强行业自律，履行社会责任，推动制定儿童个人网络信息保护的行业规范和行为准则。联合国儿童基金会驻华代表芮心月表示，联合国儿童基金会将继续发挥作为儿童权利的倡导者和召集人的身份，积极与中国政府合作，推动建立更加完善的政策和法律框架。也期待继续与中国的互联网企业合作，共同探索符合国际标准的儿童网络保护流程和制度。

4. 联合国机构敦促东南亚国家应携手制定应对塑料污染的政策

联合国环境规划署于 2019 年 11 月 13 日在曼谷发布评估报告称，有限的塑料包装禁令和松散的管理环境正成为东南亚地区整治塑料污染的主要障碍，东南亚各国应携手制定应对塑料污染的政策。

图书在版编目（CIP）数据

中国第三部门观察报告. 2020 / 康晓光，冯利著
. -- 北京：社会科学文献出版社，2020.9
　ISBN 978 - 7 - 5201 - 7011 - 6

　Ⅰ. ①中⋯　Ⅱ. ①康⋯ ②冯⋯　Ⅲ. ①社会团体 - 研
究报告 - 中国 - 2020　Ⅳ. ①C232

　中国版本图书馆 CIP 数据核字（2020）第 140784 号

　　　　　　中国第三部门观察报告（2020）

著　　者 / 康晓光　冯　利

出 版 人 / 谢寿光
责任编辑 / 黄金平

出　　版 / 社会科学文献出版社·政法传媒分社（010）59367156
　　　　　地址：北京市北三环中路甲 29 号院华龙大厦　邮编：100029
　　　　　网址：www. ssap. com. cn
发　　行 / 市场营销中心（010）59367081　59367083
印　　装 / 三河市龙林印务有限公司

规　　格 / 开　本：787mm × 1092mm　1/16
　　　　　印　张：18.25　字　数：302 千字
版　　次 / 2020 年 9 月第 1 版　2020 年 9 月第 1 次印刷
书　　号 / ISBN 978 - 7 - 5201 - 7011 - 6
定　　价 / 98.00 元

本书如有印装质量问题，请与读者服务中心（010 - 59367028）联系